SOCIÉTÉ FRANÇAISE D'ARCHÉOLOGIE

GUIDE

DU

CONGRÈS D'ANGOULÊME

EN 1912

PAR

MM. Louis SERBAT, André RHEIN
et E. LEFÈVRE-PONTALIS

CAEN

HENRI DELESQUES, IMPRIMEUR-ÉDITEUR

34, RUE DEMOLOMBE, 34

1912

SOCIÉTÉ FRANÇAISE D'ARCHÉOLOGIE

GUIDE

DU

CONGRÈS D'ANGOULÊME

EN 1912

PAR

MM. Louis SERBAT, André RHEIN
et E. LEFÈVRE-PONTALIS

CAEN
HENRI DELESQUES, IMPRIMEUR-ÉDITEUR
34, RUE DEMOLOMBE, 34

1912

GUIDE ARCHÉOLOGIQUE

DU

CONGRÈS D'ANGOULÊME

En 1912

ANGOULÊME

Par M. L. SERBAT.

La ville d'Angoulême, *Icolisma, Ingulisma, Ecolisma*, d'origine gauloise, est établie dans une forte position, à l'extrémité d'un plateau triangulaire dont les deux plus longs côtés, très escarpés, sont baignés par la Charente et par un petit affluent l'Anguienne.

La ville fut occupée par les Romains, comme le prouvent l'ancienneté de son siège épiscopal et des restes de remparts mêlés à des fortifications plus récentes. L'enceinte du moyen âge, sur le front du plateau accessible à l'ennemi, présentait de sérieux ouvrages défensifs qui ont entièrement disparu aujourd'hui. D'ailleurs, la ville d'Angoulême est peu riche en monuments anciens. Les églises sont modernes, à l'exception de Saint-André et de la cathédrale presque entièrement rebâtie par Abadie. Le même architecte a englobé, dans un grand hôtel de ville néo-gothique, quelques tours ayant appartenu au château des comtes d'Angoulême. Les maisons anciennes sont très peu nombreuses.

CATHÉDRALE

Rebâtie dès le VIe siècle, après l'expulsion des Wisigoths par les Francs, et consacrée, dit-on, vers 567, par Euphronius, évêque de Bordeaux, la cathédrale, dédiée, dès lors, à saint Pierre, fut ravagée par les Normands, reconstruite et consacrée de nouveau en 1017; mais cette église fit place à son tour à un autre édifice que le célèbre évêque Girard, aidé du concours pécuniaire du chanoine Ithier Archambaud, résolut de construire de fond en comble, *a primo lapide,* selon l'expression de l'*Historia pontificum atque comitum Engolismensium.* La nouvelle cathédrale aurait été consacrée en 1128, d'après un texte auquel on a peut-être prêté un sens qu'il ne comportait pas. En tout cas, il est difficile de croire que l'ensemble de l'œuvre était terminé à cette date.

Plusieurs chapelles furent ajoutées aux XIVe, XVe et XVIe siècles. L'église, saccagée en 1562 et en 1568 par les protestants, demeura à demi ruinée jusqu'à la restauration entreprise par le doyen Mesneau, et terminée en 1634. Les travaux d'Abadie ont mis la cathédrale dans l'état où elle est aujourd'hui. Ces travaux, « malgré leur bonne exécution, n'étaient pas d'une impérieuse nécessité », selon les termes très modérés du jugement porté naguère par M. de Caumont. Sacrifiant à une illusoire unité de style, Abadie crut devoir supprimer tout ce qui avait été bâti depuis le XIIe siècle; chose plus grave, il modifia et embellit à son gré le corps même de l'édifice.

La cathédrale d'Angoulême, comme Saint-Front de Périgueux, a donc perdu une partie de son intérêt archéologique. Toutefois, une description très détaillée, antérieure aux travaux de restauration, permet de distinguer les parties anciennes de celles qui ont été remaniées ou construites par Abadie. Cette description est due à l'abbé Michon, archéologue doué de grandes qualités d'observation et dont les œuvres sont encore très utiles à consulter, sans toutefois que l'on puisse accepter les dates qu'il propose pour les différentes campagnes dont il a eu le mérite de reconnaître la trace dans de très nombreux édifices de l'Angoumois.

La cathédrale d'Angoulême comprend une nef de trois travées recouverte de coupoles, un transept dont le carré est surmonté d'une coupole avec tambour formant lanterne et dont les croisillons, très courts, sont voûtés en berceau. De grands arcs percés dans les murs de fond faisaient communiquer avec le transept la cage inférieure de deux grands clochers établis dans le prolongement des croisillons. Le clocher nord, seul, subsiste aujourd'hui, mais Abadie l'a entièrement démonté et reconstruit. Du clocher sud, abattu par les calvinistes, il ne reste que la souche, défigurée au XVIIIe siècle et transformée en sacristie.

Sur le mur oriental de chaque croisillon, s'ouvre une absidiole moderne, à la place de collatéraux qui avaient été ajoutés au chœur à l'époque gothique. Ce chœur, très allongé et très large, couvert d'un berceau et terminé par un cul-de-four, n'a pas de déambulatoire, mais il est flanqué de quatre absidioles dont trois ont été reconstruites par Abadie. Il convient d'ajouter, à la décharge de l'architecte, que les chapelles annexées à la cathédrale étaient plus ou moins ruinées depuis le XVIIe siècle et que la destruction du cloître de la cathédrale eut lieu en 1806. On enleva aussi, à cette même époque, un porche qui avait été établi devant la façade.

Rien dans l'édifice n'est antérieur à l'évêque Girard. L'abbé Michon attribuait à la cathédrale consacrée en 1017 la première travée de la nef. Cette erreur avait pour point de départ une observation exacte, car il avait remarqué entre cette travée et les deux suivantes des différences qui malheureusement ont été fort atténuées par la malencontreuse restauration d'Abadie, mais qui permettent cependant de supposer que l'église, si tant est qu'elle ait été consacrée en 1128, ne dut être terminée qu'un certain nombre d'années après cette date.

INTÉRIEUR

Nef. — La nef se divise en trois travées couvertes de coupoles sur pendentifs, d'un très grand diamètre : les coupoles d'Angoulême sont parmi les plus vastes qui aient été construites dans le sud-ouest de la France. Les arcs d'encadrement, légèrement brisés, reposent sur des piliers rectangulaires flanqués de colonnes. Un bandeau établi au-dessus des pendentifs marque la naissance de la calotte des coupoles, dont la base se trouve un peu en arrière. Le long des murs latéraux, de grandes arcatures en plein cintre, au nombre de trois par travée, supportent un passage qui traverse les piles, comme à Fontevrault. Cette galerie est établie un peu au-dessous du niveau de la naissance des arcs-formerets; dans chacune des lunettes, s'ouvrent deux fenêtres en plein cintre, très distantes l'une de l'autre.

Nous sommes donc ici en présence d'une de ces nefs sans collatéraux que l'on retrouve dans la région même, à Cognac, en de vastes proportions, et à Gensac-la-Pallue sur un plan très réduit, que l'on peut comparer à celles de Cahors, de Solignac, de Souillac, de Saint-Étienne et de Saint-Front de Périgueux, de Fontevrault, et qui ont inspiré aussi les architectes des cathédrales d'Angers et de Bordeaux.

La restauration d'Abadie a donné aux trois travées une apparence d'uniformité qu'elles n'avaient pas et qui dissimule la réalité des faits. Les coupoles, rebâties, ainsi que leurs supports, présentent aujourd'hui une beauté d'appa-

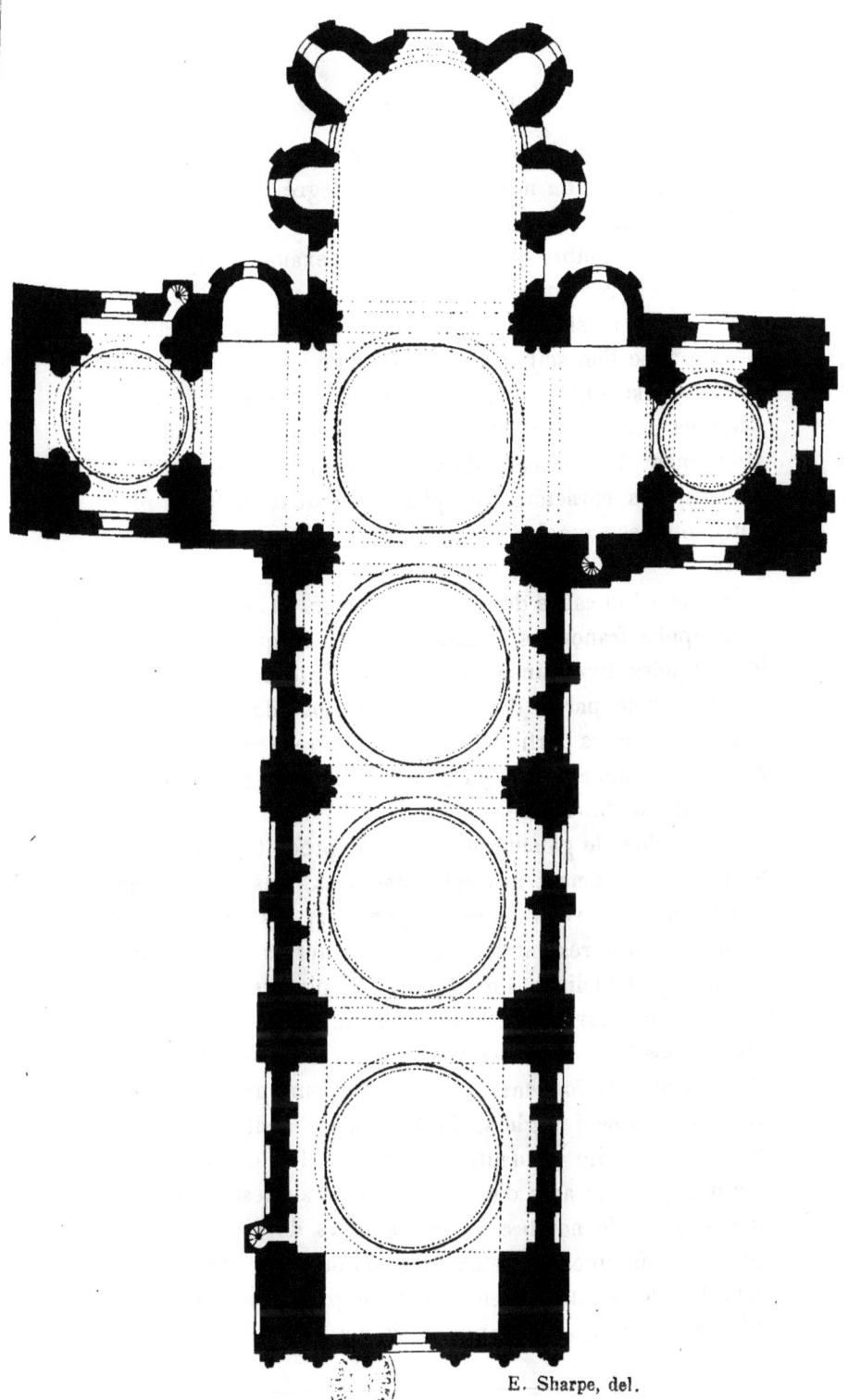

Plan de la cathédrale d'Angoulême.

reil et une rectitude de tracé que toutes ne possédaient probablement pas, du moins au même degré, dans leur état primitif. Aussi, malgré leur grandeur, ne peut-on plus les placer au nombre de celles dont l'examen importe le plus pour la connaissance de ce genre de voûtes. D'ailleurs, cette étude n'est plus à faire. MM. P. Spiers et Brutails ont, comme l'on sait, très bien dégagé et exposé les éléments constitutifs des coupoles du sud-ouest et de leurs diverses particularités. Qu'il suffise de rappeler ici ce gauchissement des claveaux dans les arcs d'encadrement, qui est l'un des caractères les plus remarquables et les plus constants des coupoles sur pendentifs de construction française.

Quelle est la cause de ce gauchissement ? C'est que dans les coupoles françaises, contrairement à ce qui a lieu dans les coupoles byzantines, les arcs d'encadrement font en quelque sorte partie des pendentifs, dont ils épousent la courbe, au moins partiellement. En d'autres termes, le pendentif commence, non à partir de l'extrados des arcs, mais dès l'intrados lui-même.

Quelquefois, le gauchissement ne se produit que pour les claveaux appartenant aux têtes des arcs, c'est-à-dire aux parties de l'arc voisines des supports et les claveaux du sommet de l'arc restent verticaux. En d'autres cas, tous les claveaux sont inclinés. Lorsque l'on se place sous les arcs mêmes, il est parfois assez facile de se rendre compte de cette disposition. Dans les coupoles de ce genre, les têtes d'arcs voisins confondent pour ainsi dire leurs premiers claveaux sur un seul angle saillant et ceux-ci sont montés en tas de charge. Le pendentif proprement dit ne commence à se dégager des arcs d'encadrement qu'au-dessus de ces assises, dont le nombre varie d'ailleurs de cinq à sept. Ajoutons enfin que ces pendentifs, toujours par suite de la façon dont les maîtres d'œuvre ont compris la construction de leurs coupoles, sont « appareillés non comme une voûte formée de voussoirs dont les joints sont normaux à la courbe, mais comme un encorbellement, par assises horizontales ». (Brutails.)

Ces remarques s'appliquent aux coupoles sur pendentifs. Dans les coupoles sur trompes, les arcs n'ont pas de courbe à épouser; ils restent verticaux d'un bout à l'autre et la rencontre de leurs têtes se fait non sur un angle saillant, mais sur un angle rentrant. Ajoutons que les arcs d'encadrement des coupoles sur pendentifs sont presque toujours brisés. Enfin, les pendentifs appartiennent, sauf de rares exceptions, à une sphère idéale différente de celle qui constitue la calotte proprement dite. Toutefois, à Fléac, près d'Angoulême, on remarque une coupole dont les pendentifs et la calotte font partie d'une même sphère, comme dans les monuments byzantins, mais c'est une rare exception. La coupole ainsi surhaussée est d'ailleurs d'un effet plus agréable, rendu meilleur encore par un artifice de construction qui consiste à donner à la calotte un diamètre un peu plus grand que celui du cercle décrit par la rencontre des pendentifs. Un bandeau souligne le retrait; mais ce raffinement ne se présente en général que dans les coupoles de dimension considérable, comme celles d'Angoulême.

Quoi qu'il en soit de l'exactitude très problématique avec laquelle M. Abadie a pu reproduire à Angoulême des procédés de construction qui se rencontrent généralement en Angoumois et, qu'à ce titre même, il convenait de rappeler ici une fois pour toutes, reprenons maintenant l'étude de la nef de la cathédrale d'Angoulême et des différences que l'on peut, malgré tout, remarquer encore entre la première travée et les deux autres.

Dans la première travée, les massifs rectangulaires des supports sont beaucoup plus volumineux que ceux qui se trouvent dans la partie ouest de la nef; ils sont couronnés d'une simple imposte; les arcs qu'ils supportent ne sont que très légèrement brisés et, de plus, d'après M. P. Spiers, leurs voussoirs restent verticaux dans la portion de l'arc la plus voisine du bandeau à damiers qui marque la naissance de la calotte. Ce bandeau, au moins dans les deux doubleaux, se trouve placé immédiatement au-dessus de l'extrados des arcs.

L'arc appliqué contre le mur de façade forme une profonde voussure ; il n'est renforcé d'aucun arc intérieur et, par suite, aucune colonne n'est collée contre les faces internes des piliers rectangulaires : tels étaient les autres arcs de cette travée avant qu'Abadie n'y eût ajouté les colonnes et les arcs que l'on y voit actuellement.

L'architecte a voulu les mettre en harmonie avec ceux des travées suivantes. Pour la même raison, il a modifié les arcatures latérales en plein cintre, dont les claveaux nus reposaient sur des pilastres avec imposte. Les fenêtres, très simples également, n'avaient aucun encadrement. On voit donc combien cette première travée se rapprochait de la travée la plus ancienne de Saint-Étienne de Périgueux. L'analogie entre les deux édifices se continuait dans les travées occidentales qui étaient d'un style plus orné et plus avancé.

Dans les deux gros piliers et dans l'arc séparant la première travée de la suivante, on remarque, face à l'axe de la nef, deux colonnes de chaque côté, qui correspondent à deux arcs appliqués contre la grosse voussure. Le premier de ces deux arcs et ses supports sont, comme nous l'avons dit, une création d'Abadie. Le second existait avant la restauration, mais on pouvait alors constater, comme l'a fait l'abbé Michon, qu'il avait été relancé et que ses colonnes avaient été incrustées après coup dans le pilier préexistant. Ce deuxième arc appartenait donc à une seconde campagne de travaux ; il devait être contemporain des deuxième et troisième travées de la nef qui sont semblables entre elles.

L'architecture de ces travées était plus élégante : tous les grands arcs des coupoles étaient doublés d'arcs internes, reposant, pour les doubleaux, sur des colonnes géminées, et, pour les formerets, sur des colonnes simples. Le pilier lui-même, moins massif, est décoré d'une frise qui règne avec les chapiteaux des colonnes. La brisure des arcs est plus accentuée : on s'en rend très bien compte en considérant l'écoinçon formé par l'arc occidental de la seconde coupole et l'arc ajouté après coup dans la voussure qui la sépare de la première. Cet écoinçon est produit par la différence de brisure entre ces arcs.

Tous les claveaux gauchissent depuis les têtes des arcs jusqu'au sommet; à la troisième coupole, les pendentifs se rejoignent au-dessus de l'extrados des quatre arcs, le bandeau de la calotte étant séparé de l'arc par la hauteur de trois assises. Dans la base des calottes, sont pratiquées de petites baies qui permettent d'accéder au passage circulaire laissé par le retrait de la coupole et la saillie du bandeau. Enfin, ces deux coupoles étaient mieux appareillées que la première, dont la maçonnerie était cependant assez soignée pour n'avoir pas eu besoin d'être recouverte d'un enduit, comme celles de Saint-Étienne de Périgueux ou de la cathédrale de Cahors.

Quant aux arcatures latérales, elles comportaient, comme maintenant, deux voussures reposant sur des pilastres et sur des colonnes appliquées. Les fenêtres du mur sud avaient été modifiées à l'époque gothique et garnies de remplages; au nord, elles reproduisaient un type des plus fréquents dans la région : l'archivolte en plein cintre, ébrasée, à claveaux nus, reposant sur deux colonnettes engagées sans tailloir et montées sur un socle formé par les premières assises des piédroits. Elles ont été, pour la plupart, refaites à neuf, comme presque toute la sculpture de la nef; on y voit cependant quelques chapiteaux qui paraissent anciens : ils sont décorés d'acanthes ou de palmettes, d'un travail assez sec; une petite console supporte le milieu du tailloir.

Sous certains des arcs appartenant aux arcatures latérales, des enfeus, également refaits, avaient été ménagés pour la sépulture de plusieurs évêques : Pierre de Laumont († 1182), Hugues de La Rochefoucauld († 1459), Guillaume et Adhémar, évêques de 1043 à 1096 et tous deux fils de Geoffroi, comte d'Angoulême. Les sarcophages de certains de ces prélats ayant échappé à la violation des sépultures par les calvinistes, on y a trouvé des crosses et des anneaux lorsqu'ils furent ouverts au cours des travaux de restauration.

On remarquera que les évêques Guillaume et Adhémar étaient morts avant que la cathédrale actuelle ne fût commencée. Donc, à Angoulême, de même qu'à Périgueux, où un texte nous conserve ce souvenir, on dut, une fois l'édifice terminé, procéder à une translation des corps des anciens évêques. Aussi serait-il imprudent de juger qu'à une date donnée, telle partie de l'édifice devait être achevée parce qu'on y aurait rencontré le tombeau d'un personnage décédé à cette même date. On a remis au jour, à la base du clocher, la tombe du chanoine Ithier Archambaud, mort en 1125, d'après son épitaphe. Il ne s'ensuit pas que le corps y ait été déposé dès ce moment, pas plus que celui de l'évêque Grimoard de Mussidan, qui occupait un enfeu voisin : ce prélat avait cessé de vivre en 1018. Alors même que la cathédrale aurait été consacrée en 1128, il n'y a pas lieu de conclure qu'elle était achevée dès cette année.

La première travée de la nef ressemblait très étroitement à Saint-Front de Périgueux et se place par conséquent aux environs de 1120, mais tout le reste de l'édifice, et c'est de beaucoup la majeure partie, pouvait-il être construit quelque dix ans après ? Le délai est un peu court et surtout la différence de style dénote un état trop avancé pour qu'il n'y ait pas autre chose qu'une simple évolution en cours de construction. La cathédrale d'Angoulême, sauf sa première travée, est d'un style semblable à celui de la travée occidentale de Saint-Étienne de Périgueux que M. de Lasteyrie date de 1150 environ.

Transept. — La croisée est couverte d'une coupole formant lanterne; elle repose sur quatre arcs brisés, doublés d'un premier rang de claveaux plus étroits que supportent des colonnes accouplées et appliquées contre les piliers rectangulaires. Cependant, l'arc placé contre la nef est un peu différent des trois autres; la nef étant, en effet, beaucoup plus basse que le carré, il ne peut avoir de rouleau interne; entre lui et le dernier doubleau de la nef, s'élève une haute paroi décorée d'arcatures en échelons, où l'on peut voir peut-être une réminiscence de certaines dispositions auvergnates; mais ici, ces arcatures sont, bien entendu, aveugles. Elles ont été refaites par Abadie, comme toute la partie supérieure du carré.

Les pendentifs portent un tambour percé de fenêtres et sur lequel repose la coupole. Saint-Amant-de-Boixe, près d'Angoulême, le Dorat, Saint-Laumer de Blois offrent de semblables coupoles sur tambour; il n'est donc pas exact de dire, comme on l'a parfois cru, que ces coupoles soient le monopole de l'Orient. Le tambour ne décrit pas un octogone régulier, c'est plutôt un rectangle avec angles arrondis. Cette forme avait donné à l'architecte du moyen âge de grandes difficultés pour l'établissement de la voûte de la calotte, dont le plan se trouve ainsi analogue à celui de la coupole du carré du transept de Souillac. Ici, ce parti vient moins de l'inexpérience des constructeurs que des dispositions adoptées pour le tambour lorsqu'il fut construit. A cette époque, quatre fenêtres seulement l'éclairaient; elles étaient pratiquées sur les quatre petits côtés; les autres parois étaient décorées d'arcatures aveugles. Au XVIIe siècle, le doyen Mesneau désira un éclairage plus complet; partout il ouvrit des fenêtres, et c'est d'après ces modifications assez récentes qu'Abadie a composé le tam-

Cathédrale d'Angoulême.
Coupe du transept.

bour actuel, surmonté d'une calotte beaucoup plus ovoïde que celles des coupoles de l'Angoumois.

Les croisillons, dont le sol est surélevé par rapport à celui du carré, sont voûtés en berceau très légèrement brisé. Dans leur mur oriental, une absidiole, bâtie par Abadie et qui reproduit sans doute la disposition primitive, a remplacé une longue chapelle élevée au XIV® siècle de chaque côté du chœur et formant une sorte de collatéral. Au-dessus de l'arc d'entrée des absidioles, un oculus qui pénètre dans la voûte appartient également à la restauration ; cependant, il existe quelques rares exemples anciens d'un oculus ainsi placé.

Dans le mur occidental du croisillon nord, s'ouvre une porte sans tympan, avec jambages non moulurés ; elle est surmontée d'une fenêtre semblable à celles de la nef. Dans l'autre croisillon, un passage sur corbeaux mettait en communication la galerie de la nef et le premier étage du clocher sud.

Les croisillons étaient flanqués de deux clochers dont le rez-de-chaussée, très élevé, communiquait avec le transept par un grand arc porté sur des faisceaux de trois colonnes. La souche seule du clocher sud subsiste ; malheureusement, les saillies et les massifs de l'intérieur ont été supprimés au XVIII® siècle pour y appliquer les boiseries d'une sacristie contemporaine de la jolie tribune d'orgues élevée alors au fond de la nef. Toutefois, près de l'arc d'entrée, on distinguait encore, nous apprend l'abbé Michon, les arrachements de deux groupes de trois colonnes : par ses dispositions intérieures, par l'élévation de son rez-de-chaussée, par l'agencement des supports, ce clocher devait donc se rapprocher de celui qui existe, dans une même situation, sur le côté nord de l'église de Cognac. C'est un nouveau point de ressemblance entre la cathédrale d'Angoulême et cet édifice si fâcheusement modernisé, sauf le clocher et le portail.

L'arc qui donne accès dans la cage du clocher est dans l'axe du croisillon. Sur le mur de fond, on remarque les contreforts intérieurs de la tour : leur belle imposte sculptée règne avec les chapiteaux de l'arc d'entrée. On a signalé ici les traces d'un violent incendie : elles paraissent peu visibles aujourd'hui. Dans le sol, on a découvert les vestiges d'un croisillon plus ancien, avec absidiole à l'est; l'appareil de petits moellons rectangulaires indiquait une époque assez reculée.

Dans le croisillon nord, l'arc qui s'ouvre sur le rez-de-chaussée du clocher est désaxé : il est compris entre deux contreforts assez plats épaulant la tour. Les supports consistent en pilastres avec colonnes appliquées. Colonnes, pilastres et contreforts présentent de beaux chapiteaux qui correspondent à une frise décorant le reste du mur de fond jusqu'à sa rencontre avec le mur occidental.

A l'intérieur du clocher, des supports du même genre portent des arcs brisés dont le rouleau intérieur, plus étroit, n'est pas appliqué contre les murs de fond, ce qui laisse une sorte de voussure obscure derrière ces arcs. Cette disposition a permis de plaquer dans le bas de ces murs des arcatures supportant une galerie ; au-dessous, s'ouvre une fenêtre semblable à celles qui ont déjà été décrites.

Un bandeau chanfreiné surmonte les quatre grands arcs et forme la base d'une lanterne octogone, décorée d'arcs plein cintre qui reposent sur des groupes de colonnes : quatre arcs enjambent diagonalement les angles des carrés; les quatre autres sont percés de quatre fenêtres et tous portent un second bandeau qui marque la naissance d'une petite coupole hémisphérique.

L'élévation du carré et de sa coupole formant lanterne, l'addition au transept de ces deux chapelles également éclairées par une lumière tombant de très haut, donnaient au transept d'Angoulême un caractère particulier d'originalité et de beauté. Aussi, malgré les erreurs de la restauration, il faut cependant se féliciter de voir rétablie la communication entre le croisillon et le bas du clocher nord, qui était séparé du reste de l'église par une cloison semblable à celle que l'on a dû maintenir au sud.

Le transept conserve quelques chapiteaux anciens, notamment sous la coupole et dans les grands arcs : leur corbeille est décorée de feuilles d'acanthe et de figures d'animaux qui paraissent traitées avec plus de relief, d'habileté et moins de sécheresse que dans la nef. La seconde campagne de construction se serait-elle terminée par le transept? En tout cas, au mur de fond du croisillon nord, un décrochement des maçonneries indiquerait peut-être que le clocher a été ajouté à l'œuvre existante, si tant est que ce mur conserve quelque chose d'ancien. Au chœur, les moulures de certains tailloirs indiqueraient peut-être aussi une date un peu moins avancée que celle du transept; mais depuis la restauration, il ne serait guère prudent d'insister sur ces comparaisons.

Chœur. — L'abside, très profonde, est couverte d'une voûte en berceau brisé, sans doubleaux, qui précède un cul-de-four. Les murs sont décorés de grandes arcades en plein cintre, de hauteur et d'ouverture inégales et dont l'archivolte, bordée d'un cordon saillant, repose sur des colonnes. L'arcade du fond, de dimension supérieure, atteint le niveau du bandeau qui règne à la base de la voûte; elle encadre une grande fenêtre plein cintre qui s'ouvre au fond d'un retrait. De part et d'autre, quatre arcades correspondent alternativement soit à un mur plein percé d'une fenêtre, soit à une absidiole dont le plan forme un demi-cercle très outrepassé. Ces chapelles sont éclairées d'une petite fenêtre dans l'axe; sous leur voûte en cul-de-four, court une frise qui se retourne sur les piédroits de l'entrée et règne avec les chapiteaux des grandes arcades; elles sont toutes modernes, à l'exception de celle qui est placée au nord-est du chœur. Les tailloirs de certains chapiteaux se composent de plusieurs petits bandeaux et cavets.

En 1868, on a retrouvé, à très peu de distance au-dessous du sol actuel, les bases de trois rangs de colonnes disposées cinq par cinq perpendiculairement à l'axe du chœur et flanquées de deux restes de murs avec colonnes appliquées correspondant aux files de colonnes. Les profils indiquaient une époque peu reculée, paraît-il, et, de plus, le niveau de ces vestiges ne permet pas d'y voir une crypte. On s'est demandé si cet ensemble n'était pas destiné à supporter une sorte de plate-forme permanente logée dans le chœur et non tangente aux murs du chevet. Quoi qu'il en soit, ces curieux restes ne paraissent guère antérieurs à l'évêque Girard II. Au devant, un petit caveau avec escaliers latéraux ressemblait à une crypte.

EXTÉRIEUR

Façade. — Elle a conservé une grande partie de sa décoration primitive. Comme dans les églises à nef unique, elle constitue un placage décoratif. On y a multiplié les arcatures; mais ici, l'architecte, d'esprit plus inventif, ne s'est pas contenté de les superposer, il les a, pour ainsi dire, enchevêtrées les unes dans les autres, afin sans doute d'éviter la monotonie souvent inhérente à ce genre de décoration.

Sur les deux tiers de la hauteur de la partie rectangulaire, seule ancienne, car le reste est une œuvre d'Abadie, les lignes principales de la composition consistent en hautes demi-colonnes reposant sur un socle continu et portant, de part et d'autre, deux arcs en plein cintre. L'entre-colonnement du milieu est plus large que les quatre autres. La porte y est percée : au-dessus, une fenêtre qui n'est point abritée sous un arc semblable à ceux que l'on voit de chaque côté possède un encadrement particulier.

La porte, en plein cintre, est presque entièrement moderne. Les jambages et l'archivolte, sauf les claveaux supérieurs ornés de rinceaux, avaient entièrement disparu. Elle devait être privée de tympan ; c'est la disposition habituelle dans cette région; M. Abadie aurait dû la respecter. A droite et à gauche de cette porte, un arc aveugle, un peu moins élevé, occupe le bas de chaque entre-colonnement. Les deux colonnes qui portent l'archivolte de ces arcs reposent sur le socle continu de la façade, un peu en arrière de la colonne des grandes arcades ; leurs chapiteaux correspondent à une frise sculptée qui s'étend d'une colonne à l'autre sous des tympans décorés de bas-reliefs. Les tailloirs des chapiteaux coïncident avec un rinceau qui enserre le fût des colonnes.

La fenêtre placée au-dessus de la porte a pour encadrement deux colonnettes élancées et une archivolte bordée d'une moulure sculptée qui, se retournant vers le chapiteau des grandes colonnes les plus proches, règne avec leurs tailloirs et court d'un entre-colonnement à l'autre jusqu'aux extrémités de la façade, sous le tympan des grandes arcades. Deux petits arcs superposés flanquent les piédroits de la fenêtre ; ils font partie d'arcatures qui se poursuivent dans les autres entre-colonnements ; mais, au rang inférieur toutefois, l'arcature ne continue pas jusqu'au dernier entre-colonnement dont le champ reste nu. Tous ces petits arcs, six en tout au registre inférieur et douze au registre supérieur, reposent sur des colonnettes et leur archivolte est sculptée. Chacun d'eux abrite une seule figure en bas-relief. Dans le tympan des quatre grandes arcades, au contraire, les figures vont deux par deux.

L'archivolte de ces grandes arcades est faite de claveaux nus et bordée d'un cordon sculpté. Les écoinçons compris entre ces archivoltes sont tout couverts de bas-reliefs représentant des anges et des animaux.

Au-dessus des quatre grandes arcades, règne un bandeau qui marque le bas d'un second étage de décoration, arrêté lui-même par un second bandeau limitant les parties anciennes de cette façade. Toutefois, dans la partie centrale, les deux bandeaux sont interrompus par les dimensions d'un motif décoratif occupant tout le milieu de ce second étage et le dépassant, tant par le bas que par le haut : c'est un grand arc plein cintre tout chargé de sculptures. Les colonnettes qui le supportent descendent jusqu'aux chapiteaux des grandes colonnes de l'étage inférieur : c'est le sommet de son archivolte qui interrompt le bandeau couronnant l'étage supérieur. Cet arc abrite un Christ de Majesté dans une auréole en amande, flanqué des attributs des quatre évangélistes. Une frise de petits médaillons avec bustes sépare ce registre supérieur du registre inférieur, où sont représentés des anges, logés entre cette frise et l'extrados de l'archivolte de la fenêtre qui est percée au premier étage de la façade.

De part et d'autre de cette grande composition, règnent encore des arcatures comprenant, de chaque côté, trois arcs aveugles en plein cintre et dont les supports sont séparés par des piédroits. Les deux arcs voisins de la partie centrale sont un peu plus larges ; les deux autres sont géminés : ils sont compris entre deux demi-colonnes qui montent jusqu'au bandeau supérieur de l'étage. Cet étage se trouve ainsi divisé en trois parties inégales, dont les deux extrêmes forment, en apparence, le bas de deux tours, d'autant mieux qu'une pareille décoration de deux arcs géminés compris entre deux colonnes se retrouve au même niveau sur les parois latérales du massif de la façade. Dans tous ces arcs, la décoration se décompose en deux registres ; le registre inférieur comprend des médaillons encadrés de perles, contenant des figures à mi-corps ; ils sont disposés deux par deux. Au registre supérieur, mêmes médaillons pour les trois arcs nord-ouest, remplacés de l'autre côté par de larges rinceaux avec palmettes et feuillages. Les tympans restent nus. Les archivoltes sont revêtues de tores et de boutons de fleurs. Une frise de grosses rosaces à plusieurs pétales règne au-dessus des arcatures ; elle est interrompue par les colonnettes déjà signalées. Au contraire, le bandeau supérieur, orné de plusieurs rangs de damiers, contourne le haut de ces fûts.

A partir de ce niveau, toute la superstructure est due à la restauration d'Abadie : pignon orné de cinq arcs en échelon, clochers d'un étage percés de baies géminées et surmontés de flèches coniques légèrement renflées, dont les quatre petits clochetons sont également recouverts d'écailles.

Malgré les indications en ce sens que paraissaient donner les parties hautes de la façade ancienne, on peut se demander si ces petites tours étaient bien nécessaires. Furent-elles jamais exécutées ou même prévues ? La façade fut-elle jamais terminée autrement que par cette ligne horizontale ?

L'élévation très consciencieusement exécutée dans une grande planche de l'ouvrage de l'abbé Michon, une photographie heureusement prise avant toute restauration, indiquent bien les amorces d'un pignon : il paraît de date peu reculée, de même que les petits lanternons qui l'accompagnent.

Ces deux documents sont d'un haut intérêt pour arriver à discerner des parties simplement restaurées, refaites ou inventées il y a une cinquantaine d'années et pour interpréter l'iconographie de toute cette belle façade de Saint-Pierre d'Angoulême, comparable, par la richesse plus que par le style, à la façade de Notre-Dame-la-Grande de Poitiers.

Cette iconographie est en réalité d'une explication beaucoup plus simple qu'on ne l'imaginait autrefois, alors qu'on y recherchait un symbolisme compliqué qui ne paraît nullement avoir été dans l'intention du sculpteur.

Tout l'ensemble, sauf la porte et les quatre arcs qui la flanquent, est consacré à la représentation du jugement dernier. Seulement, ici, tous les éléments de cette grande scène, au lieu d'être ramassés, comme plus tard, sur un seul tympan, sont disséminés à travers les arcs et les arcatures des différents étages.

Le Christ de Majesté préside; des nuages d'où sortent des anges ombragent sa tête; il est entouré d'autres anges qui constituent la décoration de l'archivolte du grand arc d'encadrement. Notons, en passant, que c'est en Poitou, dans l'Angoumois et la Saintonge, que l'on paraît avoir imaginé de décorer les archivoltes de figures ainsi placées, disposition qui, comme l'on sait, devint fréquente à l'époque gothique. Dans les médaillons placés en file en dessous du Christ et des animaux du tétramorphe, il faut voir sans doute les saints assistant au jugement. Remarquons aussi que, si dans les arcatures de la façade, plusieurs des médaillons n'étaient remplacés par des rinceaux, on en verrait un nombre égal à celui des vingt-quatre vieillards de l'Apocalypse. Les anges, dont plusieurs sonnent de la trompette, sont logés dans les écoinçons des grandes arcades; ils réveillent les trépassés représentés par les figures accouplées sculptées dans les tympans de ces mêmes arcades et peut-être aussi par les personnages occupant les arcatures inférieures. Comme ces dernières figures conservaient, paraît-il, avant la restauration, quelques traces de nimbes, on en a conclu que c'était des saints; mais ne serait-il pas étrange de les voir sur le même rang que les réprouvés ? Or, dans les deux derniers entre-colonnements, il ne semble pas douteux que le sculpteur n'ait représenté des damnés pourchassés et emmenés par des diables. Tous les autres personnages de cette partie de la façade doivent être non des saints, mais des élus qui ont la tête levée et tournée vers le souverain juge.

Ici se termine le jugement dernier. Sous le plus bas des deux rangs d'arcatures et dans les entre-colonnements voisins de la porte, deux bas-reliefs sans encadrement représentent deux cavaliers : saint Georges et saint Martin. Ils sont entièrement neufs et, comme il ne restait pour ainsi dire rien de ce qui avait pu exister autrefois en cet endroit, la restitution a été fort contestée. Néanmoins, on peut dire que, si quelques fragments de cheval subsistaient, ils avaient appartenu sans doute à la monture d'un de ces « Constantin », si fréquents dans la région, et qui ont provoqué tant de controverses jusqu'au jour où la découverte de textes fort précis a supprimé toute cause de discussion sur l'identité réelle de ces personnages.

La porte ne devait pas avoir de tympan. La partie supérieure de l'archivolte présentait, à la clef, le motif bien connu des colombes buvant dans un calice, puis de petits cavaliers luttant contre des hommes de pied et des monstres — vraisemblablement le combat des Vertus et des Vices que l'on retrouve ailleurs encore dans la région : à Ruffec, à Civray, à Aulnay-de-Saintonge.

Les tympans des quatre arcs voisins de la porte présentent des figures groupées trois par trois : les douze apôtres, la plupart tenant un livre à la main. Saint Pierre était bien reconnaissable par ses clefs. Les archivoltes et les frises qui entourent ces tympans conservent des rinceaux, des animaux et des personnages d'une grande finesse ; on y voit notamment une chasse et le siège d'une ville, où l'artiste, selon la remarque de M. George, a, dans la figuration du rempart, exactement observé et reproduit les trous de crampons visibles aujourd'hui encore dans quelques assises antiques des remparts d'Angoulême.

Il n'est pas besoin de faire ressortir une fois de plus l'intérêt qu'offre cette belle façade, tant par la sculpture d'ornement que par celle des figures. On a signalé les attitudes pleines de vie de tous les personnages abrités dans les arcatures, bien supérieurs à ce point de vue aux œuvres poitevines. N'y aurait-il pas lieu, à ce propos, de faire un rapprochement entre ces bas-reliefs et les peintures murales qui, à cette époque, étaient fréquentes dans la région ? N'y a-t-il pas quelque analogie entre les élus et les apôtres d'Angoulême, avec leurs vêtements aux plis assez tumultueux et la façon dont les peintres du XIIe siècle dessinaient leurs personnages.

Quant à la sculpture d'ornement, les motifs géométriques ou trop régulièrement répétés, comme en d'autres portails de l'Angoumois, à Châlais, à Montmoreau par exemple, ne s'y rencontrent guère. On y a employé de préférence les feuillages, les rinceaux, mêlés parfois de figures.

M. André Michel a étudié ces sculptures et surtout celles du bas de la façade ; leurs rinceaux « traités d'un style incisif et nerveux, tout à fait remarquable, où des dragons et des quadrupèdes passent à travers des feuillages d'origine orientale. Là encore se fait sentir l'influence des ivoires ». Il estime que ces morceaux sont un peu antérieurs à ceux qui composent le jugement dernier. Ceux-ci, « de relief assez plat, avec, dans les mains, des manques de proportions choquants », sont « vraisemblablement de la première moitié du XIIe siècle et doivent remonter au temps de l'évêque Girard ». Le texte, si précis qu'il soit, relatif aux travaux de ce célèbre évêque, la durée de son épiscopat, doivent-ils forcément faire attribuer à ces sculptures une date comprise entre 1110 et 1136 ? Si la façade de Notre-Dame-la-Grande de Poitiers n'est que du milieu du XIIe siècle, y a-t-il lieu d'admettre absolument que la façade d'Angoulême soit de beaucoup son aînée ?

Peut-être est-il bon de mentionner ici encore une opinion de l'abbé Michon, qui observait bien, s'il datait mal : il avait remarqué que, de son temps, dans la façade, plusieurs des parties portant des sculptures paraissaient avoir été incrustées après coup.

Il faut tenir compte aussi de la similitude qui existe entre la sculpture des arcades intérieures de Saint-Pierre d'Angoulême et celles qui ornent le croisillon nord de Saint-Amant-de-Boixe ; elles semblent non seulement contemporaines, mais encore exécutées par les mêmes artistes ; la date de cette partie de l'église de Saint-Amant-de-Boixe a donc une grande importance pour arriver à déterminer celle de la façade d'Angoulême.

Élévation latérale. — Les murs latéraux de la nef, partiellement refaits, sont flanqués de contreforts assez plats, reliés par de grands arcs de décharge sur pilastres. Les fenêtres présentent une archivolte de claveaux plats, bordée d'un cordon mouluré qui retombe sur deux colonnettes engagées. Une corniche à modillons variés règne à la base du comble, dont la naissance est cachée par un bahut moderne, mais assez conforme à une disposition qui se rencontre parfois dans la région. Le côté nord a été moins complètement restauré ; plusieurs fenêtres paraissent anciennes.

A l'extérieur du transept, la souche du clocher méridional consiste en une grande construction rectangulaire de bel appareil, épaulée par de larges contreforts peu épais et doublés eux-mêmes de contreforts secondaires. Au sud, on distingue encore le vaste encadrement d'une fenêtre en plein cintre : deux colonnettes engagées supportent l'archivolte, dont les claveaux plats sont bordés extérieurement d'un petit rinceau et intérieurement d'une plus grosse moulure en retrait, également ornée de rinceaux et de palmettes. Une fenêtre analogue était percée dans le mur occidental.

Le clocher qui flanque le croisillon nord est établi sur un soubassement analogue au précédent, mais cette tour a été entièrement reconstruite. Le soubassement est décoré de grands arcs de décharge ; le clocher, établi en retrait, à l'aplomb des grands arcs déjà signalés à l'intérieur du rez-de-chaussée, comprend un premier étage épaulé par des petits contreforts et percé, sur chaque face, d'une baie en plein cintre éclairant la lanterne. Au-dessus se superposent, en léger retrait les uns sur les autres, cinq étages d'arcatures, de composition variée : d'abord, quatre arcs en plein cintre, portés sur colonnettes et séparés par de minces piédroits ; puis viennent deux grandes baies, de même forme, divisées en baies secondaires, avec tympans pleins et groupes de colonnettes. A l'étage suivant, trois baies s'ouvrent sur chaque face ; les supports sont analogues aux précédents. Au quatrième étage, on remarque trois groupes de deux petites arcatures portées sur des pilastres et, pour la retombée commune, sur une mince colonnette : cette colonnette vient se placer dans l'axe d'une baie plus large et logée en arrière. Pareille disposition se retrouve dans les clochers de Torsac et de La Couronne. De même, les faisceaux de trois colonnettes qui portent les quatre archivoltes en plein cintre du dernier étage rappellent ceux du clocher de Trois-Palis. Enfin, le tout est couronné d'un bandeau de ces grosses rosaces semblables à celles de la façade et que l'on retrouve aussi dans la corniche de certaines églises de la région.

Les photographies antérieures à la restauration montrent que ce clocher, encore assez bien conservé, présentait une élévation semblable à celle qui existe maintenant et où, malheureusement, il ne semble pas que l'on ait remonté beaucoup de témoins.

La coupole, avec ses baies géminées, ses contreforts et sa couverture d'écailles, surmontée d'un petit clocheton de même, porté sur un groupe de colonnes, est entièrement moderne.

L'abside, dont les pans coupés sont peu accusés, est presque complètement refaite.

Les absidioles, dont l'une, celle du nord-est, est ancienne, comportent trois arcs portés sur pilastres et soutenant une corniche à modillons. La fenêtre n'est pas moulurée ; la toiture actuelle est faite de larges dalles de pierre; au-dessus, on distingue les traces d'un solin, ce qui montre que ce genre de couverture ne correspond pas à l'état ancien.

Dans l'axe de l'édifice, entre les deux dernières chapelles, le mur a été renforcé pour permettre d'établir le retrait signalé à l'intérieur; la grande fenêtre est encadrée, comme à l'ordinaire. Deux petits arcs, placés de biais, unissent aux contreforts voisins ce renforcement surmonté d'un bas-relief qui représente des chiens au milieu de feuillages.

Trois corbeaux font saillie au-dessus de ce bas-relief: leur date et leur rôle sont incertains; ils règnent avec le bandeau qui marque le second étage de l'abside. Des arcs en plein cintre, simples ou géminés, selon la courbure du chevet, ou même en série pour les parties droites du chœur, décorent cet étage couronné d'une corniche à modillons. La toiture est de pierre.

Aux alentours de l'abside, du côté sud, subsistent certains débris ayant appartenu à des annexes de la cathédrale, supprimées par la restauration et dont quelques fragments sont conservés dans les bâtiments de l'évêché.

Dans un petit jardin compris entre l'évêché et le mur nord de la nef se dresse une colonne dont le fût est chargé de rinceaux et de chiffres. Placée autrefois dans une chapelle de la cathédrale, elle y avait été élevée par le duc d'Épernon, en 1624, pour servir de piédestal à une urne contenant le cœur de sa femme.

ÉGLISE DE SAINT-ANDRÉ

Cette église était le siège d'un chapitre qui ne survécut pas aux guerres de religion. Elle demeura simple paroisse.

Elle comprend une nef et deux collatéraux de quatre travées, terminés par un mur plat; elle est flanquée d'un clocher élevé sur la première travée du bas-côté sud et précédée d'un porche qui faisait partie d'une nef plus ancienne. Ce porche date de la seconde moitié du XIIe siècle, tandis que le reste de l'édifice appartient à la fin du XVe siècle.

L'ancienne nef est couverte d'un berceau brisé. Les doubleaux retombent sur des colonnes couronnées de chapiteaux à corbeille lisse, dont le tailloir règne avec le bandeau qui court à la naissance de la voûte. Entre ces colonnes, ornées de croix de consécration, sont plaquées des arcades décoratives, comme à Saint-Estèphe et à Chadurie, dont l'arc brisé, non mouluré, correspond à des colonnes semblables aux précédentes; ces arcades sont uniques ou géminées, suivant la largeur des travées.

C'est aussi à la construction du XIVe siècle qu'appartient l'arc brisé, soutenu par des colonnes, qui fait communiquer le porche avec la nef actuelle; au-dessus, on distingue les restes d'une frise, de sculpture assez plate.

Dans l'édifice du XVe siècle, de grosses colonnes cylindriques reçoivent, sans l'intermédiaire d'aucun chapiteau, les moulures des grandes arcades et celles des voûtes d'ogives des collatéraux; face à la nef, leur fût monte un peu plus haut pour atteindre les nervures de cette nef, recoupées par des liernes. Aucune fenêtre n'est percée dans les lunettes, mais une grande baie s'ouvre dans le mur du chevet.

Les supports plaqués contre les murs des collatéraux sont formés de trois colonnes, de diamètre inégal, et surmontés d'étroits chapiteaux de feuillages. On remarque à Mouthiers, mais dans une église du XIIe siècle, des faisceaux de colonnes du même genre qui portent des doubleaux et des arcatures. Des fenêtres en arc brisé éclairent chaque travée des collatéraux. Signalons le retable, en pierre, et la chaire, en bois, travaux de bonne sculpture datant du XVIIe siècle.

A l'extérieur, le clocher comprend plusieurs étages accusés par des cordons et percés de petites baies en arc surbaissé qu'entourent des moulures continues ; il est amorti par une toiture basse à quatre pans. Les contreforts qui épaulent les collatéraux sont surmontés de petits fleurons. Comme les trois vaisseaux sont recouverts par la même toiture, les rampants, garnis de crochets, du pignon commun se présentent sous la forme de deux lignes brisées en leur milieu.

ÉGLISE DES CORDELIERS

Cette église, servant actuellement de chapelle à l'Hôtel-Dieu, est, à l'intérieur, entièrement modernisée. A l'extérieur, un petit clocher latéral, de la fin du XIIIe siècle, surmonté d'une flèche de pierre, en constitue la partie la plus intéressante.

L'édifice est de plan rectangulaire ; le pignon du chevet est accosté de deux petits retours formant eux-mêmes un petit gâble. Une corniche sur modillons porte un bahut qui surmonte les murs latéraux épaulés par des gros contreforts.

L'un de ces contreforts, plus épais que les autres et placé au sud, entre la nef et le chœur, sert de base au clocher établi à cheval sur le contrefort et sur le mur latéral de l'édifice. Comme ce clocher est octogone, deux petites trompes bandées dans les angles compris entre le contrefort et les murs de la nef et du chœur portent deux des pans de la tourelle, qui compte deux étages séparés par des cordons. Le premier est décoré d'arcatures aveugles, en tiers-point, portées sur des piédroits dont les impostes se rejoignent sur les angles de la construction. A l'étage supérieur, les baies sont alternativement pleines et ajourées. Ces dernières sont recoupées par deux arcs secondaires surmontés d'un quatre-feuilles. Immédiatement au-dessus de ces fenêtres repose la flèche de pierre à huit pans assez aigus. Des gargouilles simulées font saillie au départ de chacune des arêtes décorées de crochets sur toute leur hauteur.

ENCEINTE ET REMPANTS

Comme beaucoup d'autres villes, Angoulême, au moment des invasions barbares, avait été entourée à la hâte d'une enceinte formée de blocs arrachés à des monuments existants ; plus d'une fois, on a retrouvé des débris de sculpture ayant été employés à cet ouvrage, dont il resterait même quelques assises encore en place dans le jardin de l'Hôtel de Ville et sous le rempart du nord, non loin de la grotte de Saint-Cybard. Les pierres sont de grand appareil. On y voit, ainsi qu'il a été dit plus haut à propos d'un bas-relief de la cathédrale, des trous de louve destinés à rendre plus aisée la prise des matériaux lors de la mise en place. Cette enceinte, suivant M. George, daterait de la seconde moitié du Ve siècle.

Des fortifications du moyen âge, il reste des parties de courtines et de tours pleines, ou petits bastions, flanquant les pentes du plateau. Les unes, rectangulaires, sont les plus anciennes ; les autres, demi-circulaires, datent du XIIIe siècle et des siècles suivants.

Au XVIe et au XVIIe siècle, les murailles furent renforcées par quelques bastions ; les brèches causées par les derniers sièges furent réparées. Des inscriptions et des blasons aux armes des maires de la ville indiquaient la date de ces travaux.

Le long des courtines, des séries de corbeaux décèlent l'existence de hourds temporaires.

CHATEAU

Le château des comtes d'Angoulême, comprenant différentes constructions élevées entre les XIIIe et XVe siècles, s'était assez bien conservé jusqu'au milieu du XIXe siècle. Aujourd'hui, son emplacement est occupé par l'Hôtel de Ville, flanqué de deux anciennes tours du château.

L'une est en forme de polygone irrégulier. Des neuf pans qui la composent, les deux plus larges figurent, du côté extérieur à l'enceinte, un angle très saillant, ce qui renforce les maçonneries, comme dans une « tour à éperon ». Ce côté du château, en effet, se confondait avec les fortifications de la ville sur le front du plateau le plus accessible à l'ennemi. L'ensemble des autres pans se rapproche d'une demi-circonférence. Les parements sont très soigneusement appareillés.

Cette tour renferme une salle basse et trois étages. Une seule salle occupe chaque étage, de forme octogone au rez-de-chaussée, premier et troisième étages, carrée au second. Les voûtes sont d'ogives ou en coupole. Des escaliers intérieurs desservent ces étages ainsi que la plate-forme bordée de mâchicoulis.

Cette tour a été construite par le comte Hugues, entre 1282 et 1302. L'autre tour, moins ancienne, a été élevée par le comte Jean le Bon, qui régna de 1445 à 1467; peut-être même ne fut-elle terminée qu'à une date postérieure. De forme circulaire et admirablement appareillée, elle se divise en deux étages au-dessus du rez-de-chaussée. Chacun d'eux renferme une salle rectangulaire qui communique avec un petit cabinet voûté d'ogives et ménagé, comme les escaliers et les corridors, dans l'épaisseur des maçonneries.

Le rez-de-chaussée et le premier étage sont couverts de plafonds; le second étage conserve une voûte d'ogives avec liernes et tiercerons. A la rencontre des nervures se voient des clefs et différents motifs de sculpture. La clef centrale est décorée d'un blason parti d'Orléans et de Milan. Les clefs du retrait sont aux armes d'Orléans et de Savoie.

Les bâtiments de l'Hôtel de Ville renferment le musée archéologique, où sont conservés de nombreux objets de l'époque romaine et du moyen âge, notamment la belle statue funéraire du chevalier de Chambes, mort en 1256, qui provient de l'église de Vilhonneur.

ÉVÊCHÉ

L'évêché d'Angoulême est en grande partie moderne. Toutefois, l'aile de l'est, faisant saillie sur la façade principale, conserve un joli pignon du XVe siècle avec gargouilles, crochets, fleurons et cordelière sculptée sous les rampants.

Un pignon de même époque se voit à l'autre extrémité de ce corps de logis; il est percé de plusieurs fenêtres encadrées de moulures prismatiques et abritées sous un larmier avec rinceau feuillagé qui borde la partie supérieure de chaque fenêtre et fait retour de l'une à l'autre. A côté de ce pignon établi en léger encorbellement sur des pilastres, une fenêtre analogue aux précédentes a été prise aux dépens d'un arc plus ancien.

Le sous-sol de l'évêché et du jardin renferme quelques pans de mur ayant appartenu à une église très ancienne; au dire de l'abbé Michon, elle comprenait une nef, deux collatéraux, un transept saillant et une profonde abside.

Au sud de l'abside de la cathédrale, un pan de mur couvert d'arabesques est la seule partie subsistante de la chapelle

Saint-Gelais, ainsi nommée du nom de son fondateur, Jacques de Saint-Gelais, qui l'avait fait bâtir pour recevoir le corps de son frère, Octavien, le poète, mort évêque d'Angoulême en 1502. Elle avait perdu sa voûte dès 1568, lors du sac de l'église et de la chute du grand clocher, mais les murs, l'autel et l'enfeu sépulcral restaient en assez bon état. Vers 1840, on avait même recouvert le tout d'une toiture provisoire, en vue d'une restauration qui, au moment de la reconstruction de la cathédrale, se changea en une démolition presque complète. Certains morceaux ont été réappliqués tant bien que mal dans une sorte de retrait qui constitue le soubassement de la chapelle de l'évêché. Dans l'évêché même, on conserve un tympan provenant de l'autel ; il représente la Trinité, entourée d'une voussure d'anges encore traités dans le goût gothique, tandis que la partie basse de ce tympan présente de petits amours jouant au milieu de nuages. Le mélange de traditions gothiques et d'influences italiennes semble d'ailleurs avoir caractérisé toute la décoration de cette chapelle.

Ce bas-relief fait partie d'un musée lapidaire créé depuis longtemps par le dépôt de fragments divers provenant des églises du diocèse. Parmi les plus remarquables, il y a lieu de signaler un sarcophage avec rinceaux, une statue tombale de chanoine, du XIIIe siècle, et de nombreux chapiteaux et débris de sculptures, notamment une chimère du XIIe siècle.

MAISON SAINT-SIMON

Ce petit hôtel du temps de la Renaissance, ainsi appelé du nom d'un de ses propriétaires, M. de Saint-Simon-Monbléru, se trouve au fond d'une cour ; il présente une étroite façade flanquée d'une tourelle en encorbellement et d'un avant-corps rectangulaire qui contient l'escalier.

Le rez-de-chaussée, surélevé, est éclairé par une fenêtre avec croisée de pierre ; il en est de même au premier étage ; le tout est couronné d'une lucarne richement décorée. Les encadrements de ces trois baies forment un ensemble continu, qui monte depuis le bas jusqu'au sommet de la construction. Au rez-de-chaussée, des pilastres portant sur des culs-de-lampe reçoivent un entablement chargé de deux médaillons avec bustes, qui soutient un nouvel ordre de pilastres. Un second entablement sert de socle à la lucarne flanquée de volutes et de candélabres : elle est amortie par un petit fronton également accosté de chandeliers.

La tour de l'escalier, plus haute que la façade, comporte un étage de plus, mais la décoration est conçue dans le même esprit. La porte du rez-de-chaussée étant très basse, ses pilastres sont très trapus ; l'entablement est orné de médaillons. La lucarne, plus simple, possède néanmoins un fronton à coquilles et des candélabres. La tourelle, en encorbellement sur un étroit et court pilier, n'a d'autre ornementation que des cordons moulurés.

M. Palustre et, tout récemment encore, M. Vitry ont étudié ce petit hôtel, qui paraît être une imitation, parfois assez grossière, du château de La Rochefoucauld. Les ressemblances existent surtout dans la composition des lucarnes et dans les ornements en losange qui décorent les pilastres, mais la copie est fort inférieure au modèle. Néanmoins, la façade proprement dite paraît d'un meilleur style que la tour de l'escalier. Si, de part et d'autre, les chapiteaux ioniques des pilastres avec rinceaux et fleurettes sont bien sculptés, les profils des moulures, les montants des pilastres dans l'escalier sont très lourds. Les autres bâtiments de la cour présentent peu d'intérêt.

BIBLIOGRAPHIE. — Michon (L'abbé) : *Statistique monumentale de la Charente*, 1844, in-4°. — Marvaud : *Répertoire archéologique de la Charente*. — Sharpe : *A visit to the domed churches of Charente*,

Londres, 1876. — Brutails, P. Spiers : *Les coupoles du Périgord et de l'Angoumois*, dans le *Bulletin Monumental*, 1895 et 1897. — George et Mourier : *Inventaire archéologique d'Angoulême*. — Verneilh (F. de) : *L'architecture byzantine en France*. — Castaigne (E.) : *Notice sur la cathédrale d'Angoulême*, 1835. — Vitry (P) : *Petits hôtels et maisons de la Renaissance.* — Palustre : *La Renaissance en France; Historia pontificum atque concilium Engolismensium*. — Nanglard (L'abbé) : *Pouillé historique du diocèse d'Angoulême; Cartulaire de l'église d'Angoulême*. — Laurière (J. de) : *Découverte d'une crypte dans la cathédrale d'Angoulême*. — Vigier de la Pile : *Histoire de l'Angoumois*. — Biais : *Monuments angoumoisins du temps de la Renaissance*.

PREMIÈRE EXCURSION

ÉGLISE DE PLASSAC

L'église paroissiale de Plassac est un monument de petite dimension, mais d'un grand intérêt, qui a eu la bonne fortune d'être restauré avec discrétion. Il comprend une nef voûtée en berceau, une travée sous clocher couverte d'une coupole et une abside surmontée d'un cul-de-four.

Ces deux dernières parties, bâties sur une crypte, datent du milieu du XIIe siècle et sont un peu plus anciennes que la nef. Le clocher remonte à la fin du XIIe siècle.

Le berceau de la nef est légèrement brisé; il est renforcé de deux doubleaux; deux autres arcs de même forme plaqués contre le mur de fond et contre la travée sous clocher soutiennent les deux extrémités du berceau. Les colonnes qui les supportent reposent sur une base à deux tores inégaux séparés par une gorge entre deux filets. Les chapiteaux n'ont qu'une corbeille lisse, soit par l'effet d'un simple épannelage, soit qu'ils aient été destinés à être enrichis de peinture. Les chapiteaux de ce genre sont fréquents en Angoumois; le galbe très étudié qu'ils présentent souvent paraît indiquer que la deuxième de ces alternatives était plutôt dans l'intention des maîtres d'œuvre : on voit à l'église de Dirac des corbeilles simplement galbées couvertes encore de leurs rinceaux peints; il faut ajouter aussi que ce parti semble indiquer souvent une époque plus avancée dans le XIIe siècle. Les chapiteaux de l'église de

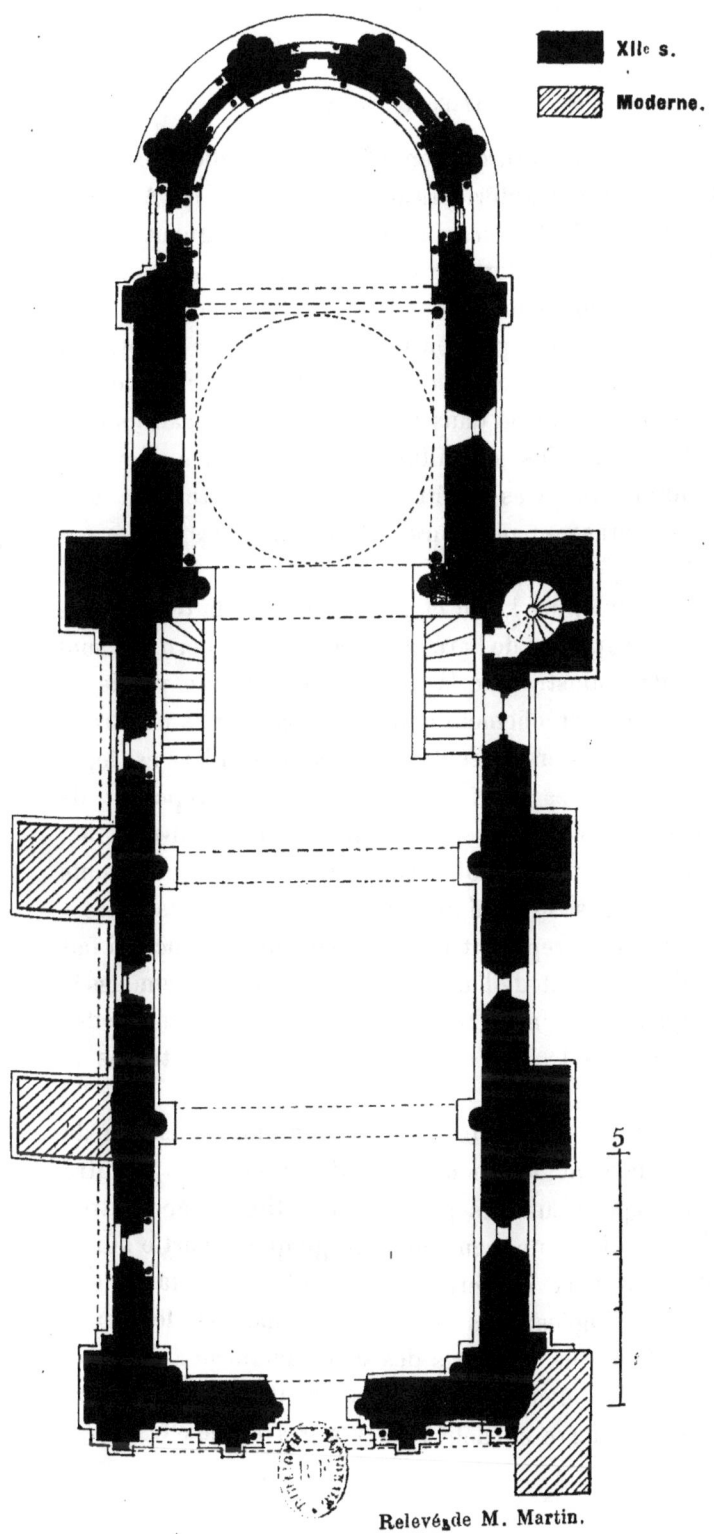

Relevé de M. Martin.

Plan de l'église de Plassac.

Brassac, dans le Périgord, en offrent un excellent exemple, car ils ne sont pas antérieurs au règne de Philippe Auguste, nous apprend M. de Verneilh. Les tailloirs règnent avec la moulure ornée de damiers, qui marque la naissance du berceau. Les ébrasements des fenêtres, par une disposition assez rare ici, mais que l'on retrouve à l'église paroissiale de La Couronne, pénètrent dans la voûte et interrompent ce cordon qui se retourne dans les jambages jusqu'au fond de la baie ; il sert ainsi de tailloir aux colonnettes engagées sous l'archivolte. Ces fenêtres en plein cintre sont très fortement ébrasées ; plusieurs ont été modifiées postérieurement.

La nef étant plus large et plus haute que la travée sous clocher, les supports de l'arc qui précède cette dernière sont séparés des pilastres de la nef par une étroite partie de muraille : un décrochement dans les maçonneries montre le point de jonction entre les deux campagnes. L'arc est légèrement brisé : ses deux rangs de claveaux reposent de chaque côté sur un pilastre flanqué d'une demi-colonne. Les bases règnent ensemble ; leurs tores inégaux sont réunis par une haute scotie qui renferme des ornements en festons. Ces bases reposent elles-mêmes sur un banc qui fait le tour du chœur et de l'abside et dont l'arête est émoussée en un quart de rond. On descend dans la crypte par des escaliers établis le long des murs de la dernière travée de la nef.

L'arc donnant accès à la travée sous le clocher est l'un de ceux qui portent les pendentifs de la coupole. L'autre doubleau repose sur des piédroits constitués par l'entrée de l'abside qui est un peu moins large que la partie qui la précède. Les deux formerets, très étroits, sont établis sur des colonnes logées dans les angles formés par les murs latéraux et par les supports des deux doubleaux. Les colonnes, au lieu d'être appareillées, sont faites de longs morceaux de pierre en délit : on y a gravé deux traits en manière de faux joints, comme pour les colonnettes d'arcatures, notamment à Montmoreau.

Les chapiteaux sculptés sont d'un très beau style. Dans leurs rinceaux se jouent des figures humaines, des monstres et un centaure. Les arcs brisés ne présentent qu'un faible gauchissement. Les pendentifs se rejoignent sur leur extrados, séparé par quelques assises du bandeau chanfreiné faisant saillie à la base de la coupole surbaissée. Deux fenêtres en plein cintre éclairent les murs latéraux de cette travée dont la construction est très soignée.

Bordée dans sa partie inférieure par le banc qui se remarque dans la travée précédente, l'abside a pour décoration des arcatures surmontées d'une très riche corniche. Elles comprennent onze arcs en plein cintre, portés sur des colonnettes monolithes, légèrement galbées et d'assez courtes dimensions. Au lieu de descendre jusqu'au banc, comme il arrive d'ordinaire aux absides possédant une décoration de ce genre, ces colonnettes reposent à hauteur d'homme sur le retrait du parement. Les bases comportent deux tores a peu près égaux, séparés par des gorges que bordent un ou deux filets. Les chapiteaux sculptés, analogues à ceux de la travée sous le clocher, présentent parfois de petites consoles sous le tailloir.

Les arcs, qui ne sont ni appareillés ni moulurés, consistent soit en linteaux pleins, évidés à la surface par une voussure en demi-cercle, soit en deux parties réunies par un joint vertical. Ces différences proviennent des rôles divers joués par chacun de ces arcs. Cinq d'entre eux correspondent à des fenêtres dont trois sont réelles et deux simulées. Les six autres séparent ou flanquent les précédents, et leur fond reste plat : ce sont ceux dont le tympan est pris à même le linteau évidé. Les autres abritent une arrière-voussure portée sur deux colonnettes. Pour les deux fausses fenêtres, cette voussure est prise aussi aux dépens d'un linteau évidé ; dans les fenêtres réelles, elle forme l'encadrement de l'ébrasement de la baie qui repose également sur deux colonnettes.

Les fenêtres réelles sont placées sous les deux arcs occupant le second rang à partir de la naissance de l'abside et sous celui qui se trouve dans l'axe de l'édifice ; une petite porte, d'époque plus récente, a légèrement empiété sur la partie basse de la fenêtre nord.

Un glacis tournant tout autour de l'abside couronne tous ces arcs. Au-dessus règne une corniche à modillons, couverte de belles sculptures. Elle a pour profil un étroit bandeau et un large chanfrein. Le chanfrein est décoré d'un rinceau continu, et, de plus, le « soffite », c'est-à-dire le dessous de la corniche, présente une ornementation analogue, interrompue par les modillons. Ceux-ci ont reçu des figures ou des rinceaux variés. Enfin, de magnifiques rinceaux dans des panneaux rectangulaires occupent l'espace vertical entre chaque modillon : ce sont des « métopes », si l'on peut appliquer ici ce terme antique. Il semble bien qu'il est permis de le faire, car ces sortes de corniches rappellent évidemment des œuvres romaines. On en trouve de très belles avec « soffites » et « métopes » dans l'architecture de la Provence, surtout à l'extérieur des monuments. L'église de Châteauneuf-sur-Charente en présente une à la façade. L'intérieur de cette même église conserve une corniche intérieure, portée directement sur de hautes colonnettes partant du sol. La corniche intérieure est d'ailleurs assez fréquente dans la région : celle de l'abside de Cellefrouin, conçue sur le même modèle que la précédente, paraît l'une des plus anciennes. A Saint-Michel d'Entraigues, à Lichères, les colonnettes reposent également sur un bahut très élevé ; le soffite est décoré, mais il n'y a pas d'arcatures. Aussi, sans oublier même Saint-Front de Périgueux, semble-t-il que Plassac possède le meilleur exemple de cette riche ornementation.

On remarquera que les deux premières colonnettes de l'abside sont remplacées par des pilastres, dont l'une des faces est constituée par l'épaisseur même des murailles de cette abside. Le pilastre continue plus haut, s'orne de deux moulures et d'une imposte sculptée correspondant à la corniche : c'est cet ensemble qui sert de support au second doubleau de la coupole.

Cet arc a donc une double fonction, puisqu'il marque aussi l'entrée de l'abside. Toute cette partie de l'édifice est fort bien conservée. Qu'il soit permis de regretter en passant, qu'ici encore, on ait cru devoir souligner tous les joints par un trait noir du plus fâcheux effet.

La construction d'une crypte permit de racheter la déclivité du terrain et de constituer un soubassement au chœur. C'est un rectangle terminé par un hémicycle. De gros pilastres rectangulaires portent la voûte en berceau très surbaissé, avec grandes pénétrations au-dessus des fenêtres, si bien que l'on peut y voir aussi une voûte d'arêtes imparfaite : elle est recouverte d'un enduit. Les piliers sont appareillés. Les fenêtres ont été, pour la plupart, agrandies ; à l'état primitif, elles étaient fort étroites et très profondément ébrasées. La crypte conserve un autel ancien, dont la table repose sur un massif rectangulaire.

Extérieur. — La façade, qui est un excellent exemple de cette partie d'une église rurale angoumoisine, comprend trois étages séparés par des cordons ; une corniche à modillons variés a été coupée en ses extrémités pour l'établissement d'un pignon plus récent.

Au rez-de-chaussée, la porte en plein cintre, sans tympan, possède une archivolte de trois voussures reposant sur des piédroits et sur des colonnes engagées qui ont disparu ; la voussure intermédiaire est décorée de petits cylindres ou plutôt de coussinets qui rappellent ceux que l'on voit à Marignac, et à la porte du Saint-Sépulcre de Jérusalem.

Deux arcs aveugles flanquent cette porte, en plein cintre également ; leurs deux voussures avaient pour support des pilastres et des colonnettes monolithes qui subsistent dans l'arc sud-ouest; les tailloirs de leurs chapiteaux à rinceaux règnent avec les impostes des pilastres. Les moulures qui se continuent sous l'arc bordent un tympan demeuré nu, contrairement à ce que l'on voit dans des façades plus riches, comme celles de Chalais ou d'Aubeterre. Sur l'arête de la première voussure de l'arc nord-ouest sont sculptées de petites pointes de diamant étoilées.

Le bandeau séparant le rez-de-chaussée du premier étage consistait en une suite de petits cylindres dans le genre de ceux de la voussure de la porte; autour du clocher de Saint-Estèphe existe un bandeau semblable.

Le premier étage est décoré d'une suite de cinq arcs aveugles, dont les archivoltes, de dimensions un peu dissymétriques, ont leurs claveaux plats bordés d'un cordon de pointes de diamant étoilées : elles reposent sur deux colonnettes engagées que sépare un mince piédroit; le tailloir des colonnettes se continue à travers le jambage. A l'étage supérieur, trois arcs seulement occupent la partie centrale de la façade et retombent sur de grosses colonnes engagées dans le parement. Les tailloirs règnent avec une moulure qui souligne le tympan des arcs et se poursuit de part et d'autre jusqu'aux extrémités de la façade. Sous l'arc du milieu s'ouvre une petite baie sans encadrement; elle éclaire le berceau de la nef.

A l'angle sud-ouest, un gros contrefort a été ajouté postérieurement. De même, les murs latéraux sont épaulés par d'épais contreforts.

Le clocher, très massif dans ses parties basses, est flanqué, au sud, près de la nef, d'une tourelle donnant accès à l'étage supérieur. Dans le mur sud, un arc en plein cintre porte sur des pilastres avec imposte; il paraît d'une explication incertaine. On n'en trouve pas trace à l'intérieur de l'édifice : si c'est un enfeu, il est de dimensions assez considérables. Au-dessus, une petite fenêtre présente un cintre évidé dans un linteau; des faux joints y sont gravés.

La souche du clocher s'amortit en quatre glacis triangulaires qui la font passer du rectangle à l'octogone. L'étage octogone comporte, sur chaque face, un grand arc en plein cintre reposant sur des pilastres; l'archivolte à claveaux plats est entourée d'un cordon d'étoiles qui retombe sur des demi-colonnes appliquées contre les angles de l'octogone. L'intérieur de chaque baie est occupé par deux pilastres et par une haute et mince colonnette portant deux petits arcs en plein cintre; le tympan reste plein.

Cet étage sert de base à une flèche conique, avec léger renflement, qui fut autrefois couverte d'écailles. Les clochers octogones sont fréquents en Angoumois : on peut citer ceux de La Couronne, de Torsac, de Rouillac, de Mouthiers, de Charmant.

L'abside s'élève sur un soubassement où sont percées les petites fenêtres de la crypte. Elle forme cinq pans décorés de grandes arcades en plein cintre bordées d'une moulure et soutenues par deux colonnes. Entre les colonnes des arcatures contiguës, un fût central s'élève jusqu'à la corniche du toit, qui repose aussi sur des modillons sculptés. Le tailloir des deux colonnes servant aux arcades règne avec une bague qui contourne la troisième. Les bases de ces faisceaux de colonnes règnent aussi entre elles et sont réunies par une plinthe de même profil. Les fûts des colonnes des arcades sont, dans leur partie inférieure, assez peu dégagés : à ce niveau, en effet, ils sont partiellement englobés dans le parement qui est renforcé presque au niveau des fenêtres, où un glacis rachète la différence. De ces fenêtres, trois sont réelles et deux simulées ; les assises de la maçonnerie et plus encore les nécessités de la disposition intérieure, prouvent que ces dernières n'ont jamais été modifiées. Toutes ont un même encadrement : deux colonnettes monolithes engagées portent une archivolte en plein cintre moulurée. Le tailloir se continue jusqu'aux colonnes des grandes arcades. Les chapiteaux avec rinceaux et animaux de toutes ces colonnes sont d'un bon style, comme ceux de l'intérieur.

Dans le pan de l'axe, la corniche a été coupée par le percement de l'oculus destiné à éclairer le cul-de-four. La toiture de l'abside est faite d'éclats de pierre, comme à Péreuil, à Mouthiers et ailleurs encore.

L. SERBAT.

ÉGLISE DE BLANZAC

L'histoire de la collégiale de Saint-Arthémy de Blanzac reste fort obscure. Les moines de Puypéroux l'auraient fondée au XIIe siècle et s'y seraient retirés peu après, abandonnant ainsi leur abbaye et leur église, bel édifice qui subsiste encore aujourd'hui avec son chœur entouré de sept absidioles rayonnantes. Cette église n'est pas non plus antérieure au XIIe siècle. En conséquence, on ne s'explique pas trop pourquoi les moines auraient élevé une aussi importante construction pour l'abandonner quelque temps après.

En tout cas, une église existait à Blanzac dès 1120; plus tard, le pape Alexandre III en confirma les privilèges. Cet acte, comme l'on sait, coïncide souvent avec l'achèvement d'un édifice. Enfin, un « petit papier manuscrit sans autorité », dit Castaigne, « et dont plusieurs copies existent dans la ville », fait mention d'une consécration célébrée, en 1226, par un évêque d'Angoulême de qui le nom ne figure nullement dans les listes de ce siège. Comme les archives de la collégiale ont été brûlées pendant les guerres de religion, il est difficile de contrôler ce renseignement. On ne peut nier cependant que la date donnée ne corresponde assez bien au style de la partie la plus récente de l'édifice.

L'église comprend une nef voûtée par deux croisées d'ogives, deux croisillons voûtés de même, un chœur couvert d'un berceau et terminé par une abside avec cul-de-four. Le carré du transept, dont la disposition donne à l'église de Blanzac un aspect tout à fait étrange, se trouve presque entièrement occupé par la base d'un clocher primitif absolument indépendant des constructions qui sont venues l'englober.

Cette tour, qui est la partie la plus ancienne de l'église, ne remonte pas plus haut que le milieu du XII° siècle; elle paraît à peu près contemporaine du chœur de Plassac. Sans doute est-ce à son état de jeunesse et de solidité qu'elle dut d'être conservée lorsque, dans la seconde moitié du même siècle, on entreprit de rebâtir l'église sur un plan différent et plus vaste. L'opération doit se placer, semble-t-il, vers le troisième quart du XII° siècle; elle commença par le chœur et se poursuivit, avec quelques modifications, par les croisillons, celui du sud étant le moins jeune. Enfin, après une nouvelle interruption des travaux, on éleva la nef.

L'ordre chronologique, qu'il convient d'adopter dans le cas de cette église pour donner, si possible, un peu plus de clarté aux explications suivantes, nous amène à parler tout d'abord du clocher, ou tout au moins de sa base enchâssée dans l'intérieur de l'église.

Intérieur. — La base du clocher est constituée par quatre piles flanquées de colonnes sur leurs faces internes et portant des arcs légèrement brisés, à double rouleau. Les autres faces restent nues, sauf les deux qui sont tournées vers la nef et qui conservent des restes de colonnes sur dosseret. Deux tores séparés par une gorge se profilent sur les bases. Les chapiteaux, d'un beau style, offrent des rinceaux et des feuillages ; le bandeau et le cavet de leurs tailloirs se continuent autour des piliers; cette moulure enserre même le haut du fût des deux colonnes placées face à la nef.

Un bandeau chanfreiné court au-dessus des arcs de l'est et de l'ouest; de ce dernier côté, il passe sous une baie géminée, dont les deux arcs, en plein cintre, non moulurés, reposent sur trois groupes de deux colonnes placées l'une derrière l'autre. Les chapiteaux sont analogues à ceux de l'étage inférieur; les bases présentent deux tores inégaux, les fûts sont galbés, comme à Plassac. Cette baie éclaire, à l'intérieur du clocher, un étage peu élevé, circonscrit par des bandeaux et surmonté d'une petite coupole octogone sur trompes.

Il y a dans ce clocher quelques détails d'une interprétation un peu difficile. En effet, aux angles extérieurs nord et sud et sur les parois correspondantes qui font face aux croisillons, on remarque des départs d'arcs et des arrachements de maçonnerie qui paraissent avoir appartenu à une voûte. Ces amorces, situées à des niveaux différents, sont superposées. Le premier arc part de l'imposte des grands piliers; le second prend naissance à l'extrémité du bandeau régnant au-dessus des grands arcs du clocher. La courbe des claveaux subsistants indique un arc de très petite ouverture. Un autre arrachement d'arc se voit enfin au-dessus de chacun des dosserets appliqués face à la nef, contre les quatre grandes piles.

Ces vestiges permettent de se faire une idée de ce que pouvaient être primitivement les parties de l'édifice voisines du clocher, surtout si on les rapproche de dispositions assez particulières que l'on rencontre dans quelques églises de la région, à Montbron, à Lichères et à Puypéroux.

Les arcs supérieurs paraissent se rapporter à l'existence d'un étroit collatéral voûté en berceau. On sait que, dans l'école poitevine, les collatéraux sont très élevés et très peu larges. Il en est ainsi, non loin d'Angoulême, à l'abbaye de Cellefrouin et à Lichères.

Les arrachements de voûte dénotent-ils qu'à défaut de croisillons les collatéraux se seraient prolongés de chaque côté du clocher? A l'église de Montbron, on avait peut-être songé à une disposition analogue. En tout cas, aujourd'hui encore, on voit, à la suite de la nef refaite, deux arcs superposés placés dans la même position de part et d'autre du carré. L'arc inférieur établissait ainsi une communication entre le collatéral et les parties suivantes, et son extrados portait un mur montant jusqu'à l'arc supérieur et à la voûte en berceau du collatéral.

Du côté du chœur, la face des grandes piles ne présente aucune trace de colonnes ni d'arcs. Il faudrait donc admettre que l'édifice se terminait par une de ces larges absides dans le genre de celles d'Angoulême, de Montbron ou de Puypéroux, dont l'arc triomphal est flanqué de deux petites arcades latérales permettant de passer directement dans les croisillons, comme à Lichères, à Mouthiers, à Saint-Maurice de Gençay et à Puypéroux, plus complètement encore, car dans cet édifice ce sont les quatre piles du carré qui sont également dégagées des murs voisins. Le Berry en fournit plusieurs exemples. Cette disposition, au lieu d'être indigène dans cette province, comme on l'a cru parfois, ne devrait-elle pas, en conséquence, être mise au nombre des emprunts faits par l'architecture berrichonne à celle du Poitou et des régions limitrophes? Rappelons en passant que l'on peut encore en constater l'existence dans deux petites églises normandes: Saint-Céneri-le-Géré et Neufmarché, et à Prisse, près de Laval.

Quant aux arrachements d'arcs sur les dosserets, face à la nef, on peut naturellement y voir l'amorce des arcades d'une nef flanquée de collatéraux. Mais cette nef a-t-elle jamais été bâtie en réalité?

Les demi-colonnes destinées à supporter les retombées des arcs sont actuellement dépourvues de chapiteaux et il n'y a point de trace qu'il en ait existé primitivement, car le fût est couronné d'une moulure qui continue l'imposte du pilier. De plus, il faut observer que le bandeau chanfreiné qui règne au-dessus du grand arc du carré, face à la nef, se prolonge jusqu'aux angles de la construction sans présenter la moindre trace d'interruption. Si des arcades de nefs et les maçonneries qu'elles sont destinées à porter avaient jamais existé, ce bandeau eût été interrompu par ces murs. Du côté du chœur, un bandeau continu peut se comprendre, étant donnée la large abside que l'on suppose. Du côté de la nef, il est beaucoup moins intelligible.

De l'ensemble de ces faits, ne peut-on conclure que la nef projetée n'a jamais été exécutée et que l'idée en ayant été abandonnée pendant la construction du clocher, on se contenta de profiler une moulure décorative au sommet de colonnes qui devenaient sans objet?

Peut-être une nef provisoire fut-elle élevée, dont le comble aurait laissé les traces que l'on aperçoit sur le mur occidental du clocher au-dessus de la baie géminée.

Ajoutons, pour terminer, que cette baie ne se retrouve ni du côté du chœur, ni sur les parois latérales où, du reste, elle eût été impossible, à cause de la présence des voûtes dont nous avons vu les amorces.

Chœur. — A l'entrée du chœur, les angles de la construction sont flanqués de deux groupes de colonnes géminées réunies sous un même tailloir. Les unes étaient destinées aux doubleaux des croisillons. Les autres reçoivent l'arc légèrement brisé qui précède le berceau de même forme dont le chœur est recouvert.

Cet arc, à larges claveaux nus, est lui-même doublé en arrière d'un second arc décoré de deux tores accolés et qui repose sur deux colonnes engagées entre les colonnes géminées et les murs latéraux. Ces deux colonnes conservent, au lieu de chapiteaux, de petits personnages accroupis qui tiennent à bras tendus le tailloir dont la saillie centrale est arrondie. Le tailloir règne avec celui des colonnes géminées et avec le bandeau qui court à la naissance du berceau.

Deux grands arcs en plein cintre décorent les murs latéraux ; ils sont soutenus par deux pilastres et, pour la retombée commune, par une courte colonnette sur un cul-de-lampe. Leur archivolte est bordée d'un rinceau. Une fenêtre composée, dont l'archivolte nue retombe sur des colonnettes sans tailloir, est percée sous chacun des arcs.

L'entrée de l'abside présente deux arcs absolument symétriques, par leur composition et leur disposition, à ceux de l'entrée du chœur.

L'abside est décorée d'une suite de sept grands arcs en plein cintre dont l'extrados mouluré atteint presque le bandeau qui règne à la base de la voûte en cul-de-four. Les deux premiers arcs sont pleins ; les cinq autres abritent des fenêtres disposées comme celles qui viennent d'être décrites, à ce détail près que leur archivolte est, elle-même, entourée de sept lobes ou grands festons. Comme ce motif est fréquent en Angoumois, au moins dans les baies extérieures, il n'est peut-être pas à propos de rappeler ici les arcatures de l'église de Rosiers-d'Égletons, en Limousin, et d'invoquer des influences venues de ce pays, qui, néanmoins, se sont exercées, comme nous le verrons, en une autre partie de l'église.

Sur les chapiteaux des colonnettes, d'un travail très fin, se détachent des acanthes, des animaux, monstres ou oiseaux ; les bases ont deux tores inégaux séparés par une gorge et deux filets. Les grandes colonnes du chœur et de l'abside possèdent des bases semblables, mais les chapiteaux sont garnis de grandes feuilles d'eau, d'un faible relief et largement traitées.

Un détail est à signaler : sous l'astragale des grandes colonnes, comme sur les claveaux des doubleaux du chœur, on remarque un rang de dents de scie fort peu accusées.

Quelquefois, des gaufrures de ce genre existent sur l'enduit dans des églises construites de blocage, tout autour de l'encadrement des fenêtres, notamment en Normandie, au prieuré de Noron. Ici ce raffinement est une nouvelle preuve du soin apporté à toute la construction, malgré le peu de finesse du grain de la pierre employée. La perfection même du travail, la délicatesse des profils de la sculpture des chapiteaux et des petits personnages montrent que ce chœur fut élevé à une date avancée du XIIe siècle, peu de temps, semble-t-il, avant l'église abbatiale de La Couronne et, par conséquent, vers 1175.

Les fonds ont dû manquer pour continuer l'œuvre avec autant de luxe.

Croisillons. — Les croisillons, voûtés par une croisée d'ogives, sont encadrés à l'est par les colonnes géminées déjà signalées, et, du côté ouest, par une seule colonne dont le style accuse le début de la nouvelle campagne des travaux. Cette demi-colonne reçoit actuellement une branche d'ogives, de même que l'une des colonnes géminées. Dans les angles des croisillons se trouvent des faisceaux de trois colonnes. Au croisillon sud, les unes sont réunies sous le même tailloir; l'autre groupe comporte trois tailloirs distincts. Le profil des ogives présente trois tores inégaux, séparés par des gorges. Cette voûte a peut-être été établie à une époque postérieure à la construction d'une partie des murs latéraux, et, très probablement, au moment où la nef fut voûtée. Un oculus est percé dans le mur de fond; deux fenêtres en tiers-point, avec archivolte feuillagée, s'ouvrent au nord et au sud.

Le croisillon nord ne diffère du précédent que par quelques détails : dans les faisceaux de colonnes, celle du milieu est appliquée sur un dosseret; l'oculus est remplacé par une grande fenêtre à meneaux avec archivolte de feuillages; l'une des deux fenêtres latérales est en plein cintre.

A l'angle formé par les murs des croisillons et ceux de la nef, un nouveau décrochement indique une dernière campagne.

Nef. — A l'entrée du transept se dressent deux groupes de colonnes, d'inégales dimensions ; les plus grosses étaient destinées à un doubleau qui, à cause de la conservation de l'ancien clocher, n'a jamais été construit. Tout autour de ce massif, on s'est contenté d'un voûtement grossier, et provisoire sans doute. Les deux autres colonnes correspondent à l'une des deux croisées d'ogives qui couvrent la nef. Elles conservent des chapiteaux à feuillages d'un style assez mou, mais qui décèle le XIIIe siècle, de même que les bases : l'un des deux tores, extrêmement aplati, est cantonné de griffes. Des croix de consécration sont gravées sur ces colonnes et sur celles du chœur. Un groupe de cinq colonnettes sur les murs latéraux et deux colonnettes dans les angles du mur de fond porte le reste des voûtes ; un tore aminci entre deux gorges se détache sur les ogives. Les quatre fenêtres en tiers-point qui éclairent la nef sont divisées par un meneau central et deux arcs secondaires, sauf celle qui est percée dans le mur nord-est de la seconde travée ; la présence d'une tourelle d'escalier desservant les parties hautes de l'église a réduit la largeur de cette baie. Deux enfeus du XVe siècle, avec arcs trilobés, gâbles et fleurons, ont été pratiqués au bas des murs de la nef.

Une rose, dont le remplage est moderne, se remarque dans le mur de fond, ainsi que les arrachements d'une tribune et de nombreux vestiges de peinture. Il faut signaler aussi la polychromie, de date plus ancienne et très vive encore, qui contribue à donner au bas du clocher son aspect si étrange. La peinture murale était très en honneur dans la région. Une ancienne chapelle de Templiers, située sur le territoire même de Blanzac et servant d'oratoire calviniste, conserve des scènes très intéressantes relatives aux croisades ; elles ont été signalées par nos confrères MM. Lauer et de La Martinière.

Façade. — Haute et étroite, elle est surmontée d'un pignon aigu, avec crochets, qui paraît de date plus récente. Elle est flanquée, sur chaque angle, de deux groupes de colonnes géminées : partant du sol, elles montent jusqu'aux rampants du pignon où elles supportent une plate-forme conique, base de deux clochetons polygonaux coiffés de flèches à crochets ; l'un d'eux a été reconstruit à l'époque moderne.

Le bas de la façade est occupé, dans presque toute sa largeur, par la porte. Cependant, de part et d'autre, un pilastre, tangent aux groupes de colonnes, et une colonnette contiguë à l'ébrasement de la porte, s'élèvent jusqu'au-dessus du niveau de la rose supérieure et reçoivent un arc trilobé avec gâble, destiné à abriter une niche. Une niche semblable est pratiquée au-dessus de la rose.

La porte elle-même est la partie la plus remarquable de la façade. De chaque côté de l'ébrasement, quatre colonnettes principales, entre lesquelles sont logées des colonnettes secondaires, portent les quatre voussures de l'archivolte en tiers-point, séparées, elles aussi, par des moulurations intermédiaires.

Les parois de l'ébrasement, entre chaque colonne, sont tapissées de fleurs régulières disposées en lignes verticales. Les bases de ces colonnes sont aplaties, sur socles polygonaux; la même forme a été donnée aux tailloirs des colonnettes principales. Leurs chapiteaux figurent une frise continue garnie de deux rangs de crochets. La première voussure porte un tore bordé de feuillages réguliers ; la seconde est également torique; la troisième est couverte de rinceaux de faible relief pris aux dépens d'un épannelage carré; la quatrième porte un tore en amande.

Cet ébrasement, surmonté d'un gâble à crochets assez

obtus, encadre la porte proprement dite, dépourvue de tympan. Les jambages soutiennent des corbeaux sculptés qui règnent avec les chapiteaux des colonnes. L'arc intérieur est polylobé; chacun des sept redents est bordé d'une moulure torique qui se termine par deux têtes de serpent.

Il est bon de faire remarquer combien cette porte rappelle, par le nombre de ses voussures, par ses dispositions, par son arc polylobé, les portes de l'époque précédente que l'on admire à Montmoreau, à Aubeterre et à Chalais.

Élévation latérale. — Les murs latéraux de la nef sont renforcés dans leurs parties basses. Un glacis régnant sous les fenêtres rachète la différence et contourne, comme un larmier, les contreforts appliqués au droit du doubleau entre les deux travées. Des contreforts moins saillants épaulent les extrémités de la nef. A l'angle de ce vaisseau et du croisillon nord, s'élève une tourelle carrée desservant les combles de l'église. Dans le mur sud est percée, près de la façade, une jolie petite porte sans tympan ; chaque lobe de l'archivolte est décoré de redents. Des traces d'enfeus sont visibles dans ce mur.

Des contreforts rectangulaires, qui embrassent les deux côtés de chacun des angles, épaulent l'extrémité des croisillons. Au bas du mur occidental du croisillon sud s'ouvre une petite porte, aujourd'hui bouchée. La voussure, légèrement brisée, comporte plusieurs boudins ; elle repose sur des colonnettes avec chapiteaux à crochets. L'archivolte d'une fenêtre placée dans le même mur est composée d'une manière analogue ; elle est bordée de feuillages. Le caractère des moulures doit faire regarder ce croisillon comme un peu antérieur à celui du nord, dont les fenêtres sont encadrées d'une façon plus simple, comme dans la nef.

Le chœur et l'abside sont flanqués de colonnes qui reposent sur un soubassement continu. Leurs chapiteaux supportent la corniche avec les modillons intermédiaires. Les fenêtres sont encadrées par une archivolte entourée d'une moulure et des colonnettes dont le tailloir se continue en cordon qui embrasse le fût des grandes colonnes. Derrière l'abside existe une inscription que le grain de la pierre et la vétusté ont rendue peu lisible.

Clocher. — Le clocher, dont le dernier étage est seul moderne, forme un tout homogène et contemporain des parties enfermées dans l'intérieur de l'église.

Au premier étage, chaque face est décorée de petites arcades pleines sur pilastres, dont les arêtes sont chanfreinées ; des damiers sont figurés sur les tailloirs. Une frise assez large, mais très fruste et cachée par les combles actuels, sépare cet étage du suivant où l'on remarque, sur chaque côté, deux grandes baies en plein cintre. Ces baies séparées par un trumeau sont encadrées par un arc plein cintre et par deux colonnettes engagées. Leur voussure profonde abrite deux baies secondaires reposant sur une colonnette engagée et, pour la retombée commune, sur deux colonnettes placées l'une derrière l'autre.

Les angles de cet étage sont refendus d'un angle rentrant, ce qui donne, comme l'a fait ressortir M. Enlart, une ligne verticale d'ombre ; cette disposition, fréquente dans les clochers de la région, ne doit pas ici du moins faire présumer l'existence d'une colonnette engagée. On la voit encore dans certains clochers limousins, à celui de Saint-Léonard, par exemple, dont l'une des particularités les plus typiques se retrouve au troisième étage du clocher de Blanzac, en retrait sur les autres, car l'archivolte de ses quatre grandes baies en plein cintre est surmontée d'un grand gâble plein. On voit quelle analogie existe, de ce fait, avec les clochers étudiés par notre confrère M. Fage. Le clocher, tout voisin, de Pérignac, malheureusement reconstruit, rentrait dans cette catégorie. C'est par Brantôme, sans doute, que ces influences sont parvenues en

Angoumois. Le dernier étage était-il octogone, comme dans les tours limousines ? On ne peut l'affirmer. En tout cas, ce clocher ajoute encore à l'intérêt de cette église si complexe, dont l'examen fait naître bien des hypothèses sujettes à discussion et qui mériterait une étude plus approfondie.

L. SERBAT.

ÉGLISE DE ROULET

L'église de Roulet, plus grande que celle de Plassac, a été moins bien partagée, car elle a dû subir une restauration complète et même son clocher, abattu par la foudre en 1872, a été entièrement reconstruit.

Elle comprend une nef couverte de trois coupoles sur pendentifs, une travée plus étroite avec coupole sur trompes, située sous le clocher, un chœur très allongé, voûté en berceau et terminé par une abside demi-circulaire.

L'abbé Michon et M. de Baudot, qui a publié des plans et dessins de cet édifice, y ont distingué avec raison trois campagnes de construction qui toutes se placent au cours du XIIe siècle. La travée sous clocher paraît la plus ancienne ; puis vient la nef, ou, tout au moins, les coupoles et leurs supports. La nef a été entièrement réparée ; plusieurs détails prouvent que les coupoles appartenaient à une époque avancée du XIIe siècle : ce ne sont plus des pilastres garnis de colonnes appliquées, mais bien, comme à Cherves, près de Cognac, des groupes de colonnes qui supportent les arcs d'encadrement des pendentifs. Ces arcs sont à double rouleau et de forme nettement brisée.

Tous les claveaux gauchissent et rentrent dans le plan sphérique des pendentifs, particulièrement ceux des doubleaux. L'extrados des arcs est bordé d'une petite moulure ornée de damiers, festons ou autres motifs ; elle circonscrit la portion du pendentif dont les assises sont indépendantes des claveaux des arcs d'encadrement.

Un bandeau chanfreiné et décoré règne à la base de la calotte de chaque coupole. Les chapiteaux, dont beaucoup ont été refaits, sont identiques dans chaque faisceau de colonnes; leur ornementation consiste en feuilles et palmettes régulières, dont les nervures sont chargées de perles; les tailloirs ont pour profil un bandeau et deux cavets avec festons et dents de scie.

Comme à Gensac, ou comme à Péreuil, nous sommes ici en présence d'une nef entièrement couverte de coupoles, avec cette particularité que les trois coupoles ont dû être bâties en même temps, à en juger par l'uniformité des trois travées.

Les fenêtres en plein cintre éclairant ces travées sont absolument désaxées par rapport aux formerets des coupoles; de plus, elles présentent un aspect assez archaïque: les claveaux de leur archivolte en plein cintre sont très étroits; les tailloirs, lourds, se prolongent avec gaucherie dans l'ébrasement. Aussi peut-on se demander si les coupoles et leurs supports n'ont pas été ajoutés à une nef préexistante : ce cas s'est présenté fréquemment. M. Brutails l'a constaté pour la petite église de Sainte-Geneviève de Fronsac. Il faudrait tenir compte aussi de ce que, dans le voisinage des piles, l'appareil diffère de celui du reste des murailles; mais comme cette dissemblance pourrait bien être le fait d'un procédé de construction dont il y a des exemples dans certains autres édifices de la région, et comme, d'autre part, une trop complète restauration est intervenue naguère, il n'y a pas lieu d'insister sur cette dernière remarque.

Certaines des assises du dernier groupe de colonnes dans la nef règnent actuellement avec celles du pilastre flanqué de colonnes qui supporte le premier doubleau de la travée sous le clocher. Sans doute c'est la restauration qui en est cause, car entre ces deux groupes de supports il y avait une solution de continuité bien évidente. On peut le constater en considérant les chapiteaux de ces derniers supports : leurs corbeilles sont décorées d'entrelacs, de chimères et de monstres; le tailloir ne comprend qu'un bandeau et un cavet. De plus, l'arc appartenant à la travée sous clocher est moins nettement brisé et de claveaux plus étroits ; il ne coïncide pas avec celui qui, plus tard, est venu s'appliquer contre lui.

Le second doubleau de cette travée est semblable au précédent, tant pour l'arc que pour les supports. Le rouleau intérieur des formerets repose sur des pilastres couronnés d'une imposte. Au-dessus de ces arcs, dans les angles de la travée, quatre trompes déterminent un octogone qui sert de base à une coupole dont les parties basses sont de même plan, tandis que, vers le haut, les huit pans se confondent progressivement en une calotte ovoïde. La restauration a tenu compte de cette disposition. Un bandeau chanfreiné règne à la naissance de la coupole.

Notons en passant que, sous les clochers, ce genre de coupole est celui qui semble le plus fréquemment employé, surtout dans les constructions relativement anciennes, comme à Montbron, à Dirac, à Blanzac; plus tard, on ne craignit pas d'établir, même ici, de vastes coupoles sur pendentifs ; nous en verrons à Mouthiers et à Montmoreau.

Les deux petites fenêtres percées dans les murs latéraux sont analogues à celles de la nef, nouvel indice qui permet encore de croire que les murs de celle-ci sont antérieurs à ses coupoles.

A l'entrée du chœur, on observe un nouveau décrochement; il n'y a pas de liaison entre le doubleau de la travée précédente et l'arc sur pilastres qui soutient le commencement du berceau du chœur.

Cette longue voûte s'étend sur toute la longueur du chœur, sans aucun doubleau, même à l'entrée de l'abside. D'ailleurs, chœur et abside possèdent une décoration continue : ce sont de grandes arcades, en plein cintre sur les côtés et surbaissées dans le chevet, qui portent sur des colonnes appliquées contre les murs et appareillées avec eux, comme d'habitude. L'arc formé de claveaux plats est bordé d'un cordon d'étoiles ajourées.

Des fenêtres sont ouvertes sous ces arcades ; l'archivolte, entièrement nue, repose sur deux colonnes engagées, dépourvues de tailloirs. Les chapiteaux, ornés d'acanthes et de monstres affrontés, sont partiellement refaits ; ils peuvent paraître archaïques par rapport à ceux des grandes arcades : pareilles différences entre petits et grands chapiteaux, placés en des situations analogues, se rencontrent ailleurs, à Blanzac par exemple. Les bases de ces colonnettes, deux tores presque égaux séparés par une gorge, semblent les seules anciennes qui subsistent dans l'édifice. Toutes les autres ont été refaites sur un modèle courant, et cependant, l'abbé Michon nous apprend que, de son temps, celles de la travée sous le clocher comptaient jusqu'à cinq tores superposés, présomption d'ancienneté, comme l'a montré M. Deshoulières dans son étude sur ce sujet. Signalons en terminant la présence de croix de consécration sur les colonnes de la nef, et aussi, dans le mur sud de celle-ci, une inscription ainsi conçue :

IN FESTIVITATE SANCTI GONDRAM....
DEDICACIO ECCLESIE.

La forme et l'enchevêtrement des caractères dénotent une date assez reculée.

Extérieur. — La façade, depuis le sol jusqu'à la corniche à modillons qui court sous les rampants d'un pignon moderne, est décorée de trois grands arcs en plein cintre reposant sur quatre colonnes élancées et montées sur des socles très hauts. La porte, ouverte dans l'entre-colonnement du milieu, comporte quatre colonnettes et deux voussures. Le tympan, ici encore, doit être une innovation moderne. Dans chacun des entre-colonnements latéraux, un arc aveugle qui flanque la porte ne compte que deux colonnettes et une seule voussure de claveaux plats. Au-dessus de ces trois arcs, un bandeau chanfreiné accuse le premier étage, qui présente, dans l'entre-colonnement central, un grand arc plein cintre sur colonnes, abritant à son tour une fenêtre beaucoup plus étroite. Les entre-colonnements latéraux sont occupés de part et d'autre par deux petits arcs plein cintre reposant sur deux colonnes. On a signalé l'influence que la cathédrale d'Angoulême avait pu exercer sur cette petite façade, dont l'agencement et les hautes arcades diffèrent notablement des dispositions habituellement adoptées pour les églises rurales de l'Angoumois.

Les murs de la nef sont épaulés de gros contreforts ; les fenêtres sont encadrées d'un plein cintre sur deux pilastres. A la travée du clocher, on voit de petites fenêtres surmontées d'un linteau évidé avec faux joints. Tout autour du chœur, sont plaquées des arcades sur colonnes engagées, séparées par des contreforts.

Le clocher avait frappé Viollet-le-Duc par sa jolie composition ; il l'avait décrit et dessiné dans son dictionnaire. Le croquis ne répond pas tout à fait à ce qui existe, depuis que le clocher a été rebâti en 1875 ; il comprend un soubassement d'arcatures sur pilastres, un étage dont les baies géminées sont séparées par un trumeau et subdivisées par des arcades secondaires. La flèche conique couverte d'écailles est flanquée de quatre clochetons. Le clocher ancien était terminé par un bandeau composé d'une suite de petits cylindres verticaux, comme à Trois-Palis. L'église toute voisine de Saint-Estèphe possède un clocher identique, mais de date postérieure ; il n'a pas encore été restauré.

L. SERBAT.

BIBLIOGRAPHIE. — Abbé Michon : *Statistique archéologique de la Charente*. — Sharpe : *A visit to the domed churches of Charente*. — Guérin-Boutaud et Georges: *Notes sur des modillons des églises de Plassac et de Mouthiers*.— Castaigne (E.): *Simple note sur l'église collégiale de Blanzac*. — Biais : *Des statues équestres sculptées aux façades de certaines églises romanes. Notes sur les fresques du temple de Blanzac*. — Baudot (A. de) : *Petits édifices de bourgs et de villages* (Rauiet). — Viollet-le-Duc : *Dictionnaire*, t. III, p. 306.

SECONDE EXCURSION

SAINT-AMANT-DE-BOIXE

Le tombeau d'un solitaire, nommé Amantius, retiré dans la forêt de Boixe et mort vers 680, fut l'origine de ce monastère transféré vers la fin du Xe siècle dans le lieu qu'il occupe aujourd'hui.

L'abbaye bénédictine de Saint-Amant, déjà éprouvée par les guerres de religion, fut supprimée dès 1774 faute de moines. Elle ne s'était jamais agrégée à la congrégation de Saint-Maur. Néanmoins, les papiers de D. Estiennot, recueillis en vue de la publication du *Monasticon Gallicanum,* renferment plusieurs documents intéressants relatifs à cette abbaye; ils complètent heureusement la notice de la *Gallia christiana*.

Restauré une première fois par Arnaud, comte d'Angoulême, en 990, le monastère fut doté d'une église où le corps du saint protecteur fut transféré en l'an 1125, dit-on, ou tout au moins, d'après le Cartulaire de Saint-Jean-d'Angely, sous Guillaume Ier qui était abbé dans le premier quart du XIe siècle. D'après une note de D. Estiennot, l'église aurait été consacrée en même temps.

Une autre date, plus certaine et plus importante pour le monument actuel, est celle qui nous est donnée par une autre consécration célébrée solennellement le 15 novembre 1170, en présence des évêques d'Angoulême, de Périgueux, de Poitiers, de Saintes, et d'un grand nombre d'abbés, notamment ceux de Saint-Jean-d'Angely, de Charroux, de Nanteuil-en-Vallée, de La Couronne, de Lesterps et de Cellefrouin.

Une certaine « chronique d'Angoulême », citée sans autre référence par les Bénédictins, plaçait cette cérémonie en 1177, mais eux-mêmes ont adopté la date de 1170, qui est conforme à un texte connu aussi de Corlieu, dans son *Histoire des comtes d'Angoulême,* et de Vesly, dans le *Catalogue des évêques de Poitiers.*

L'édifice, en son état actuel, comprend une nef de six travées, voûtée en berceau et flanquée de deux collatéraux, un carré de transept surmonté d'un clocher qui englobe une coupole sur tambour, deux croisillons dont l'un, celui du nord, est encore garni de deux absidioles, et enfin un grand chœur de trois travées, voûté d'ogives, fortement désaxé et terminé par un chevet plat.

L'ensemble de la construction, sauf le chœur, appartient au XIIe siècle. Le chœur, qui date du XVe siècle seulement, conserve des parties plus anciennes. Ces vestiges, ainsi que les deux absidioles subsistantes, permettent de restituer le plan primitif au delà du carré du transept : le chœur, terminé par une abside en hémicycle, était flanqué de quatre absidioles, dont les deux plus grandes étaient précédées d'une travée rectangulaire. Ce plan, comme on le voit, rappelle celui de plusieurs grandes églises bâties par les Bénédictins, notamment à Saint-Sever (Landes), à Anzy-le-Duc (Saône-et-Loire) et à Chezal-Benoît (Cher).

On a dit que la nef était un reste de l'édifice consacré en 1125 et que toute la partie orientale de la construction, sauf le chœur actuel, bien entendu, appartenait à la réédification, dont la cérémonie de 1170 marquerait l'achèvement. Il semble difficile de faire état de ces dates, surtout de la première, d'une façon aussi absolue.

Les travaux d'une église n'ont pas toujours commencé par le chœur, car il y a des exemples du contraire à Saint-Denis, à la cathédrale d'Amiens, à la cathédrale d'Angoulême et aussi, sans doute, à Montmoreau et à Courcome, église toute voisine de Saint-Amant-de-Boixe et très intéressante; on ne peut nier cependant que cet usage n'était le plus fréquent, comme il est d'ailleurs le plus naturel lorsqu'il s'agit d'un édifice où les moines doivent chanter l'office et conserver avec respect le corps d'un saint.

Or, si un chœur datant de 1125 avait existé, on peut croire, d'après la grandeur et la beauté du style de la nef — que l'on a tort d'attribuer à cette même époque, — qu'il aurait été assez beau et assez grand pour ne pas exiger une reconstruction vingt-cinq ans plus tard.

En réalité, la nef, si grande que soit son apparente simplicité, n'est pas plus ancienne que le reste de l'église. Il y a eu un arrêt dans les travaux, deux campagnes même si l'on veut, mais, en tout cas, ces campagnes se sont succédé à des intervalles bien rapprochés et avant que la première portion de l'édifice n'ait eu le temps d'être achevée. D'ailleurs, si la date de 1125 correspond à une réalité, elle s'appliquerait sans doute à une crypte que l'on dit avoir existé sous le chœur et dont une fouille seule permettrait de contrôler l'existence.

Faute de textes précis et suffisamment nombreux, les monuments de l'Angoumois sont parfois difficiles à dater, car si les architectes semblent avoir employé de bonne heure certains profils, ils paraissent aussi en avoir continué l'emploi très tard, soit sans mélange, soit concurremment avec d'autres motifs plus jeunes. L'étude des bases est, à ce point de vue, particulièrement périlleuse. Il se peut donc que des édifices aient par quelques côtés un aspect archaïque plutôt qu'un âge vraiment reculé.

Aussi, pour appliquer ici des réflexions faites à propos de Saint-Amant-de-Boixe, mais que l'on pourrait répéter plus d'une fois en présence d'autres monuments, semble-t-il prudent de considérer ce beau monument comme une œuvre plutôt postérieure qu'antérieure à 1150. M. Sharpe le regardait comme la perle, nous dirions le clou, de son expédition archéologique en Charente.

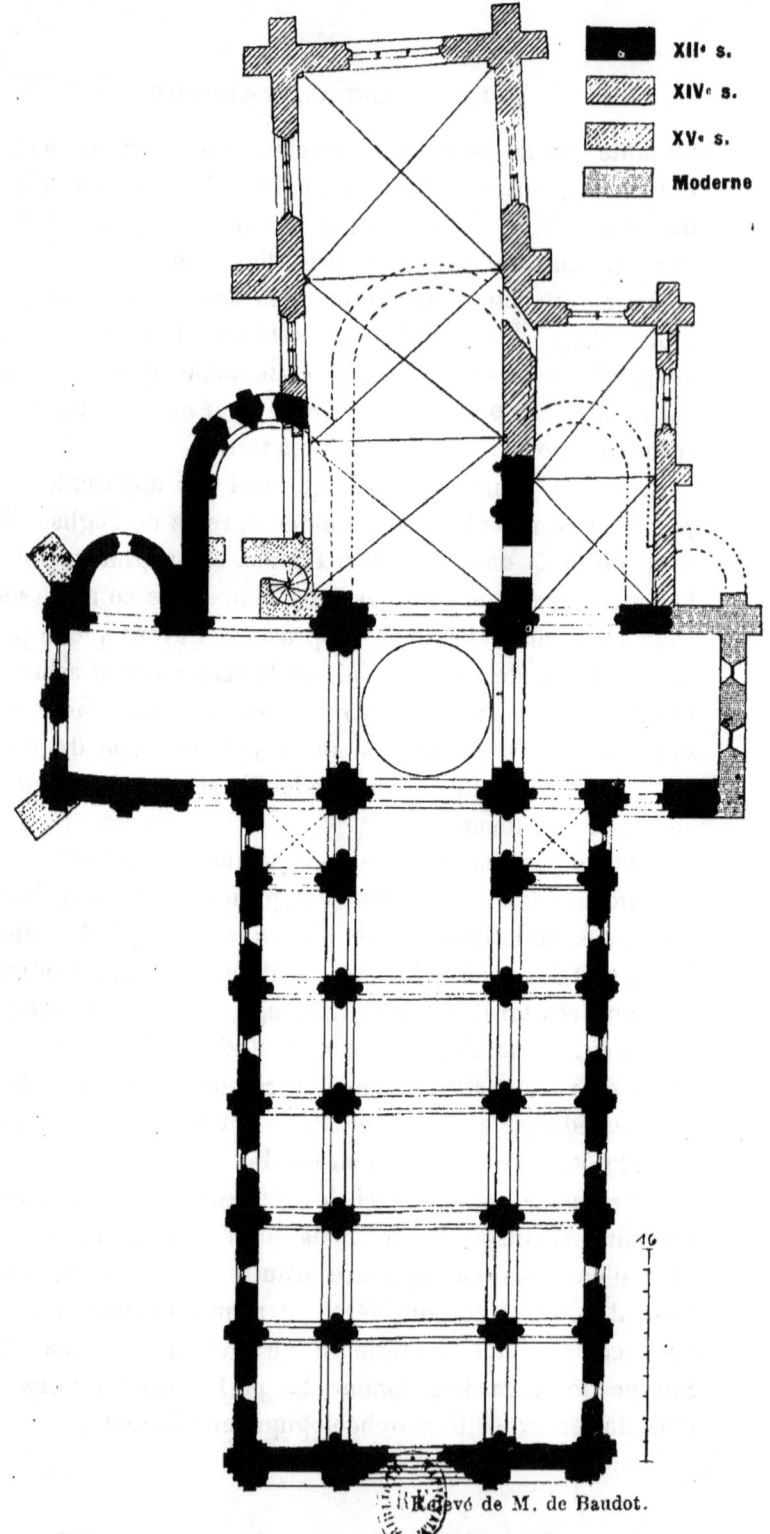

Plan de l'église de Saint-Amant-de-Boixe.

Nef. — Comme le sol de la nef est très en contre-bas de celui de la façade, on y descend par un escalier d'une quinzaine de marches. Cette disposition, due à la déclivité du terrain, est primitive, puisque la façade elle-même n'est nullement enterrée.

La nef, qui comprend six travées, est recouverte d'un berceau très légèrement brisé et renforcé de doubleaux. Les piliers rectangulaires sont flanqués de quatre colonnes. Les bases se continuent comme une plinthe sur les faces du pilier; elles sont de profil presque attique, avec deux tores inégaux séparés par une gorge; de plus, un trait circulaire est gravé sur chaque tore, qui se trouve ainsi divisé en deux portions égales. L'ensemble repose sur des socles chanfreinés qui correspondent au plan de la pile. Le massif rectangulaire, très allongé, présente ses deux petites faces tournées vers la nef et le collatéral; les colonnes engagées montent à un niveau supérieur à celui des grandes arcades et reçoivent les doubleaux de la nef et des collatéraux. Les deux autres colonnes portent le rouleau intérieur des grandes arcades.

Les églises flanquées de collatéraux étant très rares en Angoumois, on n'y trouve guère d'autres exemples de supports de ce genre; on peut cependant citer ceux de l'église de Cellefrouin, église plus ancienne que Saint-Amant-de-Boixe, se rapprochant du type poitevin, avec collatéraux très étroits, mais bien plus élevés encore, puisqu'ils sont de même hauteur que la nef. De plus, à Cellefrouin, les doubleaux ayant pour supports des pilastres assez plats, les piles ne sont flanquées que des colonnes servant aux grandes arcades.

Les chapiteaux, simplement galbés, sont ornés de deux larges feuilles ou volutes terminées par des crochets peu indiqués ou par de petites sphères. Le profil des tailloirs, dont la finesse est en rapport avec le galbe, assez perfectionné, du chapiteau, se compose d'un bandeau, d'un filet et de deux cavets ; ils règnent avec l'imposte moulurée qui surmonte le reste du pilier, interrompue seulement par les fûts des colonnes des doubleaux.

Les chapiteaux et les tailloirs de ces colonnes sont semblables à ceux qui viennent d'être décrits ; seulement le bandeau du tailloir est revêtu d'une ornementation constituée par un rang de petites cavités rectangulaires assez profondément creusées pour obtenir un jeu d'ombre. Cette décoration se continue sur le cordon qui relie les tailloirs en accusant la naissance de la voûte.

Le même motif se retrouve encore tout le long des berceaux des collatéraux. Contre les murs extérieurs sont appliquées des demi-colonnes destinées à la retombée des doubleaux ; elles sont flanquées de pilastres qui supportent de grands arcs en plein cintre, bandés entre chaque travée et encadrant une fenêtre de même forme. La fenêtre, du type si fréquemment adopté dans la région, est entourée d'une archivolte de claveaux plats et de deux colonnes sans tailloir, montées sur les premières assises des piédroits.

Les chapiteaux de toute cette partie de l'édifice sont, comme il a été dit plus haut, lisses ou très peu décorés ; quelques-uns cependant sont gravés de stries qui suivent le galbe de la corbeille. Ici, assurément, ces chapiteaux épannelés étaient destinés à recevoir un complément de décoration constitué par des rinceaux peints. D'ailleurs, on distingue encore dans la nef, principalement du côté nord, les vestiges d'une belle polychromie.

Signalons enfin, pour achever la description de cette partie de l'église, une voûte d'ogives occupant le bas de la première travée du collatéral sud, contre l'escalier descendant de la façade. Sous cette voûte, dont les ogives commencent au niveau du sol, on a réuni certains fragments de sculpture ; dans un mur de blocage qui la sépare de l'escalier, une croix taillée dans une seule pierre, et qui paraît assez ancienne, a servi de moellon.

Tout ce qui vient d'être dit au sujet de la nef ne s'applique qu'aux cinq premières travées, la sixième et dernière différant des précédentes d'une façon très sensible.

Le berceau, qui était d'appareil régulier, ne présente plus ici qu'une maçonnerie assez grossière. Aucun doubleau ne le sépare du reste de la voûte. En effet, la dernière travée, si tant est que ce nom lui convienne absolument, est beaucoup plus étroite que les autres ; elle ne possède pas d'arcades latérales, mais seulement, à leur place, deux massifs pleins, percés, à un niveau assez élevé, d'une arcade étroite en tiers-point, dont la voussure interne repose sur deux demi-colonnes appliquées contre les jambages.

De part et d'autre de ces massifs, le collatéral n'est plus voûté en berceau; il est recouvert d'une voûte d'arêtes entièrement appareillée et notablement plus basse que le berceau. Enfin, dans toute l'étendue de la dernière travée, aux collatéraux comme à la nef, les chapiteaux, au lieu d'être lisses, sont chargés de rinceaux, d'entrelacs mêlés d'animaux fantastiques, d'un excellent style, et le tailloir ne porte plus qu'un seul cavet. Il faut ajouter encore qu'entre l'arc de la cinquième travée et la baie ouverte dans les massifs qui la suivent, on remarque, dans la maçonnerie, un décrochement.

De ces diverses observations faut-il conclure à deux campagnes nettement déterminées ? Cela ne semble pas nécessaire.

Les parties basses des deux massifs sont homogènes ; elles sont bordées d'une plinthe qui, sauf quelques bûchages dus à des remaniements postérieurs, ne présente pas de réelles solutions de continuité et règne avec la base de la colonne de la cinquième travée. Or, si le socle est plus haut, le profil néanmoins est le même que dans tout le reste de la nef. Ces deux massifs semblent avoir été prévus dès l'origine, sans doute pour renforcer la base du carré et de la coupole. Peut-être aussi devait-on établir une clôture en cet endroit; le chœur des moines, d'après certains textes, descendait jusque dans la nef.

Il semble bien que le plan de toute la nef et, nous pouvons le dire dès maintenant, celui du transept et du chevet ont été conçus d'un seul jet ; qu'ils ont même, d'un bout à l'autre de l'édifice, reçu un commencement d'exécution en ce qui concerne les fondations et les premières assises de l'ensemble. Au cours des travaux, il y a eu des modifications plutôt qu'un changement radical. En effet, malgré les différences visibles dans la construction du berceau de la nef, les maçonneries de ce vaisseau ont dû être terminées en un même temps depuis la façade jusqu'au carré : le bandeau orné qui court à la naissance de la voûte est identique à lui-même, non seulement d'un bout à l'autre de la nef, mais encore il est de même dessin que les tailloirs et les impostes des piliers du carré : il règne avec ces supports et nous le retrouverons, toujours au même niveau et toujours avec le même profil, dans les deux croisillons et jusque dans le chœur.

Transept. — Le carré du transept est remarquable par sa belle coupole sur tambour. Elle n'a pas été restaurée comme à Angoulême. Beaucoup plus grande que celle de Blanzac, elle se rapproche, tant par la disposition des pendentifs que par celle des fenêtres, de la coupole qui surmonte le carré du transept de l'église du Dorat, près de Limoges.

Les dosserets des piles d'angle sont flanqués de colonnes dont les chapiteaux ressemblent à ceux de la dernière travée de la nef. Ils portent des arcs brisés à double rang de claveaux. Ces piliers sont placés deux par deux à angle droit ; leur rencontre forme ainsi des angles rentrants qui correspondent aux quatre angles du carré. Cette disposition est en concordance avec celle des arcs. En effet, aucun de leurs claveaux ne rentre dans le plan sphérique des pendentifs : « Les têtes des doubleaux et des formerets, selon la définition de M. Brutails, restent perpendiculaires à la douelle et se rencontrent à la naissance, suivant un angle rentrant à 90 degrés ».

On ne voit donc ni tas de charge ni claveaux communs à deux arcs voisins. Chacun d'eux reste complètement indépendant de l'autre. Le pendentif ne part que de l'extrados de l'arc, au lieu de commencer dès l'intrados, selon la structure habituelle des pendentifs français. Néanmoins, l'église de Trois-Palis nous donne, en proportions très réduites, l'exemple d'une semblable construction qui, dans l'histoire des coupoles, représenterait un des états les plus anciens, antérieur à l'époque où l'on adopta le gauchissement des arcs. Ceci d'ailleurs ne veut pas dire que le premier système n'ait pu se maintenir concurremment avec le second, et, ici en particulier, il ne semble pas qu'il y ait lieu d'en tirer argument pour vieillir le carré du transept de Saint-Amant-de-Boixe dont l'architecture est très remarquable.

Au-dessus des grands arcs, quelques assises ferment le cercle des pendentifs et portent un bandeau chanfreiné qui borde le bas du tambour de la coupole.

Ce tambour est décoré de douze arcatures en plein cintre, soutenues par des colonnettes géminées, qui encadrent des baies de même forme, aujourd'hui bouchées : plusieurs fenêtres prenaient jour autrefois à travers les murs du clocher carré qui entoure la coupole. Un second bandeau chanfreiné borde le haut de la lanterne et la sépare d'une calotte sphérique renforcée par six nervures convergeant sur un trou de cloche. Ces nervures, assez saillantes, dont le tore repose sur de petits culs-de-lampe, indiquent peut-être une époque moins ancienne que celle des parties inférieures de cet ensemble.

Les berceaux des croisillons, écroulés au cours des guerres de religion, ont été rétablis il y a quelques années, mais en matériaux légers. A leur base court le bandeau déjà signalé. Il ne se retourne pas sur les murs de fond qui étaient percés de deux fenêtres plein cintre, entourées de l'encadrement habituel. Le fond du croisillon sud a été refait. Une fenêtre éclaire aussi les murs occidentaux. Une porte, aujourd'hui bouchée, communiquait avec le cloître placé au sud de la nef.

Dans le mur oriental du croisillon sud, un grand arc légèrement brisé indique l'entrée de la première absidiole remplacée au XV° siècle par une sacristie. La seconde absidiole a disparu.

Le croisillon nord est mieux conservé. La première absidiole, tangente au chœur et placée à peu près dans l'axe des collatéraux, s'ouvre par un grand arc symétrique à l'arc déjà signalé dans l'autre croisillon. Comme elle est très profonde, elle comprend d'abord une partie droite voûtée en berceau : dans le mur nord, on distingue les restes d'une assez grande baie. L'abside proprement dite, un peu plus étroite que la travée précédente, est recouverte d'un cul-de-four. Son hémicycle est décoré d'une arcature dont les colonnettes reposent sur un bandeau faisant saillie ; des fenêtres avaient trouvé place sous les arcs.

Tout le côté sud de cette longue absidiole qui formait comme une sorte de petit collatéral longeant le chœur a été modifié au XV° siècle par la reconstruction de ce chœur : aussi la courbe de l'hémicycle n'est-elle plus complète ; un grand arc brisé, avec moulurations prismatiques, établit une large communication avec le chevet actuel et une cage d'escalier a été logée près du pilier nord-est du carré.

La seconde absidiole, placée vers l'extrémité du chevet, est simplement demi-circulaire ; elle est éclairée par une petite fenêtre percée dans l'axe. Les deux colonnettes sans tailloir, les socles, l'archivolte non moulurée sont semblables aux types déjà décrits.

Les chapiteaux de toute cette partie de l'édifice sont très beaux ; on remarquera particulièrement le cavalier sculpté sur une corbeille à l'entrée de la grande absidiole.

Ici encore, les bases et les tailloirs ont des profils identiques à ceux du carré et à ceux dont le chœur présente quelques exemples, appartenant à la construction antérieure.

Chœur. — Le chœur est désaxé ; la dernière travée s'infléchit par rapport aux deux autres qui sont couvertes de deux croisées d'ogives très barlongues, car elles sont étroites ; la troisième est plus vaste et voûtée également d'une croisée d'ogives.

Les nervures retombent sur des colonnes très minces logées dans les angles du chevet ou sur des culs-de-lampe ; leur profil, assez mou, présente des tores inégaux, mal dégagés les uns des autres et dont le plus saillant a reçu un filet, comme sur les doubleaux. Les clefs des voûtes sont aux armes des abbés Jean Regnaud, Guy de Montbrun et du moine Jean de La Rochefoucauld, qui firent bâtir ce grand chœur dans la seconde moitié du XVe siècle.

Le chevet est éclairé par une grande fenêtre en tiers-point dépourvue de ses meneaux. La baie percée dans le mur nord a conservé un beau remplage. Contre le mur sud, deux enfeus ont été pratiqués, dont l'un est surmonté d'un gâble excessivement élevé et décoré de plusieurs rosaces superposées.

Dans ce même mur, à la première travée, on remarque quelques morceaux ayant appartenu au chœur du XIIe siècle. Une colonne appliquée sur un jambage correspondait à l'arc d'entrée de l'abside. En avant de cet arc, le chœur comprenait une partie droite, légèrement plus large et voûtée d'un berceau dont on voit encore l'arrachement : il est bordé de ce cordon dont le profil, constant dans tout le reste de l'édifice, décore aussi le tailloir de la colonne déjà mentionnée et se continuait tout autour de l'abside. Le chevet était orné de grandes arcades portées par de hautes colonnes. Une petite colonne, presque engagée dans le mur, entre les supports destinés à la première de ces arcades, appartenait à l'encadrement de l'une des fenêtres qui éclairaient l'hémicycle.

Une crypte, dit-on, a existé sous le chœur. Il y en a une autre sous la grande absidiole du sud, de plan rectangulaire, voûtée en berceau brisé et couverte de peintures assez bien conservées. Le mur latéral nord présente notamment deux registres de scènes. Au registre supérieur, une série de petits arcs trilobés sert de cadre à l'Annonciation, la Visitation, la Nativité, l'Annonciation aux bergers, etc.; des anges garnissent les écoinçons. Un Christ de Majesté trône au-dessus de l'autel, massif de pierre recouvert d'une table chanfreinée.

On conserve dans l'église, fixée à l'un des murs du chœur, une crosse du XIIIe siècle d'émail de Limoges, ainsi qu'un vase, trouvés naguère dans la sépulture d'un abbé enterré sous le cloître. Le nœud de la crosse est décoré de rinceaux, la volute, en forme de serpent, contient un saint Michel terrassant le dragon. Il convient aussi de signaler dans le chœur un banc du XVIe siècle.

Façade. — Les colonnes marquant les trois divisions verticales se superposent dans chacun des deux étages. En outre, celles de l'étage inférieur portent sur un pilastre dont l'imposte règne avec les tailloirs de l'ébrasement de la porte et des deux arcades aveugles.

La porte comprend une archivolte très large, dont les voussures sont au nombre de cinq, y compris celle qui borde la baie proprement dite. Les quatre premières voussures reposaient sur des colonnettes en délit, engagées dans les retraits de l'ébrasement. Les bases étaient ornées de deux tores. Des animaux et des tiges entrelacées se détachent sur les chapiteaux; les pilastres qui correspondent à la dernière voussure sont garnis de rinceaux. L'archivolte présente une décoration géométrique qui consiste en losanges figurés de diverses manières par des moulures plates ou des croix de

Saint-André ; des festons ou écailles tangents par leur courbe forment aussi des losanges incurvés. La voussure externe est chargée d'ornements en forme d'S opposés deux par deux, motif que l'on rencontre ailleurs encore en Angoumois et en Saintonge ; elle est bordée d'un cordon de petites pointes de diamant étoilées.

Les arcs latéraux, d'ouverture inégale, ne comportent qu'une voussure, décorée aussi de losanges et d'étoiles ; les tailloirs de leurs deux colonnes règnent avec ceux de l'arc principal.

Sous l'arc nord-ouest, les têtes ne reposent pas directement sur le tailloir ; elles en sont séparées par une sorte d'imposte, décorée de rinceaux ou d'animaux et dont le bandeau chanfreiné se continue dans le fond de la voussure. Cet arc abrite, à une certaine hauteur au-dessus du sol, un sarcophage de provenance inconnue, garni de colonnettes placées obliquement deux par deux, en forme de croix de Saint-André. Parfois, en Angoumois, notamment à Champmillon et à Charmant, on s'est servi des arcs latéraux d'une façade pour y loger des sépultures après coup.

L'arc sud-ouest est surhaussé, parce que son ouverture était plus étroite. En effet, l'angle de la façade se trouvait en liaison avec le mur occidental du cloître récemment démoli.

Le bandeau séparant les deux étages est orné de petits damiers.

La partie centrale du premier étage comprend trois arcs plein cintre. L'un, plus grand, présente deux voussures, décorées de bâtons brisés opposés par leurs pointes et de dents de scie.

Cet arc encadre une fenêtre en plein cintre dont l'archivolte présente des dents de scie très pointues ; il repose sur quatre colonnettes en délit qu'un petit trumeau sépare des arcades secondaires qui ne comportent qu'une seule voussure et deux colonnettes. Le tailloir de toutes ces colonnettes, qui se continue en bandeau sous le tympan de ces arcs et se poursuit sous le tympan des grands arcs en plein cintre, placés dans les deux parties latérales. Ces derniers n'ont qu'une seule voussure avec dents de scie ou zigzags. Des dents de scie encore bordent deux oculus placés sans grande symétrie au bas de ces arcs et tangents au bandeau de l'étage inférieur.

Un étroit rinceau souligne le pignon moderne. Comme ce pignon est la conséquence de l'exhaussement des combles, on peut se demander si, dans l'état primitif, la façade a jamais dû se terminer autrement que par une ligne horizontale.

Les bases très fines des colonnes-contreforts présentent deux tores fort minces, avec griffes; les chapiteaux avec palmettes régulières sont déjà presque des chapiteaux à crochets, et, cependant, deux d'entre eux conservent des animaux affrontés. Les uns comme les autres sont contemporains; ils ne peuvent appartenir qu'à une époque avancée du XIIe siècle, et ils ont été sculptés en même temps que les arcs de la façade. La décoration géométrique de ces archivoltes n'est donc pas une présomption d'antiquité : c'est une remarque qui s'appliquerait aussi à la porte de l'église de Montmoreau, édifice qui n'est pas non plus une œuvre bien primitive du XIIe siècle. Il semblerait donc que l'ornementation géométrique et les chapiteaux simplement galbés, que l'on rencontre si souvent en Angoumois, correspondent à une époque un peu plus avancée que celle où les sculpteurs prodiguaient sur les archivoltes, les cordons et les chapiteaux des rinceaux, d'un style un peu lourd. Mais il ne saurait être question de règle absolue : à Châtres, la façade est couverte de rinceaux, très délicats, il est vrai ; cet édifice est daté de l'an 1200 environ par M. Sharpe, qui paraît d'ailleurs l'avoir quelque peu rajeuni.

Élévation latérale. — Les murs latéraux sont flanqués de contreforts larges et plats, doublés de contreforts plus étroits ; ces contreforts montaient jusqu'au niveau d'une corniche, dont les modillons sont visibles encore aujourd'hui ; mais les murs des bas-côtés furent surélevés quand on a établi la charpente actuelle. Les fenêtres sont encadrées par une large archivolte bordée d'étoiles ; les colonnes engagées ont disparu. Le tailloir, qui se prolonge en bandeau jusqu'aux contreforts, comprend plusieurs filets ; on y remarque aussi ces ornements en forme de trous rectangulaires qui existent dans toutes les parties de l'église à la base des voûtes et qui se voit aussi à l'extérieur de l'église de Roulet.

Le croisillon sud, très dégradé, a été refait. Le croisillon nord, au contraire, est dans un très bon état de conservation, d'autant plus appréciable que le mur occidental présente des sculptures du plus grand intérêt.

Un contrefort partage ce mur en deux parties inégales. A droite, une large porte sans tympan, avec double voussure et colonnes engagées, est flanquée d'un arc aveugle dont le tympan est sculpté ; de l'autre côté du contrefort, un arc identique décore l'extrémité du croisillon. Entre les chapiteaux des deux arcs, régnant avec eux et avec leurs tailloirs, s'étend une frise qui se poursuit aussi sur le contrefort et sur le piédroit, entre le premier arc et la porte. De l'autre côté de cette porte, le manque d'espace n'a guère permis de continuer cette décoration, qui se retrouve, en partie du moins, sur une petite portion de la paroi du collatéral. Dans cet angle, où le contrefort est simple, quelques particularités correspondent à la dernière travée du collatéral, différente des autres, comme nous l'avons vu, et qui, à l'extérieur également, peuvent faire songer à un changement de campagne ou à un arrêt de construction.

La voussure interne de la porte offre, au milieu d'entrelacs et de rinceaux, cinq médaillons représentant un *Agnus Dei* et les quatre symboles évangéliques ; la voussure externe est garnie d'animaux fantastiques, affrontés ou se dévorant. L'un des deux arcs latéraux est décoré d'oiseaux fabuleux, l'autre de quadrupèdes très allongés, se jouant au milieu de rinceaux. Sur les tympans se détachent des figures disposées trois par trois, d'une façon identique à celles des arcatures inférieures de la façade à la cathédrale d'Angoulême. La frise se compose d'animaux affrontés, ou d'autres monstres domptés par de petits personnages au milieu d'entrelacs et de rinceaux. La partie de frise plaquée contre le mur du collatéral représente une chasse.

Au-dessus de ces trois arcs, un cordon de rinceaux marque un étage; trois arcs en plein cintre répondent à ceux du rez-de-chaussée, mais sans symétrie, car ils sont plus étroits et laissent un vaste trumeau du côté du mur du collatéral. Leur archivolte plate est entourée d'étoiles; le tailloir des colonnes engagées se continue en bandeau. Chacun des arcs abrite l'image, en médiocre relief, d'un saint bénissant.

Il n'est point besoin de faire ressortir l'étroite parenté qui unit ces belles sculptures à celles d'Angoulême; on pourrait se demander si elles n'ont pas été exécutées par les mêmes ouvriers. Celles de Saint-Amant-de-Boixe appartiennent à un édifice consacré en 1170. Dira-t-on que les bas-reliefs d'Angoulême étaient déjà exécutés lorsque la cathédrale fut consacrée en 1128, si tant est qu'elle l'ait été à cette date? Il est bien difficile de croire que l'évêque Girard, le fondateur de la cathédrale, les ait jamais vus en place avant sa mort arrivée en 1135.

Les contreforts qui épaulent le mur de fond du croisillon correspondent à deux arcs qui encadrent les fenêtres.

Les absidioles sont englobées dans des maçonneries informes; toutefois, d'après les traces d'une fenêtre latérale que présente la plus grande des deux, à l'intérieur, on peut croire qu'elles étaient indépendantes l'une de l'autre. Le chœur est flanqué de contreforts. Le clocher, très restauré, comprend une souche où s'ouvraient les baies de la lanterne, un étage d'arcatures aveugles sur pilastres et un second étage percé sur chaque face de trois baies que sépare un mince trumeau : leur archivolte à deux voussures retombe sur quatre colonnes. Des faisceaux de trois colonnes occupent les angles de la tour surmontée d'une flèche d'ardoises.

Il ne reste que des débris des bâtiments de l'abbaye. La porte d'entrée, située au sud de l'esplanade qui s'étend devant la façade de l'église, est en plein cintre et porte sur des pilastres garnis d'une imposte. Cette porte donnait accès dans une cour bordée à l'est par un bâtiment qui a conservé une fenêtre romane et des mâchicoulis. Un passage pratiqué au rez-de-chaussée de ce corps de logis conduit au cloître, qui offre des vestiges de plusieurs époques : certaines colonnes engagées dans des piliers rectangulaires semblent appartenir au XIIe siècle. Des arcs-formerets sur gros culs-de-lampe ne sont pas antérieurs au XIVe siècle. Enfin, dans le bas du mur sud de la nef, on distingue quelques restes d'enfeus.

L. SERBAT.

BIBLIOGRAPHIE.— Michon (L'abbé) : *Statistique monumentale de la Charente.* — Sharpe : *A visit to the domed churches of Charente.* — Lièvre : *Exploration archéologique du département de la Charente; canton de Saint-Amant-de-Boixe.* — Bouniceau-Gesmon : *Église monumentale de Saint-Amant-de-Boixe ; étude sur cet édifice,* Angoulême, 1879.

MELLE

Par M. E. LEFÈVRE-PONTALIS

La ville de Melle doit son origine à des mines de plomb argentifère qui furent exploitées dès l'époque gallo-romaine dans les collines de Saint-Pierre. Le premier atelier monétaire du Poitou, cité en 864 dans l'édit de Pitres, prit un grand développement sous les Carolingiens. Le *pagus Medolensis* devint une vicomté en 904, et la ville appartint successivement aux comtes d'Angoulême, aux comtes de la Marche, aux Lusignan, et vers le milieu du XIIIe siècle, à la famille de Brienne. Confisquée sur Raoul de Brienne, connétable de France, qui fut décapité le 19 novembre 1350, cette cité fut donnée à Charles d'Orléans, puis à un fils d'Édouard III, roi d'Angleterre. Reprise par Jean de Berry en 1372, elle devint l'apanage de Charles d'Anjou et de Charles d'Angoulême au XVe siècle. François Ier en fit bénéficier sa mère et son fils et réunit Melle à la couronne en 1546.

Pendant la seconde moitié du XVIe siècle, les catholiques et les protestants se disputèrent la ville. Le temple, construit en 1634, fut démoli en 1646. Henri III donna l'ordre de démanteler le château et l'enceinte en 1677, mais on se contenta de ne plus entretenir les fortifications, qui furent transformées en promenades par M. de Blossac, intendant du Poitou, en 1773.

MONUMENTS RELIGIEUX

ÉGLISE DE SAINT-HILAIRE

Cette belle église romane du XIIe siècle fut construite en deux campagnes. A la première, il faut rattacher le chœur, l'étroit déambulatoire flanqué de trois chapelles rayonnantes

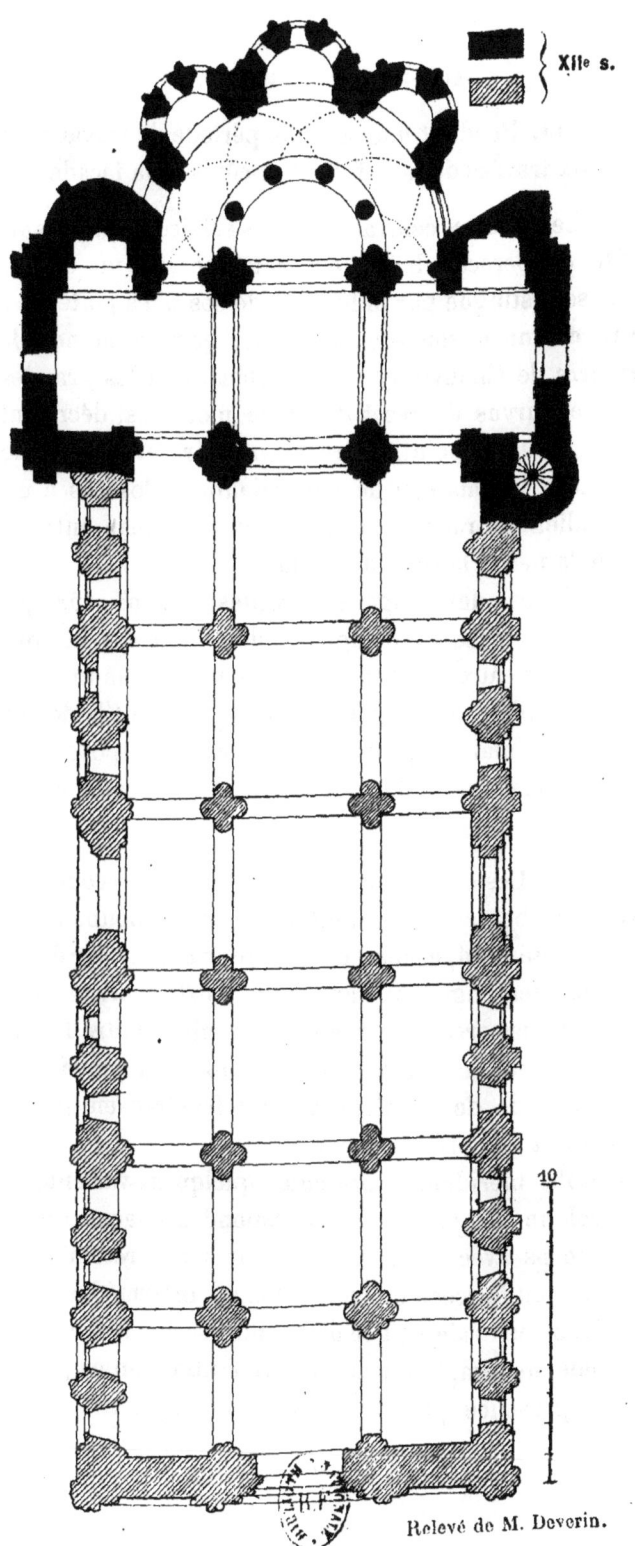

Relevé de M. Deverin.

Plan de Saint-Hilaire de Melle.

et le transept. Pendant une seconde période de travaux, on éleva les six travées de la nef, les bas-côtés et la façade.

Nef. — Le vaisseau central n'est pas éclairé directement. Sa voûte en berceau brisé, qui retombe sur un cordon biseauté, se distingue par la hauteur de ses piles poitevines à quatre colonnes soudées ensemble, comme la nef de Saint-Pierre de Chauvigny. Les doubleaux et les grandes arcades, dépourvus de ressauts et de moulures, décrivent une courbe en tiers-point. Entre la première et la seconde travée s'élève un faisceau de huit colonnes adossées à un grand escalier qui rachète la différence de niveau entre le dallage de la nef et le seuil du portail.

Des feuillages, des dragons affrontés, des oiseaux qui becquètent des masques d'angle se détachent sur la corbeille des chapiteaux. Au sud, un chasseur attaque un sanglier avec un épieu, tandis que des chiens mordent le dos et la queue de l'animal. Le profil des tailloirs se compose d'un listel et d'un cavet, et celui des bases, d'une scotie entre deux tores.

Bas-côtés. — Les collatéraux, très élevés, sont recouverts d'une voûte en berceau brisé renforcée par des doubleaux. Dans le bas-côté nord, chacun de ces arcs s'appuie sur deux colonnes jumelles engagées dans le mur extérieur, qui est tapissé de longues arcatures géminées en plein cintre. Deux arcatures plus courtes surmontent le portail de la quatrième travée, flanqué de deux colonnes : dix fenêtres en plein cintre s'ouvrent au nord et au sud.

Le bas-côté méridional présente quelques variantes. Ainsi, la colonne engagée qui correspond à chaque doubleau fait corps avec celles des arcatures, qui retombent également sur un faisceau de trois colonnes intermédiaires, mais la colonne centrale, coiffée d'un amortissement conique et d'une boule, ne remplit aucune fonction utile : on ne peut expliquer sa présence que par une raison de symétrie. Les chapiteaux des arcatures sont revêtus de feuillages, de tiges entrelacées et de griffons ; des palmettes et des rinceaux garnissent les tailloirs.

Dans l'axe de la quatrième travée, un portail en plein cintre, dont la décoration intérieure est une anomalie, comme à Château-Landon (Seine-et-Marne), est encadré par une double voussure en plein cintre et en tiers-point. La seconde, ornée de palmettes et d'animaux fantastiques sur la douelle de chaque claveau, est couverte de personnages qui représentent le Christ, un évêque, saint Pierre, les évangélistes, les vieillards de l'Apocalypse.

Transept et chevet. — Les quatre doubleaux en plein cintre à deux rangs de claveaux qui limitent le carré du transept, recouvert d'une coupole octogone sur trompes, suffiraient à prouver que cette partie de l'église est antérieure à la nef, comme la voûte en berceau plein cintre des croisillons. Des feuillages et des dragons affrontés décorent les chapiteaux des grosses colonnes engagées dans les piles d'angle. Les absidioles en cul-de-four ne sont éclairées que par une seule fenêtre. Le chœur, dépourvu de fenêtres hautes, par exception, est voûté de la même manière. Ses quatre colonnes isolées, qui sont couronnées de chapiteaux à entrelacs et à feuillages et de tailloirs ornés de palmettes, comme dans le transept, sont reliées par des arcs en plein cintre.

Le déambulatoire, aussi étroit que celui de Saint-Savin, est recouvert de voûtes d'arêtes irrégulières qui sont montées tantôt sur un carré, tantôt sur un rectangle. On y entre par un arc en plein cintre à triple ressaut, qui repose sur deux colonnes. Entre les trois chapelles rayonnantes, voûtées en cul-de-four, deux colonnes jumelles reçoivent les retombées des voûtes qui ne sont pas séparées par des doubleaux. Une baie cintrée, comme les trois fenêtres des chapelles, éclaire la première travée de la galerie tournante au nord et au sud.

Façade. — On peut la comparer à celle de Saint-Jouin-de-Marnes. La nudité des voussures du portail en tiers-point, flanqué de six colonnettes, et des deux arcades latérales aveugles de la même forme, qui n'ont pas la même largeur, comme les bas-côtés, permet de supposer que les ressources firent défaut pour sculpter la partie inférieure après coup. Au-dessus, un bandeau de palmettes qui s'appuie sur de grands modillons ornés d'oiseaux, de têtes humaines et d'animaux, passe sous trois fenêtres en plein cintre richement décorées. La baie centrale est encadrée par quatre colonnettes à fût chevronné ou cannelé en spirale, et par une archivolte garnie de palmettes et de rinceaux en forme de 8. Les fenêtres latérales présentent la même disposition, mais la voussure de droite conserve des chevrons plats qui se recoupent et deux rangs de fleurs à huit pétales : celle de gauche se couvre de palmettes et de losanges en creux ou en relief.

Suivant la tradition poitevine, la façade est épaulée par des colonnes jumelles au centre, et par cinq colonnes à chaque angle, comme à Notre-Dame-la-Grande et à Saint-Jouin-de-Marnes. Ce dernier faisceau est amorti par deux clochetons dont les quatre baies en plein cintre s'ouvrent sous une flèche conique garnie d'écailles en dents de scie. Entre les baies, des colonnettes-contreforts sont coiffées d'un masque humain ou d'une tête d'animal. Les croix des petites flèches sont modernes.

Élévation latérale. — A l'extérieur, le bas-côté nord, épaulé par des colonnes jumelles, évoque une comparaison avec les parties correspondantes des églises de Notre-Dame-la-Grande, d'Aulnay-de-Saintonge et de Chadenac. Le cordon des dix fenêtres en plein cintre, flanquées de deux colonnettes, est couvert de rinceaux, de palmettes, de petits quadrupèdes et de fleurs épanouies. Des griffons affrontés se détachent sur les chapiteaux, et des masques, des oiseaux, des figurines sur les modillons de la corniche.

Le portail latéral en tiers-point a été très restauré. Ses six colonnettes neuves, comme la première voussure ornée de palmettes, correspondent à un rang de claveaux où les travaux des mois alternent avec les signes du zodiaque. On distingue sur la troisième voussure un cheval devant une mangeoire, un sagittaire, le combat des Vertus et des Vices représentés par des femmes, la Luxure, dont les seins sont dévorés par deux chimères, et des bouquets de quatre palmettes attachées par un lien. Au-dessus, une niche en plein cintre, encadrée par deux colonnettes, par des palmettes et des rinceaux, abrite un cavalier presque entièrement moderne, sauf le corps du cheval qui foule aux pieds une statuette de femme.

Le portail du bas-côté sud, déjà décrit à l'intérieur, n'offre aucun intérêt au dehors, car le seul témoin de sa décoration primitive est une colonnette à fût orné. Le croisillon nord conserve quelques beaux modillons, mais au sud le transept a été très restauré, comme l'abside, dont les trois chapelles sont épaulées par quatre contreforts-colonnes. Sur chaque face du clocher central, qui ressemble beaucoup à celui de Saint-Pierre de Melle, on voit une baie entre deux arcatures en plein cintre soutenues par des colonnettes accouplées. Le boudin de toutes les archivoltes est revêtu d'ornements qui ressemblent à des languettes.

Il n'est pas facile de serrer la date des deux campagnes de construction de l'église, mais, à défaut de textes, je crois qu'on peut les échelonner dans la première moitié du XIIe siècle.

ÉGLISE DE SAINT-PIERRE

Cet édifice, très homogène, fut sans doute bâti vers le second quart du XIIe siècle. Son plan comprend une nef de cinq travées, flanquée de collatéraux, un transept qui communique avec deux absidioles et un chevet en hémicycle.

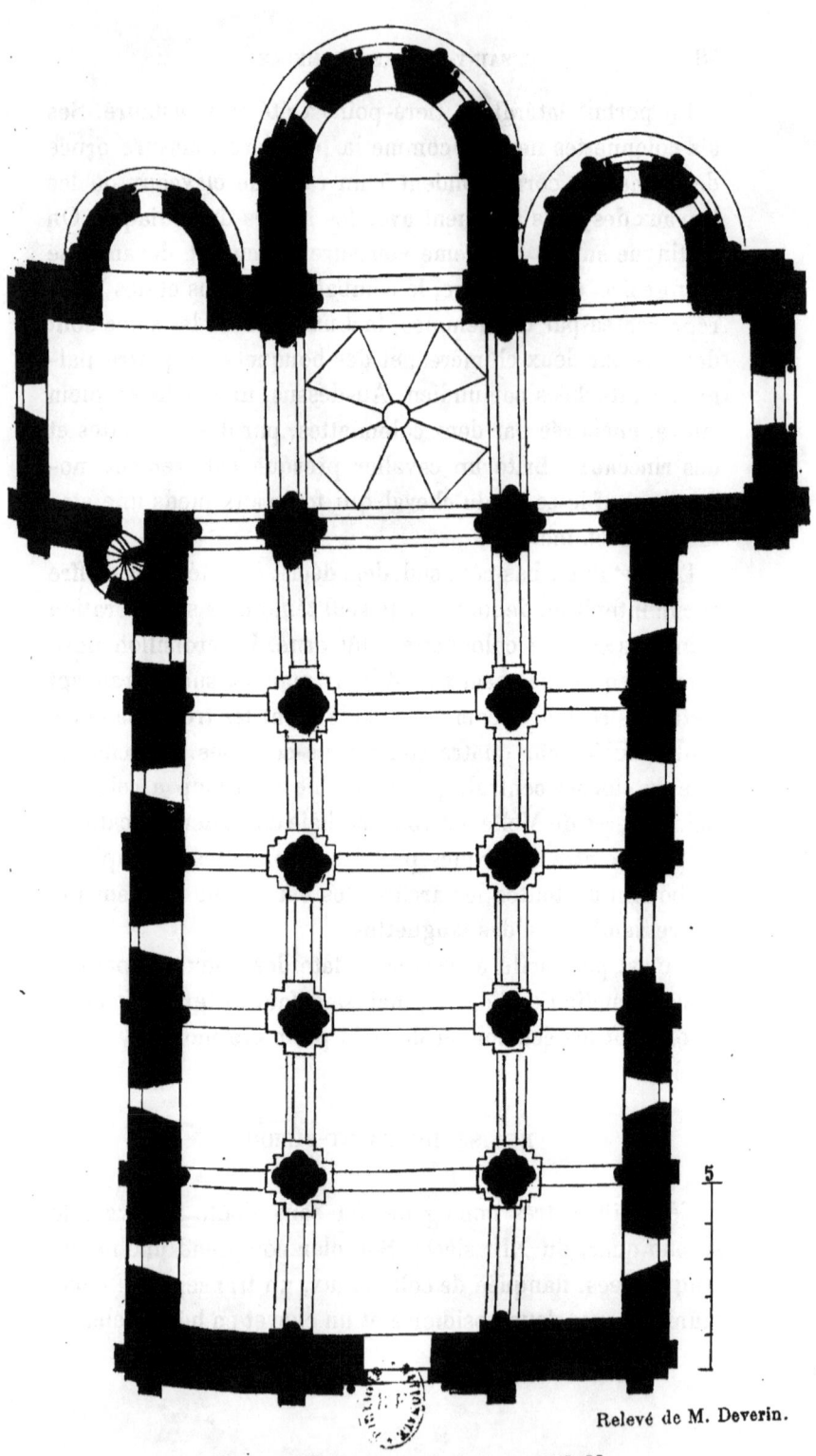

Relevé de M. Deverin.

Plan de Saint-Pierre de Melle.

Nef. — Sa voûte en berceau brisé, soulignée par une moulure en biseau et renforcée par des doubleaux en tiers-point sans moulures, est épaulée par une voûte du même genre dans les bas-côtés. Il faut donc rattacher l'église à l'école poitevine, car le vaisseau central est dépourvu de fenêtres. Les quatre colonnes et les quatre colonnettes de chaque pile sont soudées les unes aux autres, et les grandes arcades brisées, à double ressaut, retombent sur des chapiteaux ornés de volutes, de palmettes et de tiges entrelacées.

Cinq chapiteaux méritent d'attirer l'attention. Le plus curieux représente la mise au tombeau du Christ par Nicodème et Joseph d'Arimathie, dont les cheveux sont retenus par un cercle d'orfèvrerie : un ange balance un encensoir au-dessus du sépulcre. A côté, un ange et un griffon se détachent sur une corbeille, puis deux personnages taillent la vigne. Ailleurs, il faut signaler deux chimères à tête commune, un masque barbu et deux oiseaux affrontés. Les tailloirs, dont le cavet est surmonté d'un listel, n'ont pas été remplacés, comme la plupart des bases à deux tores dont il reste des témoins sur la première pile au nord et la quatrième au sud.

Dans les bas-côtés qui sont très élevés, les fenêtres en plein cintre se distinguent par les gradins de leur appui et les chapiteaux sont garnis de feuillages, de palmettes et de deux griffons affrontés.

Transept et chœur. — La coupole octogone sur trompes qui s'élève sur le carré du transept est encadrée par quatre doubleaux en tiers-point, dont les deux rangs de claveaux nus s'appuient sur deux colonnes engagées et sur des chapiteaux garnis de palmettes, sauf à l'entrée du chœur où des chimères font pendant à des lions affrontés. Des dents de scie, des étoiles à huit rais et des rinceaux décorent les tailloirs. Les croisillons sont recouverts d'une voûte en berceau brisé sans doubleaux, mais au sud, contre le

mur de fond, on voit les pilastres d'un formeret qui n'a pas
été monté. Des fenêtres en plein cintre, dont l'appui forme
des gradins, s'ouvrent au nord et au sud. L'absidiole du
croisillon sud, voûtée en cul-de-four brisé comme celle du
nord, est seule encadrée par deux colonnettes. Il est probable que les joints des voussoirs sont perpendiculaires à
l'hémicycle au lieu d'être concentriques, suivant une disposition que j'ai observée également dans une absidiole de
Saint-Hilaire-de-la-Celle, à Poitiers. Une seule baie s'ouvre
dans la chapelle du nord et deux fenêtres éclairent celle du
sud.

La voûte en cul-de-four du chœur est précédée d'un berceau brisé. Malgré le badigeon qui la recouvre, on peut
supposer que ses claveaux ne forment pas des lits concentriques. Cinq fenêtres en plein cintre sont percées dans
l'abside.

Extérieur. — Quatre contreforts plats épaulent la façade,
dont le portail en tiers-point est flanqué de deux colonnettes. L'un des chapiteaux est orné de griffons et deux
lions mutilés sont sculptés sur les bases. Un cavet surmonté
d'un filet contourne l'archivolte de cette porte et des trois
fenêtres percées dans l'axe de la nef et des collatéraux.

Au sud, les quatre fenêtres qui éclairent le bas-côté sont
dépourvues de colonnettes, mais le cordon qui les encadre
est garni de triangles en creux, de petits quadrupèdes, de
palmettes et de lignes ondulées. On a renouvelé les modillons de la corniche, comme au nord. Dans la quatrième travée, un portail en tiers-point restauré est encadré par deux
colonnettes et par trois rangs de palmettes. Au-dessus de
l'archivolte, cinq modillons, qui soutiennent une tablette
décorée de rinceaux, représentent l'ange et les animaux
symboliques de l'Apocalypse. Entre les corbeaux, on voit
les signes du zodiaque et deux centaures. Dans une niche
supérieure, flanquée de deux colonnettes ornées de che-

vrons, le Christ est assis entre la Vierge et saint Jean, mais sa figure est mutilée.

A l'extérieur, le croisillon sud conserve une fenêtre qui s'ouvre entre deux colonnettes et dont le cordon est revêtu de lignes brisées. A l'angle sud-ouest, on remarque des griffons près d'un contrefort. Les absidioles sont épaulées par quatre colonnes : des boudins, des billettes, des étoiles, des dents de scie appliquées sur des tores se détachent sur les archivoltes de leurs fenêtres. L'ornementation des tailloirs de leurs quatre colonnettes se compose de rinceaux et de cônes côtelés, comme à Saint-Jouin-de-Marnes. Des masques humains alternent sur les modillons avec un singe, des têtes d'animaux et de grosses billettes.

Flanquée de quatre colonnes-contreforts, l'abside se fait remarquer par la riche décoration de ses cinq fenêtres qui s'ouvrent entre les deux colonnettes. L'une est encadrée par trois rangs de cylindres, comme les baies du clocher de Saint-Hilaire et du porche de Notre-Dame-la-Grande à Poitiers, les autres se distinguent par les losanges arrondis, les dents de scie, les palmettes sculptées sur les claveaux et sur les tailloirs. Il faut signaler des volutes et des animaux affrontés sur les chapiteaux, et des modillons ornés de têtes et de figurines sous la tablette de la corniche garnie de petites arcades qui retombent sur des billettes.

La tour centrale, coiffée d'un toit en pavillon, se compose d'un seul étage ajouré par quatre longues baies qui s'ouvrent entre deux colonnettes. Deux arcatures pleines, qui retombent sur des colonnes jumelles, cachent de chaque côté la nudité du mur, et une grosse colonne joue le rôle de contrefort à chaque angle de la tour, dont la face orientale est moderne. Quatre solins de pierre, réservés sur sa souche, prouvent que la pente des toitures primitives était plus forte.

ÉGLISE SAINT-SAVINIEN

Cette église, transformée en prison, ne peut être visitée sans une autorisation spéciale, mais elle offre un véritable intérêt archéologique, et je tiens à remercier notre inspecteur, M. Canal, d'avoir bien voulu me communiquer ses notes sur la disposition intérieure de l'édifice, dont la nef et la façade offrent un caractère plus archaïque que celles des églises précédentes.

Intérieur. — La nef unique se termine par un chœur arrondi, précédé d'un transept. L'administration pénitentiaire a profondément modifié ce vaisseau, qui semble avoir toujours été recouvert de charpente, comme aujourd'hui, car les quatre pilastres engagés dans le mur du nord ressemblent plutôt à des contreforts intérieurs qu'à des supports de doubleaux. De chaque côté, quatre fenêtres en plein cintre s'ouvrent dans les murs.

Le carré du transept, qui fut élevé au XIIe siècle pendant une seconde campagne, comme les croisillons et l'abside, est surmonté d'une coupole sur trompes limitée par quatre arcades en tiers-point à double ressaut. Les piles d'angle se composent d'un massif cruciforme, flanqué de trois colonnes, dont les chapiteaux à feuillages sont couronnés par des tailloirs en biseau garnis d'entrelacs. Le croisillon nord, dont la voûte en berceau brisé a été replâtrée, conserve une absidiole en cul-de-four encadrée par un arc en plein cintre et éclairée par une fenêtre de la même forme, aujourd'hui bouchée. Des cordons en biseau accusent la naissance des voûtes. Dans le croisillon sud, la voûte est masquée par un plafond moderne et l'absidiole a disparu, mais son existence est prouvée par l'arc d'encadrement qui fait saillie au dehors.

L'abside en hémicycle, précédée d'une partie droite, est plafonnée, depuis la destruction de sa voûte en cul-de-four qui retombait sur une moulure en biseau ornée d'entrelacs : ses trois fenêtres sont bouchées.

Extérieur. — La façade, qui peut remonter aux premières années du XIIe siècle, est épaulée par des contreforts plats surmontés de fleurons. Les quatre colonnes du portail en plein cintre sont engagées dans des dosserets, comme dans certaines piles romanes normandes : leurs chapiteaux, ornés d'entrelacs et de lions affrontés qui sont gravés au trait, conservent des entrelacs sur les tailloirs. Sur le linteau en bâtière, le Christ, cerclé d'une auréole, apparaît entre deux lions, et le tympan est formé de petites assises. Les trois boudins de l'archivolte sont reliés par deux gorges et suivis d'un cordon de trous triangulaires. De chaque côté de la façade, une arcade aveugle en plein cintre retombe sur de simples jambages. Au-dessus de la porte, des modillons soutiennent une tablette semblable à celle d'une corniche. Entre ces corbeaux, des animaux taillés en méplat, au fond d'une cuvette, doivent être comparés à ceux des corniches du chevet de Saint-Hilaire de Poitiers, de la tour de Saint-Restitut (Drôme), et de plusieurs églises romanes.

A l'extérieur, la nef est épaulée par des contreforts peu saillants, mais le cordon qui encadrait les fenêtres et les modillons de la corniche n'existe plus. Le croisillon sud, flanqué d'une tourelle d'escalier, conserve un curieux portail roman dont le linteau et le tympan sont abrités par une archivolte à deux voussures qui correspond à deux colonnettes monolithes. Des pointes de diamant étoilées, flanquées de deux boudins, des entrelacs qui forment des motifs séparés, décorent les claveaux. Six modillons, surmontés d'une tablette, amortissent la saillie du portail, comme au centre de la façade. Le chevet, épaulé par quatre contreforts en forme de colonne, présente des modillons plus ou moins restaurés, et les cordons de billettes et de feuillages qui encadraient ses fenêtres.

Le clocher carré qui domine la coupole du transept est flanqué de contreforts plats, mais il a subi de malencontreux remaniements. Deux baies accouplées, entourées d'un boudin continu, s'ouvrent entre des colonnettes sur la face du nord, et des corbeaux épannelés accusent la naissance de la flèche en charpente à quatre pans.

MONUMENTS CIVILS

Le Palais de Justice est un édifice de style néo-flamboyant, qui est accolé à un bâtiment du XVe siècle, dont il reste une tourelle d'escalier octogone et une tourelle ronde voisine de fenêtres à meneaux cruciformes. Ce fut l'ancien siège de la juridiction monétaire et de la seigneurie.

La porte de l'hospice, œuvre de la Renaissance, se distingue par les draperies enroulées sur ses colonnes et par les anges sculptés dans les écoinçons de l'archivolte.

E. Lefèvre-Pontalis.

Bibliographie. — Beauchet-Filleau : *Notes diverses pour servir à l'histoire de la ville de Melle*, Melle, 1890, in-8°, 228 p. — Lévrier (G.) : *Précis historique sur la ville de Melle*. — Prou (Maurice) : *Les monnaies carolingiennes*, 1896, p. 96 et pl. xv, xvi et xvii. — Rondier : *Monnaies frappées à Melle*, dans la Revue numismatique, 1858, p. 451, et 1863, p. 131. — Richard (Alfred) : *Observations sur les mines d'argent et l'atelier monétaire de Melle*, dans la Revue numismatique, 1893. — Favraud (A.) : *Notices sur les églises de Melle*, dans *Paysages et monuments du Poitou*, t. IX, 1894, p. 12 et 4 pl. — De Baudot : *Archives des Monuments historiques*, édition in-4°, t. II, pl. xxxi.

AULNAY-DE-SAINTONGE

L'origine romaine d'Aulnay n'est pas douteuse, car ce lieu, nommé *Aunedonacum* dans l'Itinéraire d'Antonin et sur la Table de Peutinger, se trouvait sur la voie de Saintes à Poitiers. On y a trouvé plusieurs inscriptions romaines. Chef-lieu d'une juridiction fiscale, Aulnay était déjà le siège d'une seigneurie en 925, comme le prouve la donation faite par Cadelon Ier à plusieurs abbayes. Les vicomtes d'Aulnay, qui furent la souche d'autres familles seigneuriales de la Saintonge, habitaient un château, démoli en 1818, et dont une tour subsiste encore.

ÉGLISE SAINT-PIERRE

Il est difficile d'expliquer pourquoi la belle église romane, consacrée à saint Pierre et classée parmi les monuments historiques, se trouve aussi éloignée du bourg, mais sa construction fut peut-être liée à l'emplacement d'un ancien cimetière. L'édifice qui l'a précédée appartenait, à la fin du XIe siècle, à l'abbaye de Saint-Cyprien de Poitiers, qui avait déjà reçu, vers 1045, une partie des droits de sépulture et des offrandes de cire appartenant à l'église, comme le prouve une donation de Ranulfe Rabiole. Pierre II, évêque de Poitiers, confirma, vers 1100, la propriété de l'église au monastère, et le pape Calixte II imita son exemple en 1119, mais, en 1135, la cure appartenait au chapitre de la cathédrale de Poitiers, qui conserva le droit de présentation jusqu'à la Révolution. Des bulles, datées de 1149 et de 1157, énumèrent également l'église d'Aulnay dans la liste des biens des chanoines qui la firent rebâtir à leurs frais.

Aucun document historique ne vient donc au secours des archéologues pour fixer sa date de construction, mais je ne puis partager l'opinion de notre confrère M. Musset, qui la fait remonter au commencement du XIIe siècle. Après l'avoir visitée plusieurs fois, j'ai reconnu qu'elle fut bâtie en deux campagnes. A la première, il faut rattacher le chœur et le transept, à la seconde la nef et les bas-côtés, suivant une règle applicable à la plupart des édifices qui semblent avoir été construits d'un seul jet. Les seuls remaniements que l'église eut à subir furent l'exhaussement du clocher, l'addition de quatre contreforts et la réfection de l'étage supérieur de la façade au XVe siècle.

Les auteurs qui ont esquissé des descriptions de ce monument ont surtout fait valoir le luxe de sa décoration extérieure, mais l'élévation intérieure, la régularité de l'appareil, la structure de la coupole centrale nervée et bien d'autres détails méritent une étude attentive. C'est l'une des églises romanes les plus parfaites de la France. Son plan, très régulier, comprend une nef de cinq travées, deux bas-côtés, un transept saillant flanqué de deux absidioles, et un chœur très profond qui se termine en hémicycle.

Nef. — La nef, assez basse, conserve sa voûte en berceau brisé, contrebutée par celle des collatéraux et renforcée par des doubleaux en tiers-point, de profil carré, qui s'appuient sur deux colonnettes jumelles. Un cordon en biseau correspond à la naissance de la voûte au-dessus des grandes arcades en tiers-point à double ressaut, dépourvues de moulures, comme toutes celles du transept et du chevet de l'église. Le plan des piles, analogue à celui d'un quatre-feuilles, se compose de quatre colonnes soudées les unes aux autres : on distingue des marques de tâcheron très fines sur leurs assises. Le système de voûtement et l'absence de fenêtres hautes suffisent à prouver que l'architecte était imbu des traditions poitevines, mais les piles sont beaucoup moins hautes que dans la plupart des églises du Poitou, comme à Javarzay. La voûte en berceau brisé des bas-côtés part du

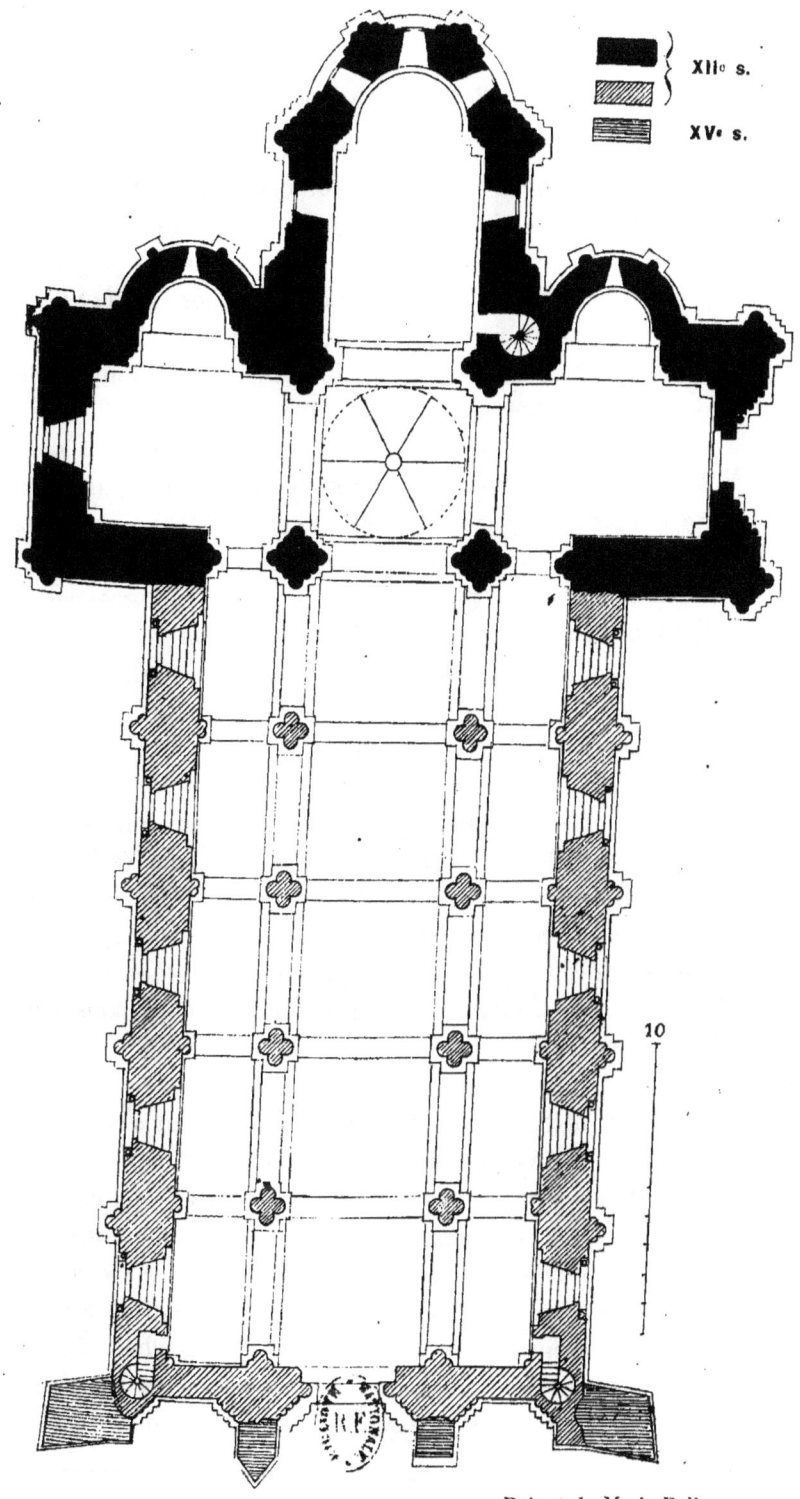

Relevé de M. A. Ballu.

Plan de l'église d'Aulnay-de-Saintonge.

même niveau que celle de la nef, et ses doubleaux en tiers-point retombent également sur des colonnettes jumelles. Au nord et au sud, cinq fenêtres en plein cintre, dépourvues de colonnettes, s'ouvrent dans les murs.

Les magnifiques chapiteaux qui décorent la nef et les collatéraux ont été sculptés après la pose. J'en trouve la preuve dans deux chapiteaux du bas-côté sud : l'un est orné d'un masque terminé et d'un masque épannelé, l'autre de deux dragons affrontés, dont les écailles ne sont pas sculptées. Il faut admirer sur d'autres corbeilles l'élégance et la variété des feuillages, l'excellent style des chimères affrontées, des oiseaux accouplés, des griffons, des têtes grimaçantes : quelques palmettes sont à peine dégrossies. A l'angle du bas-côté sud et du transept, on voit trois éléphants copiés sans doute sur un ivoire oriental, avec cette légende : HI SVNT ELEPHANTES. En face, Caïn tue son frère Abel, qui offre un sacrifice à Dieu. Les moulures des tailloirs se composent d'un cavet et d'un filet supérieur orné de dents arrondies opposées les unes aux autres, d'entrelacs, d'étoiles, de lignes brisées, de trous carrés. Dans la large scotie des bases on voit deux rangs de petites dents arrondies, comme dans le portail nord de l'église de Fenioux, près de Saint-Jean-d'Angely. Le tore inférieur n'est pas aplati, mais les appareilleurs y ont découpé deux petits cavets.

Transept et chœur. — Au milieu du transept s'élève une curieuse coupole dont les pendentifs sont ornés, à la base, de l'ange et des animaux symboliques de l'Apocalypse, comme les trompes des coupoles de la Provence. Une moulure circulaire, garnie de dents arrondies, court à la naissance de la coupole, dont les huit nervures toriques viennent se réunir autour de l'œil destiné au passage des cloches. Cette curieuse coupole nervée peut se comparer à celles de Saint-Amant-de-Boixe, de Javarzay, de Saint-Hilaire-de-la-Celle à Poitiers et de Nouaillé (Vienne), car elle n'est pas octogone, ce qui lui donne un caractère original. Les nervures font corps avec les assises de la coupole, comme dans les églises du Midi de la France.

Les piles occidentales sont entourées de douze colonnes tangentes les unes aux autres. Les plus fortes correspondent aux doubleaux en tiers-point, à double ressaut, qui limitent la croisée. A l'entrée du chœur, les colonnes des piles d'angle, qui renferment deux escaliers à vis, forment un faisceau en saillie sur les murs. La voûte en berceau brisé des croisillons s'appuie sur un formeret contre le mur de fond. Au nord, une fenêtre en plein cintre éclaire le transept, mais au sud, la baie correspondante, encadrée par des boudins continus, s'ouvre au-dessus d'une grande porte. Les absidioles, dont le mur se décroche à la naissance de l'hémicycle, sont encadrées par quatre colonnettes. Leur voûte en cul-de-four brisé, précédée d'une arcade en tiers-point, repose sur un bandeau de damiers qui contourne les tailloirs des chapiteaux garnis d'animaux affrontés, de feuillages et de tiges entrelacées.

D'autres chapiteaux plus remarquables couronnent les piles centrales du transept. Le plus curieux, au nord-ouest, représente Dalila, qui coupe les cheveux de Samson, endormi sur un lit. Voici le texte de la légende : SANSONEM VINCIT COMA VINCTVS CRINE MORATVR.

En face, on remarque des danseurs grotesques, des griffons, des oiseaux qui se détachent sous le cavet des tailloirs. Les bases à double tore avec scotie intermédiaire ont un profil beaucoup plus lourd que celles de la nef : j'en conclus qu'elles appartiennent à la première période de travaux. Sur la pile sud-est, un petit personnage se trouve engagé dans une scotie et un autre joue le rôle de griffe.

La nudité de l'abside à l'intérieur contraste avec la richesse de sa décoration extérieure. Une voûte en berceau brisé précède le cul-de-four et deux colonnes sont logées de chaque côté de l'hémicycle dans les angles rentrants. Cinq fenêtres en plein cintre, dépourvues de moulures, s'ouvrent dans les murs : une piscine de la même forme, encadrée par un boudin continu, est encore intacte.

Façade. — Au XV⁰ siècle, des travaux confortatifs s'imposèrent pour éviter le déversement de la façade. Il fallut ajouter deux contreforts qui correspondent à la poussée des grandes arcades, et deux contreforts d'angle plantés obliquement vinrent masquer les faisceaux de colonnes qui supportaient les petits clochetons coniques du XII⁰ siècle, encore intacts. On aperçoit des têtes saillantes sous leur unique étage, dont les trois baies sont recoupées par une colonnette centrale : des écailles en dents de scie décorent leur petite flèche conique. Une large fenêtre centrale en tiers-point, aujourd'hui bouchée, flanquée de deux baies tréflées, et un pignon qui remonte également au XV⁰ siècle, accusent le remaniement de la façade, ainsi que l'inscription PVMB 1774, lisible à la partie supérieure. Dans son état primitif, cette façade poitevine à grandes arcades ressemblait à celles de Civray, de Saint-Jouin-de-Marnes, de Notre-Dame de Saintes et de Matha. Elle a conservé la belle série de modillons romans avec palmettes intermédiaires qui la divise en deux zones et qui passait sous le cavalier, dont il reste une masse informe dans le cimetière.

Le portail central, dépourvu de tympan et semblable à celui de l'église de Fenioux, est flanqué de deux colonnes et de huit colonnettes accouplées, dont les chapiteaux sont ornés de monstres affrontés avec personnages intermédiaires et d'oiseaux qui becquètent des chimères, comme à Saint-Eutrope et à Notre-Dame de Saintes. Des rinceaux courent sur les tailloirs et des dents arrondies se détachent dans la scotie des bases. L'archivolte en plein cintre se divise en quatre voussures : la première est garnie de six anges, dont deux tiennent l'agneau crucifère en saillie sur un disque. Ces figures se font remarquer par leur excellent style et par les plis artistiques de leurs vêtements.

Dans la seconde voussure, six femmes, dont les robes à larges manches sont ornées de galons, coiffées d'un heaume conique et tenant le long bouclier en amande qui était en usage au milieu du XIIe siècle, terrassent des monstres à l'aide de leur lance ou de leur épée. C'est le combat des Vertus et des Vices, imaginé par Prudence, dans la *Psychomachie*, et reproduit par tant de sculpteurs poitevins ou charentais, à Civray, à Parthenay, à Saint-Pompain, au portail du réfectoire de Saint-Aubin d'Angers, à Corme-Royal et à Chadenac. En partant de la gauche, on lit en capitales romanes : IRA : PACIENCIA : LVXVRIA : CASTITAS : SVPERBIA : HVMILITAS : LARGITAS : AVARICIA : FIDES : IDOLATRIA : CONCORDIA : DISCORDIA :: mais ces vertus ne se distinguent par aucun attribut, contrairement au type adopté par les imagiers des cathédrales gothiques.

Les cinq vierges sages et les cinq vierges folles de la troisième voussure tiennent les unes leur lampe allumée, les autres leur lampe renversée. Elles sont habillées comme les Vertus, sans leur équipement, et le Christ bénissant est sculpté à la clef. A côté de lui, les portes d'un petit édifice, fermées par un verrou, restent closes devant le cortège des vierges folles.

Le calendrier de la quatrième voussure a subi quelques interversions, mais, comme les signes du zodiaque alternent avec les travaux des mois, il est facile de reconnaître, en partant du côté gauche, Janus à table, puis Février qui se chauffe devant un brasero voisin des poissons. Mars, très mutilé, taille la vigne à côté du bélier ARIES. Avril fait défaut, et les Gémeaux, GEMINI, dont la première syllabe a disparu, indiquent la place du mois de mai. Juin est représenté par un groupe de faucheurs et la carapace du crabe est encore visible. Si le moissonneur de juillet n'existe plus, on voit encore les épis qui se courbent sous sa faucille.

AVGVSTVS, dont le bras tient encore un bout de fléau, bat les gerbes, et LIBRA, sous la figure d'une femme, tient les débris d'une balance, tandis que le mois de septembre prouve son existence par un cep de vigne et une petite cuve. On distingue quelques restes du scorpion et des porcs à la glandée, mais plus loin, le mot SAGITTARIVS suffit à identifier, comme à Fenioux, les travaux du mois de novembre par deux bœufs qui mangent. N'est-ce pas la rentrée des animaux à l'étable pendant l'hiver que le sculpteur a voulu figurer ? Enfin, voici le Capricorne, signe du mois de décembre, à côté d'un homme à table.

L'arcade aveugle, qui correspond au bas-côté nord, décrit une courbe en tiers-point, comme dans la plupart des églises de la région, afin que la clef de l'archivolte arrive au même niveau que celle du portail central en plein cintre, dont l'ouverture est plus large. Ses trois voussures, garnies sur les deux faces de chaque claveau de quelques animaux affrontés et de larges palmettes semblables à celles du portail et des arcades aveugles de l'église voisine de Sainte-Hérie de Matha, s'appuient sur huit colonnettes. Leurs chapiteaux ornés de monstres et de figurines, et les rinceaux de leurs tailloirs, se relient à une frise de lourds feuillages qui couronne le moyen appareil en épi du mur de fond. Dans le tympan, saint Pierre, patron de l'église, est crucifié, la tête en bas, par deux bourreaux qui enfoncent des clous dans ses pieds : deux petits anges l'assistent pendant son martyre. Sous l'arcade méridionale en tiers-point, décorée de palmettes et de chapiteaux du même type qui correspondent à huit colonnes engagées, le Christ est assis entre la Vierge et saint Jean.

Élévation latérale.— Une affreuse sacristie, qui doit disparaître, masque les contreforts à colonnes du bas-côté nord, mais au-dessus de son toit apparaissent de belles fenêtres à deux colonnettes sous des arcs de décharge moulurés qui retombent sur deux colonnes. Les chapiteaux ornés d'oiseaux et de feuillages qui encadrent ces baies reçoivent les claveaux des archivoltes garnies de pointes de diamant étoilées. Au sud, l'élévation de l'église présente les mêmes groupes de trois colonnes, dont deux correspondent aux arcs de décharge, comme à Chadenac, près de Pons. Il faut signaler une disposition du même genre à Notre-Dame-la-Grande de Poitiers, à Saint-Eutrope de Saintes, et dans plusieurs églises d'Auvergne. Ces arcs, rehaussés d'un boudin et d'un cordon mouluré, encadrent les cinq fenêtres en plein cintre, dont le tore et le cordon de palmettes retombent sur deux colonnettes. Des dents arrondies soulignent le niveau de leur appui. Au-dessus du soubassement, accusé par un tore, s'ouvre un enfeu en plein cintre, encadré par deux boudins, qu'il ne faut pas regarder comme une porte bouchée. On voit un enfeu en tiers-point dans une autre travée. Les modillons de la corniche sont complètement frustes.

La façade du croisillon nord, épaulée à chaque angle par trois colonnes, dont l'une est amortie par un cône surmonté d'une boule, conserve une fenêtre en plein cintre flanquée de deux colonnettes. Son architecture très simple contraste avec la riche décoration du croisillon sud, dont les contreforts d'angle se composent d'un faisceau de sept colonnes. Sur la face principale, un grand portail en plein cintre, qui est moulé au Musée du Trocadéro, s'ouvre entre six colonnes : des chevrons et des torsades en spirale se développent sur quatre fûts et l'angle des jambages est décoré de petits aigles et d'étoiles à huit rais. On voit sur les chapiteaux des oiseaux et des quadrupèdes affrontés, des personnages, et sur les tailloirs, des chevaux et des figurines au milieu d'entrelacs. Les rinceaux, sculptés en méplat sur la première voussure, enlacent trois griffons et trois centaures.

Sur la seconde et sur la troisième voussure se détachent les vieillards de l'Apocalypse au nombre de trente-et-un, parce que l'imagier avait besoin d'autant de motifs que de claveaux, suivant la règle de l'ornementation de nombreux portails poitevins. Soutenus à l'intrados par de petits personnages, ils tiennent d'une main un instrument de musique, et de l'autre une fiole de parfums. Enfin, la dernière voussure, dont chaque motif est différent, se distingue par l'alternance d'animaux et de personnages, comme une sirène, l'âne qui veille, un cerf, un centaure, une chouette, des chimères et des griffons à tête humaine, qui sont sculptés sous un cordon de petits dragons.

Plus haut, une tablette ornée de palmettes et posée sur quatorze modillons à masques passe sous l'appui d'une grande fenêtre en tiers-point. Ses six colonnettes, dont les chapiteaux sont garnis de feuillages et d'animaux, correspondent à un boudin, à un rang de palmettes et à quatre grandes vertus qui tiennent un grand bouclier en amande et qui transpercent de leur lance ou de leur épée les démons ou les griffons écrasés sous leurs pieds. De chaque côté, une arcature en plein cintre, encadrée par deux colonnettes, deux boudins et des fleurs à huit pétales, décore le nu du mur. Suivant une disposition assez rare, le pignon est inscrit dans un grand arc de décharge en tiers-point.

Les absidioles orientales, recouvertes d'un toit de pierre et percées d'une fenêtre, sont épaulées par quatre colonnes qui jouent le rôle de contreforts. Leur magnifique corniche, dont les modillons sont ornés de masques humains et de têtes d'animaux, mérite d'attirer l'attention : au sud, des fruits d'arum, des têtes, une sirène, une rosace se détachent sous les petits arcs.

Abside. — Ses contreforts-colonnes sont flanqués de cinq colonnettes à la naissance de l'hémicycle, et de deux au chevet pour soutenir les arcs de décharge moulurés de trois boudins. Un bandeau de petits griffons et de personnages affrontés, à queue de lézard, court sous l'appui des cinq fenêtres à deux colonnettes. Les baies latérales, dont l'archivolte se couvre de fleurs à quatre pétales, conservent des chapiteaux revêtus de personnages et d'animaux, mais la fenêtre centrale, moulée au Musée du Trocadéro, se distingue par les rinceaux qui encerclent quatre figurines sur chacun de ses piédroits et par son archivolte, ornée de fleurs à quatre pétales et de pointes de diamant à huit rais, qui retombe sur des tailloirs garnis d'étoiles en creux.

On aperçoit sur les modillons de la corniche des masques, des oiseaux, des animaux, et un chevalier qui tient un bouclier en amande. Le toit de pierre de l'hémicycle vient s'adosser contre le pignon surhaussé de la partie droite du chœur, comme dans les chapelles rayonnantes des églises auvergnates. L'ornementation de cette abside ressemble beaucoup à celle du chevet de l'église de Marétay, à Matha. Il me semble évident que les deux églises de ce bourg sont l'œuvre du même architecte.

Clocher. — Bâti sur le carré du transept, son premier étage, décoré sur chaque face de trois arcatures en tiers-point qui retombent sur des pilastres, est une œuvre du XIIe siècle, comme le second, épaulé par trois faisceaux de cinq colonnettes d'angle. Au sud-est, une tourelle d'escalier octogone, dont la flèche en pierre a des crochets sur les arêtes, ne semble pas antérieure au XVe siècle. De chaque côté, le second étage est ajouré par six baies géminées en plein cintre. En arrière de chaque groupe, deux colonnes reliées par un arc étrésillonnent la cage, suivant une disposition très rare, qui se retrouve dans le clocher de La Couronne. Au dehors, les colonnes, qui jouent le rôle de contreforts, alternent avec des faisceaux de trois colonnettes. Une corniche à modillons indique le niveau de l'ancien toit en pavillon du XIIe siècle, qui fut détruit au XVe siècle, quand un architecte monta le troisième étage. Sur chacune de ses faces, une baie en tiers-point s'ouvre entre deux arcatures de la même forme. La flèche en charpente n'offre aucun intérêt.

Croix du cimetière. — C'est une œuvre assez curieuse du XV⁰ siècle, dont le soubassement carré est flanqué de quatre contreforts obliques. On voit sur chaque face une niche en accolade qui renferme une statue sous un dais. L'imagier a représenté saint Pierre à l'ouest, saint Paul au sud, saint Jacques le Majeur à l'est et saint Jean au nord. Les socles, qui correspondent à une colonne engagée, sont décorés de choux frisés, de chardons et de pampres. A l'ouest, il faut signaler les débris d'un pupitre, mais la croix est moderne.

E. LEFÈVRE-PONTALIS.

BIBLIOGRAPHIE. — Briand (L'abbé) : *Histoire de l'église santone et aunisienne*. — Fillon (Benjamin) : Notice dans le *Congrès archéologique de Saintes*, 1844, p. 102. — Brillouin : *Aulnay et son église*, dans le *Bulletin de la Soc. hist. de Saint-Jean-d'Angely*, t. II, 1863, p. 175. — Audiat : *Épigraphie santone*, p. 45. — Lasteyrie (R. de) : *Étude archéologique sur l'église Saint-Pierre d'Aulnay*, dans la *Gazette archéologique*, 1886, p. 277. — Musset (Georges) : *Aulnay*, dans *Paysages et monuments du Poitou*, t. IX, 1894, p. 1 et 5, pl.—. Berthelé (Joseph) : *L'église d'Aulnay*, dans *Carnet de voyage d'un antiquaire poitevin*, 1896, p. 9.

TROISIÈME EXCURSION

RÉTAUD

L'église Saint-Trojan de Rétaud paraît remonter au milieu du XIIe siècle.

Sa nef comprend trois travées. Le long des murs, des colonnes engagées, surmontées de chapiteaux nus à arêtes d'angle, supportaient les doubleaux de la voûte en berceau dont il ne reste que les sommiers.

A la suite de la nef, une travée, refaite au XVe siècle, forme l'étage inférieur de la tour; elle est couverte d'une voûte d'ogives à liernes percée d'un œil et dont les nervures partent de fond. Des amorces de sommiers existant du côté de la nef montrent qu'on eut alors le projet de voûter de nouveau cette partie de l'église.

La travée droite du chœur, sans aucune décoration, a conservé sa voûte en berceau brisé.

L'abside est en hémicycle : cinq grandes arcatures en plein cintre, qui garnissent le mur, sont ornées de palmettes et reposent sur des colonnes communes à chapiteaux décorés. A l'intérieur de chaque arc et au-dessus d'un rang de palmettes qui forme bague sur les colonnes, s'ouvre une fenêtre dont la voussure nue repose sur des colonnettes. Parmi les chapiteaux, dont la corbeille est généralement garnie d'animaux ou de figurines, on en remarque un qui présente trois baguettes surmontées de deux godrons. A la naissance du cul-de-four, passe un bandeau orné de demi-disques et de denticules.

La façade, flanquée de quatre contreforts-colonnes, est percée d'un portail central muni d'un tympan nu. Les deux

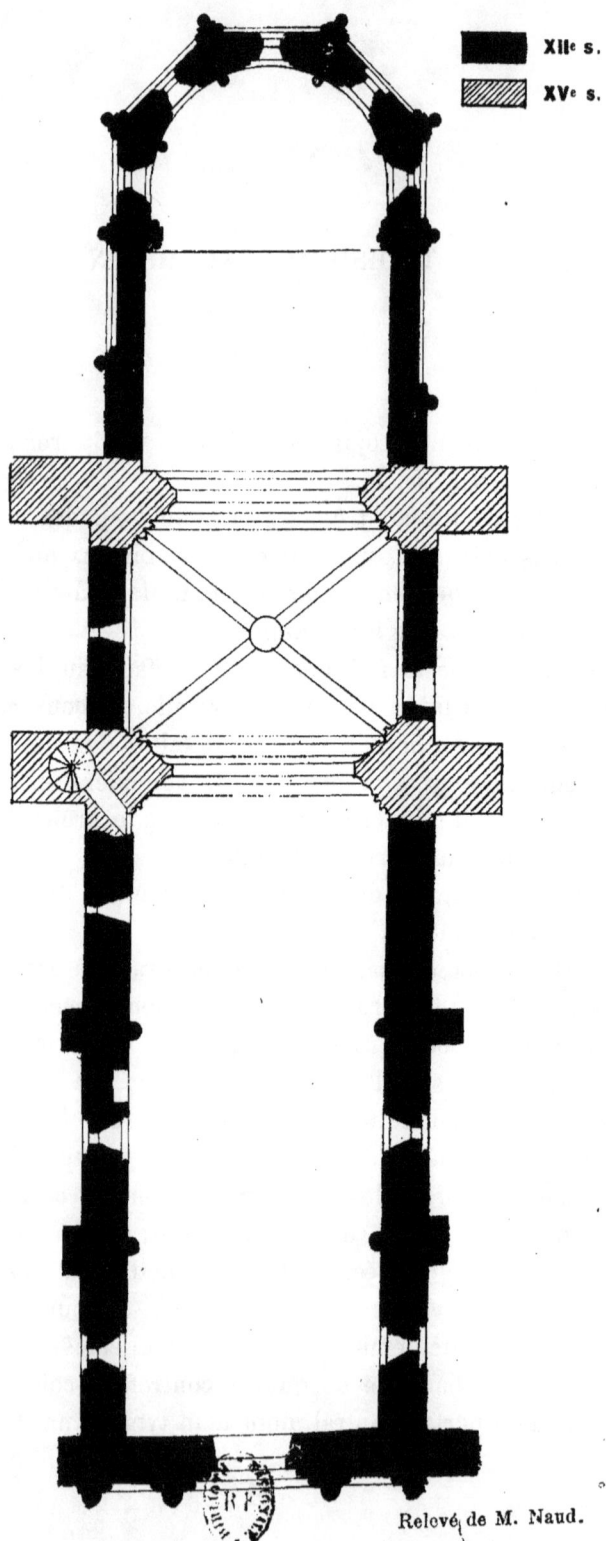

Plan de l'église de Rétaud.

voussures en plein cintre sont revêtues d'une décoration d'entrelacs et de palmettes et retombent sur des colonnettes dont les chapiteaux à crochets sont modernes.

De chaque côté du portail, un arc brisé aveugle garnit les entre-colonnements. Une corniche sur modillons à têtes, soutenue également par les chapiteaux des contreforts, couronne l'étage inférieur ; les intervalles laissés entre les modillons sont ornés d'entrelacs et de palmettes stylisées.

La partie haute de la façade a été complètement défigurée : une étroite fenêtre et deux chapiteaux accouplés, provenant sans doute de la galerie d'arcatures du type universellement adopté en Saintonge, sont les seuls témoins à signaler.

Sur les faces latérales, des contreforts plats et des corbeaux nus soutiennent la corniche. Les fenêtres sont encadrées d'une archivolte décorée. La tour centrale, qui paraît dater du XVe siècle, est octogone et percée d'étroites baies.

L'abside à cinq pans présente, avec moins de richesse dans la décoration, des dispositions à peu près semblables à celles que nous rencontrerons à Rioux. De grands arcs brisés ornés d'étoiles, de cannelures, d'entrelacs, encadrent un parement réticulé ou en épi ; un cordon d'étoiles passe à l'appui des fenêtres portées sur des colonnettes à chapiteaux nus cubiques.

Un second cordon limite l'étage supérieur, garni aussi d'un rang d'arcatures qui s'appuient sur des colonnettes simples ou jumelles.

La corniche peut être également comparée à celle de Rioux, ainsi que les contreforts-colonnes d'angle, dont les assises supérieures, d'un diamètre très réduit, sont cannelées.

BIBLIOGRAPHIE. — Musset (Georges) : *Les églises romanes de Rioux et de Rétaud*, dans le *Bulletin Monumental*, t. LXX, 1906. p. 271-287.

RIOUX

L'église Notre-Dame de Rioux ressemble beaucoup à celle de Rétaud et fut bâtie à la même époque. Sa nef unique présente peu d'intérêt : elle est divisée en trois travées, dont les murs sont garnis d'arcs brisés reposant sur des piédroits dans lesquels sont engagées des colonnes portant des chapiteaux à corbeille nue. Un cordon orné de dents de scie et de demi-disques couronne le mur et contourne les tailloirs. La voûte, en berceau sur doubleaux, a été entièrement reconstruite entre les années 1859 et 1862.

Le transept et la travée droite du chœur furent très remaniés au XVe siècle et à l'époque moderne, car une partie du croisillon sud ne date que de 1887.

L'abside a été heureusement conservée dans son état primitif : elle est de plan demi-circulaire à l'intérieur, alors qu'à l'extérieur elle est polygonale. Elle est garnie de cinq arcs en plein cintre, moulurés d'une baguette, ornés sur leur face de plusieurs rangs de demi-disques et couronnés d'un cordon de rinceaux. Les colonnes communes supportant ces arcs sont verticales dans leur partie basse et présentent, au-dessus d'un bandeau décoré d'étoiles qui les contourne, une brisure à chaque assise ; leurs chapiteaux sont garnis de feuillage. Chaque arc encadre une baie à voussure nue, portée sur des colonnettes dont les chapiteaux sont formés d'une simple assise concave. Une moulure profilée de deux cavets sert de tailloir à ces colonnettes et aux colonnes des arcs. A la naissance du cul-de-four, passe un cordon orné de deux rangs de denticules et formant tailloir aux colonnes qui soutiennent l'arcade d'ouverture de l'abside.

La façade, d'un beau style, a malheureusement beaucoup souffert des injures du temps. Le portail, dépourvu de

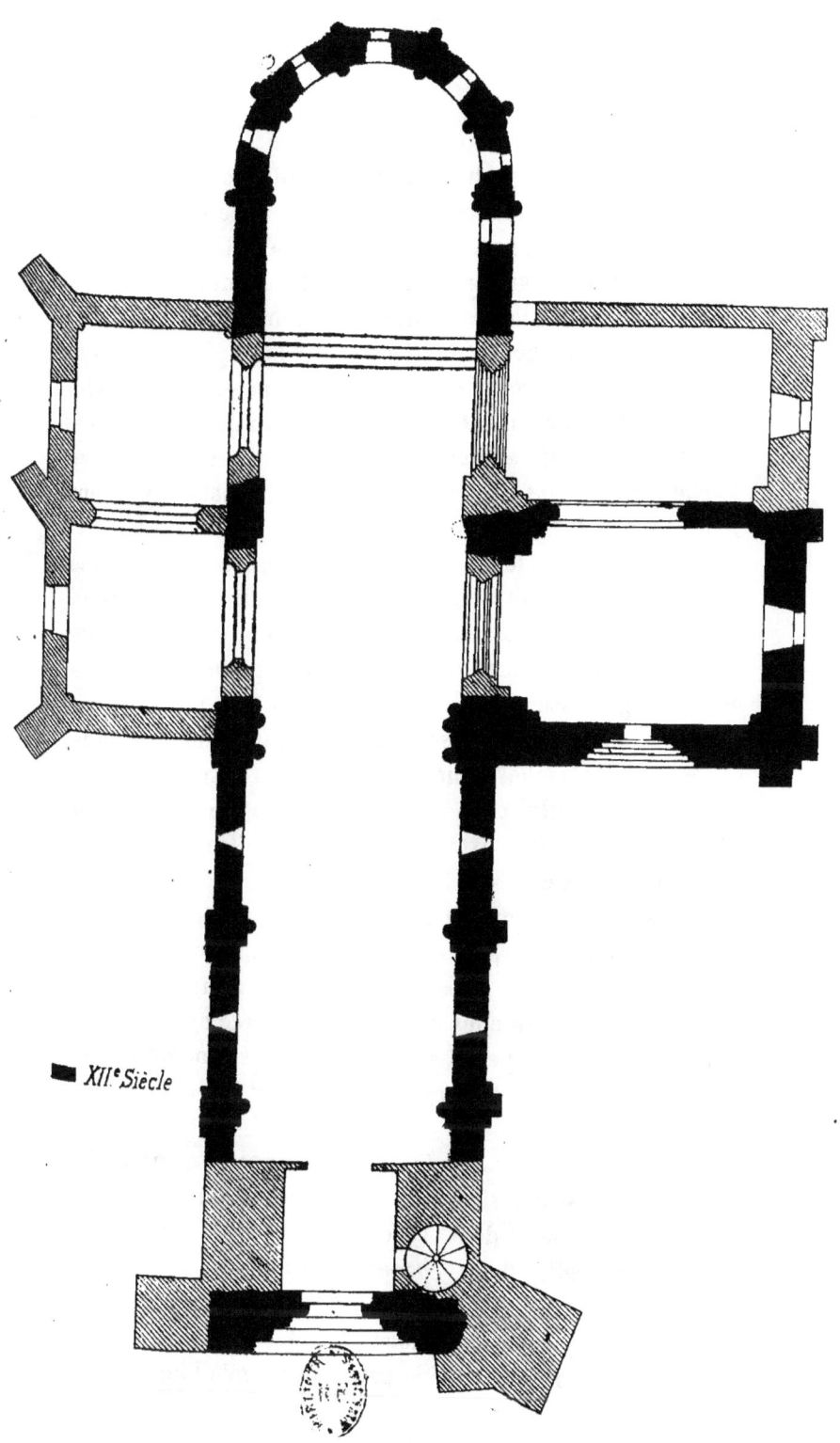

Plan de l'église de Rioux.

tympan, conserve quatre voussures en plein cintre couvertes d'une décoration traitée en méplat et formée de fleurettes, d'étoiles, de losanges, de rubans plissés. Des pointes de diamant et des feuillages amortissent les angles rentrants et un cordon de billettes contourne l'archivolte. Huit colonnettes sont engagées dans les ressauts des piédroits, dont les bases sont formées de deux tores séparés par un rang de pointes de diamant. Les colonnettes qui garnissaient les angles du massif saillant, où s'ouvre le portail, furent en partie noyées dans les contreforts élevés postérieurement pour épauler la façade.

La partie supérieure présente une rangée d'arcatures moulurées sur leurs arêtes et décorées d'S entrecroisés, reposant sur des colonnettes dont les fûts sont ornés de feuillage ou de cannelures brisées; des palmettes et des animaux garnissent les chapiteaux; sur les tailloirs, on remarque des rubans plissés. L'arc central, un peu plus large, sert de niche à une Vierge portant l'Enfant, encadrée dans une gloire en amande que soutiennent quatre anges. Les arcatures extrêmes ont été mutilées lors de la construction des contreforts.

Une corniche sur modillons formés de masques, de figurines et d'animaux, séparés par des rosaces, règne à la base du pignon. Elle est interrompue en son milieu par un oculus entouré de grandes dents de scie, percé après coup. Le pignon, dont l'appareil est réticulé, fut surmonté à une époque postérieure, probablement au XVe siècle, d'une tour sans caractère.

Sur les faces latérales, il n'y a guère à signaler qu'un petit portail du XIIe siècle, situé à l'ouest du croisillon sud.

Quant à l'abside, dont l'ordonnance paraît avoir été inspirée par celle d'une chapelle rayonnante de Saint-Eutrope de Saintes, elle doit être regardée comme l'un des plus remarquables spécimens de la décoration saintongeaise. Elle est divisée en cinq pans, alors qu'à l'intérieur, comme nous l'avons dit plus haut, son plan est en hémicycle. L'étage inférieur présente un mur plein, dont le parement est formé d'un appareil imbriqué ou en épi et divisé à mi-hauteur par un bandeau horizontal qui a reçu divers motifs de décoration. Un cordon passe à l'appui des fenêtres encadrées par un arc, richement orné d'entrelacs, de damiers et de palmettes, qui retombe sur des colonnettes à chapiteaux nus surmontés d'un cube. Un arc, polylobé ou en plein cintre, occupe en outre toute la largeur de chaque pan et repose sur des piédroits partant du sol, décorés de bâtons brisés, de crochets et de volutes.

Au-dessus d'un second cordon, un rang d'arcatures garnit la partie haute du mur de l'abside et de la travée droite du chœur : disposition qu'on retrouve dans un certain nombre d'édifices saintongeais, tels que Saint-Eutrope de Saintes, Rétaud, Talmont, Thaims, Geay, Vaux-sur-Mer, Bourg-Charente, Mornac, Soulac, mais qui est surtout répandue dans le Berri, comme l'a fort justement fait remarquer notre confrère M. F. Deshoulières (1).

La recherche apportée à l'ornementation de la corniche ne le cède en rien à celle des parements. Des modillons d'une grande variété la soutiennent et les intervalles qui les séparent sont également garnis de sculptures.

De hautes colonnes formant contreforts garnissent les angles séparatifs des pans et montent jusqu'à la tablette que supportent leurs chapiteaux à volutes ; elles sont cerclées de plusieurs rangs de bagues auxquelles correspondent des diminutions successives de diamètre, sans qu'on puisse nullement voir dans ce fait l'indice de différentes campagnes de construction.

André RHEIN.

(1) *Les églises romanes du Berri*, dans le *Bulletin Monumental*, t. LXXIII, 1909, p. 479-490.

SAINTES

Par M. André RHEIN.

La ville de Saintes, capitale des Santons, portait, sous la domination romaine, le nom de *Mediolanum Santonum* et était l'une des cités les plus florissantes de l'Aquitaine. Incendiée par les Normands en 847, elle fut conquise par Pépin le Bref sur Waïfre et suivit toutes les destinées de la Guyenne, passant successivement, par suite des deux mariages d'Éléonore, aux rois de France et d'Angleterre.

Elle fut détruite par Charles d'Alençon en 1330, cédée aux Anglais, en 1360, par le traité de Brétigny et reconquise par Du Guesclin en 1371.

La Saintonge fut particulièrement éprouvée, au XVIe siècle, par les guerres de religion; après avoir été rattachée à l'Angoumois par Henri IV, elle fit partie, depuis 1694, avec l'Aunis, de la généralité de Poitiers.

Saintes, dont l'évêché fut supprimé en 1790, resta, jusqu'en 1810, le chef-lieu du département de la Charente-Inférieure.

ANTIQUITÉS ROMAINES

Malgré de nombreuses mutilations, Saintes a conservé quelques monuments antiques qui attestent l'importance de la ville à l'époque gallo-romaine.

L'enceinte, flanquée de vingt-quatre tours, qui défendait la cité, a été complètement détruite; une grosse tour avait été démolie, en 1609, lors de la construction de la citadelle et les derniers vestiges des murailles disparurent en 1874.

En 1886, on a encore pu explorer une portion de mur subsistant le long de l'hôpital Saint-Louis.

Il ne reste plus, des thermes, que des ruines insignifiantes. L'hypogée, qui s'étendait sous l'emplacement occupé par la maison du Coteau, a été comblé et l'aqueduc ne présente plus que quelques arcs dégradés.

Par contre, l'amphithéâtre et surtout l'arc de Germanicus peuvent être considérés comme les plus remarquables témoins laissés dans la région par les Romains.

L'amphithéâtre compte 133 mètres sur 108 à l'extérieur et 80 mètres sur 56 à l'intérieur. Il est situé au fond de la vallée que domine Saint-Eutrope et on a utilisé les versants des deux coteaux pour établir les gradins. Ce n'est que vers l'est qu'il fut nécessaire d'élever des murs, et cette partie est encore la mieux conservée à l'heure actuelle.

Cet amphithéâtre, dont on attribue la construction au 1er siècle, porta, au moyen âge, comme celui de Bordeaux, le nom de palais Gallien. Réduit à un état de lamentable abandon, il n'attira l'attention des pouvoirs publics qu'au XIXe siècle. En 1847, le Conseil municipal vota 6.000 francs pour en faire l'acquisition, mais cette tentative ne put aboutir. On réunit encore 11.700 francs dans ce but, en 1860 ; mais ce fut seulement en 1868 que la ville devint définitivement propriétaire de ces intéressantes ruines. Des fouilles, exécutées notamment en 1877, 1881 et 1903, mirent à jour quelques inscriptions, aujourd'hui déposées dans le musée municipal. Soixante-quatorze arcades, de largeur inégale, limitaient les voûtes inclinées vers l'arène, qui supportaient neuf rangs de gradins. Il subsiste encore neuf arcades du côté de l'est.

L'arc n'occupe que depuis 1845 sa place actuelle, sur la rive droite de la Charente. Construit, croit-on, sur la terre ferme, il en avait été séparé par les érosions de la rivière et se trouvait, depuis le XIIe siècle, encastré dans le pont de pierre, dont il fermait l'entrée. Lorsqu'au siècle dernier, on voulut remplacer l'ancien pont par un pont de fer, Mérimée fit transporter, pierre par pierre, cet arc qui se trouvait, du reste, en fort mauvais état. Un certain nombre d'assises durent alors être remplacées.

Une inscription, aujourd'hui disparue, mais que d'anciens auteurs ont copiée, nous indique la date et le but de cette construction. C'était un arc votif érigé, l'an 21, en l'honneur de Tibère, de Germanicus et de Drusus, par le gaulois Caius Julius Rufus, fils de Julius Otuaneunus, petit-fils de Caius Gedemon et arrière-petit-fils d'Eposteroridus, prêtre de Rome et d'Auguste au temple de Lyon.

Ce monument, construit en blocs de grand appareil, est d'une grande simplicité de décoration et présente une ordonnance non dépourvue de mérite.

De puissants piédroits, portés sur un haut soubassement, sont garnis aux angles de pilastres cannelés à chapiteaux corinthiens surmontés d'un entablement. Ils reçoivent la retombée de deux arcades jumelles, moulurées à l'archivolte. L'ensemble de l'édifice est couronné par un double entablement soutenu par des colonnes d'angle qui reposent sur la corniche des piédroits.

CATHÉDRALE SAINT-PIERRE

L'ancienne cathédrale de Saintes, placée sous le vocable de saint Pierre, fut ruinée par un incendie en 1026. Reconstruite, à partir de 1117, par l'évêque Pierre de Confolens, elle fut consacrée, en 1185 ou 1186, par Henri de Sully, archevêque de Bourges et primat d'Aquitaine. Il ne subsiste plus, aujourd'hui, de cet édifice que les croisillons.

Une nouvelle église, commencée vers 1450 par l'évêque Guy de Rochechouart (1426-1460) et continuée par ses successeurs, Louis (1460-1492) et Pierre de Rochechouart

(1493-1503), n'était pas encore complètement achevée lorsqu'elle fut saccagée par les protestants, en 1568. Des restaurations considérables durent, en conséquence, être effectuées en 1580 et 1585; d'autres furent encore exécutées en 1618, 1649, 1761 et 1843. Ainsi modifiée, et souvent sans souci de l'art, la cathédrale de Saintes ne présente pas, au premier abord, l'aspect imposant qu'on pourrait attendre de son importance; mais, en dehors même des vestiges romans du transept et d'un remarquable portail du début du XVIe siècle, l'étude des reprises qu'elle a subies offre néanmoins un réel intérêt.

La nef, qui communique avec le porche, situé sous la tour occidentale, par une grande arcade dont les voussures retombent en pénétration, compte quatre travées et n'a conservé que peu de chose de la construction du XVe siècle. Il semble pourtant qu'on puisse attribuer les arcades à cette époque; mais les piles cylindriques, couronnées d'une simple moulure formant chapiteau, durent être reprises en sous-œuvre, probablement lors des travaux qui furent effectués dans la nef à la fin du XVIe siècle et dont la date de 1585, gravée sur l'arc occidental de la croisée, a conservé le souvenir. Seules, les piles engagées dans le mur de façade ont été, comme ce mur lui-même, conservées dans leur état primitif; les nervures des arcades, qui pénètrent dans les autres piles, partent de fond contre ce support.

Le triforium du XVe siècle a été complètement détruit, à l'exception toutefois des piédroits et des retombées tangentes au mur de façade.

Les deux fenêtres en cintre brisé, garnies d'une moulure continue dont le profil accuse une basse époque, qui éclairent chaque travée, ne sont peut-être pas antérieures au XVIIe siècle.

Des voûtes d'arêtes barlongues, empiétant sur les fenêtres, sont supportées par des colonnes très engagées reposant sur le tailloir des piles : elles portent la date du 19 mai

1762, et les armoiries du chapitre représentant deux clefs en sautoir. Les voûtes projetées au XVe siècle devaient s'élever à une hauteur beaucoup plus grande ; en effet, au-dessus du toit, on voit encore, contre la tour, le formeret occidental et les sommiers en pénétration des ogives moulurées de trois tores amincis à filet, séparés par des cavets, ainsi que le solin aigu du toit. Les naissances des fenêtres subsistent également de part et d'autre.

Les bas-côtés ont été aussi remaniés. Leurs murs extérieurs doivent dater de la construction du XVe siècle, mais les piles ont été empâtées dans des demi-fûts cylindriques. Les voûtes à liernes n'ont pas été modifiées ; à l'origine, leurs nervures retombaient jusqu'au sol le long des supports, comme on peut encore s'en rendre compte au revers de la façade ; mais, dans les autres travées, leurs sommiers furent coupés et posés sur de petites consoles.

On effectua dans les bas-côtés d'autres travaux qu'il paraît difficile de préciser, mais qu'accuse la date de 1618 inscrite sur la clef de voûte de la deuxième travée sud.

A l'ouest de ce même collatéral, est appliquée contre le mur une tourelle d'escalier du XVe siècle, dont le noyau est en spirale.

Le long des bas-côtés, des chapelles de la même époque sont couvertes de voûtes à liernes, dont les nervures partent de fond. Elles sont éclairées par de larges fenêtres garnies d'un remplage flamboyant.

Les arcs ouest et est de la croisée datent peut-être du XVe siècle, mais ils retombent en pénétration sur des piles retouchées. La voûte d'arêtes du XVIIIe siècle est séparée par un doubleau en anse de panier de la voûte en berceau de même tracé établie, à la même époque, sur la première travée des croisillons.

La seconde travée du croisillon sud appartient en entier à la construction de Pierre de Confolens. Elle est couverte d'une coupole à œil limitée par un rang de billettes et portée sur des pendentifs qu'encadrent des cordons de rinceaux et de palmettes grasses. Le doubleau qui la sépare de la première travée est à double voussure en cintre brisé, porté sur des piédroits et des colonnes jumelles dont les chapiteaux nus, à arêtes, sont surmontés de tailloirs moulurés d'un filet et d'un large cavet. Au XVe siècle, les piédroits furent taillés et portés en encorbellement et les colonnes noyées sur la plus grande partie de leur hauteur dans une demi-pile cylindrique d'un fort diamètre, garnie de nervures et destinée à recevoir les voûtes d'ogives projetées. Cette reprise, restée inachevée, semble donc bien contemporaine des piles de la nef qui ont disparu, pour la plupart, sous les refaçons postérieures, mais dont nous avons pourtant signalé des témoins encore intacts au revers de la façade.

Sur les trois autres faces, des arcs adossés aux murs, semblables à celui que nous venons de décrire, portaient les pendentifs. Celui du sud a été coupé, au XVe siècle, pour faire place à un arc plus élevé qui empiète sur la calotte, dont on refit alors les premières assises de ce côté en appareil plus régulier. Ce nouvel arc est décoré d'un cordon de feuillage dont les parties inférieures sont formées par le cordon du XIIe siècle encadrant les pendentifs, mais qui fut continué au XVe dans un style manifestement copié sur l'ancien. Tout ce travail avait pour but d'encadrer une grande baie à remplage flamboyant devant laquelle passe une galerie.

Sous cette baie, un enfeu du XVe siècle, dont le tombeau a disparu, est encadré par un arc un tiers-point mouluré, dont l'intrados est décoré de quatre statues mutilées d'anges et qui est surmonté d'un haut gâble à crochets.

A l'est, une arcade du XIIe siècle, portée sur des piédroits et des colonnes engagées à chapiteaux nus, encadrée à l'archivolte d'un cordon formé de deux rangs de demi-disques, s'ouvre dans une chapelle rectangulaire du XIVe siècle,

Les nervures de sa voûte, formées d'un tore à filet, et les formerets retombent, dans l'angle nord-ouest, sur une colonne du XIIe siècle, dans l'angle sud-ouest, sur trois colonnettes du XIVe siècle contournant la retombée d'un arc du XIIe, à l'est, sur trois colonnettes de la même époque que les précédentes, placées sur le même plan et surmontées de petits chapiteaux à crochets fleuris.

Bien que remontant également au XIIe siècle, la seconde travée du croisillon nord, très remaniée, n'offre pas autant d'intérêt que celle qui lui fait face. Elle est couverte d'une coupole sur pendentifs, dépourvue de toute décoration et paraissant fort restaurée. L'arc d'entrée est semblable à celui de l'autre croisillon et ses supports ont été également repris au XVe siècle. L'arc qui s'ouvrait à l'est a été obstrué. Dans l'angle nord-ouest, on remarque des colonnettes du XVe siècle inachevées et deux arcatures, encadrées par des pinacles, dont les remplages décrivent des arcs redentés et un quatre-feuilles. Une grande fenêtre, coupant le cordon qui surmonte ces arcatures et empiétant sur la calotte, est garnie d'un remplage qui la divise en quatre arcs tréflés et un soufflet.

Le chœur compte quatre travées. Ses parties basses paraissent homogènes et peuvent être attribuées aux premières années du XVIe siècle. Les piles cylindriques montent jusqu'aux voûtes hautes ; elles sont garnies de moulures partant de fond et correspondant à l'intrados des arcades et aux nervures des voûtes des collatéraux. Les arcades, en anse de panier légèrement brisé, retombent en pénétration dans les piles, sauf, comme nous venons de le dire, la moulure de l'intrados. Les fenêtres à remplage et les voûtes d'arêtes ne datent que du XVIIe ou du XVIIIe siècle.

L'abside, à cinq pans, offre une élévation identique à celle de la partie droite du chœur. Sa voûte porte la date de 1843.

Les bas-côtés du chœur ont des voûtes d'ogives à liernes, dont les nervures, les doubleaux et les formerets partent de fond contre des demi-piles cylindriques engagées dans le mur extérieur. Ils ont été construits au début du XVIe siècle; mais la date de 1654, inscrite sur la clef de la première travée, indique une restauration. Au droit des deuxième, troisième et quatrième travées du bas-côté sud, s'étend une vaste chapelle dont les deux premières voûtes sont renforcées de liernes et la troisième forme une étoile autour d'une clef pendante.

Le déambulatoire est couvert d'un système de voûtes qui rappelle celui usité parfois en Champagne. De chacune des quatre piles de l'abside partent deux doubleaux rayonnants sectionnant la galerie tournante en cinq travées rectangulaires, dont le voûtement offre une plus grande facilité d'exécution, et séparées par trois petites voûtes triangulaires portées sur trois branches et des liernes qui rejoignent la clef des doubleaux. Les sommiers se trouvant sensiblement relevés dans plusieurs voûtains tangents aux doubleaux, l'extrados de ceux-ci est surmonté d'un petit mur.

Le déambulatoire était primitivement entouré d'une ceinture continue de chapelles alternant de plan : cinq chapelles rectangulaires faisaient face aux arcades de l'abside, tandis que quatre chapelles plus petites, à cinq pans, correspondaient aux travées triangulaires (1). Il ne subsiste plus actuellement que la chapelle rectangulaire du chevet, la deuxième au nord et la chapelle polygonale qui les sépare. Toutes les autres chapelles, dont on voit les arrachements à l'extérieur, ont été démolies, et l'arcade qui donnait accès dans chacune d'elles forme une sorte de niche profonde contenant un autel.

---

(1) Il est intéressant de rapprocher cette disposition fort rare de celle qui existait, dès l'époque romane, à la Trinité de Fécamp.

La chapelle rectangulaire du nord est couverte d'une voûte à quatre branches renforcée de liernes et éclairée par une grande fenêtre. La chapelle qui lui fait suite, et dont les cinq pans ne pourraient être inscrits que dans un segment dépassant le demi-cercle, conserve une voûte à sept branches dont l'une vient s'appuyer contre la clef de l'arc de tête ; des arcatures polylobées garnissant les murs au niveau du sol sont surmontées de baies à remplages qui décrivent des soufflets et des mouchettes. Les nervures de la voûte à liernes et tiercerons de la chapelle centrale reposent sur des dais flamboyants surmontant des niches dont les consoles sont décorées dans le style de la Renaissance. On remarque, à l'intérieur de cette chapelle, une piscine dont la décoration est inspirée du même style. La fenêtre, redentée et garnie d'un remplage, qui ajourait, à l'origine, tout le chevet, a été en partie aveuglée par un mur dans lequel on a percé une baie sans caractère.

Le maître-autel de la cathédrale a été composé en 1824 à l'aide de colonnes de marbre rouge provenant de Sainte-Marie-aux-Dames et précédemment données par Napoléon Ier.

Au sud de la chapelle orientée du croisillon sud, s'élève une sacristie du XVe siècle, couverte de quatre voûtes d'ogives, dont les nervures et les doubleaux, moulurés d'un tore à filet, retombent en pénétration au-dessus d'une pile cylindrique, peut-être remaniée, dont le chapiteau est indiqué par un simple cordon ; contre les murs, ils sont portés, avec les formerets, par des faisceaux de colonnettes dont les chapiteaux sont ornés de feuillage, et les tailloirs présentent leurs pointes.

La façade occidentale, surmontée d'une haute tour rectangulaire, date du commencement du XVIe siècle. Elle est percée d'un portail en tiers-point, sans tympan, dont les quatre voussures reposent sur des piédroits ornés de niches à dais, ainsi que la face des contreforts. Les quarante-quatre statuettes surmontées de dais qui décorent les voussures sont traitées avec une grande finesse et fort bien conservées : elles constituent, sans nul doute, l'ensemble iconographique le plus intéressant de cette époque que possède la région. Elles représentent des anges musiciens, des chevaliers, des évêques, des papes, des saints, des prophètes.

Ce portail donne accès dans une travée formant porche, dont la voûte d'arêtes du XVIIIe siècle coupe les colonnes d'angle du XVe et les arcatures, encadrant des niches à dais, qui décorent le mur occidental.

A l'extérieur, dans l'angle formé par les contreforts épaulant la tour au sud-ouest, est placée une grande statue mutilée de chevalier, qui, d'après la tradition, représenterait Charlemagne, en souvenir de la prétendue fondation de la cathédrale Saint-Pierre par cet empereur.

La tour, flanquée de très épais contreforts d'angle à nombreux ressauts, couronnés de pinacles et supportant d'autres contreforts placés de biais qui encadrent la partie supérieure, est divisée en plusieurs étages éclairés par une grande fenêtre à remplage au premier, deux au second, trois à l'étage supérieur, et surmontée d'une terrasse sur laquelle s'élève une sorte de lanternon octogone dont les baies sont encadrées de hauts gâbles ; huit arcs-boutants rayonnent deux à deux des clochetons qui surmontent les contreforts d'angle. Un couronnement à peu près semblable se retrouve sur un certain nombre de clochers de la région, notamment à Saint-Eutrope, à Marennes, à Moëze, à la cathédrale de Bazas, à l'église monolithe de Saint-Émilion.

Les faces latérales de la nef sont très richement ornées. Les chapelles, éclairées d'une grande fenêtre garnie de crochets frisés et encadrées d'une archivolte en accolade, sont surmontées de pignons percés de petites baies rectangulaires. La première volée des arcs-boutants fut seule construite; l'arc porte deux rampants superposés reliés entre eux par une galerie à jour. Contre la culée intermédiaire, on remarque les sommiers de la seconde volée, dont la construction est restée inachevée.

Les murs du croisillon nord, très retouchés au XVIIIe siècle, n'offrent aucun intérêt.

Au croisillon sud, le mur de fond est du XVe siècle; il est percé d'une grande fenêtre et couronné d'une corniche sur consoles nues. Le pignon, ajouré par une baie, qui le surmonte, devait limiter le comble, qui ne fut pas exécuté. La partie haute du mur oriental est garnie de trois arcs en plein cintre portés sur colonnettes et séparés par des contreforts plats.

Nous avons déjà dit, en décrivant l'intérieur de la cathédrale, que le déambulatoire était primitivement entouré d'une ceinture continue de chapelles, alternativement rectangulaires et polygonales, dont il ne subsiste plus que trois. Comme le pan extrême des chapelles polygonales se trouve au droit du chevet des chapelles rectangulaires, cette disposition a eu pour conséquence de former entre chacune des chapelles, un angle rentrant assez aigu. Afin de faciliter l'établissement de la toiture en supprimant les pénétrations de croupes, l'architecte prit le parti déjà appliqué à Saint-Martin-des-Champs de Paris, aux cathédrales de Coutances et de Bayeux, à Saint-Paul de Narbonne : il lança au-dessus de ces angles une petite voûte, qu'il fit reposer sur trois branches d'ogives. Contre la chapelle centrale, on distingue encore, vers le sud, les premières assises de la chapelle polygonale et les sommiers de la petite voûte intermédiaire.

L'étage supérieur du chœur, soutenu par des arcs-boutants de faible portée, ne date que du XVIIIe siècle.

ÉGLISE SAINT-EUTROPE

Ce fut saint Pallais (573-597) qui fonda l'église de Saint-Eutrope pour y déposer les restes du premier évêque de Saintes. Les moines de Cluny ayant été, en 1081, chargés par Guy Geoffroy, comte de Poitiers, de veiller sur les ossements de saint Eutrope, établirent un prieuré et confièrent la reconstruction de l'église à un architecte nommé Benoît (1). Le dimanche 20 avril 1096, eut lieu la consécration du nouvel édifice par le pape Urbain II, de passage à Saintes, et, la veille des ides d'octobre de la même année, l'évêque Ramnulphe présida à la translation des reliques.

L'église actuelle appartient, comme nous le verrons plus loin, à une construction du XII° siècle dont les textes n'ont pas conservé le souvenir. D'importants travaux furent encore exécutés au XV° siècle. Avant même son avènement au trône, Louis XI, qui montra toujours une grande dévotion à l'égard de saint Eutrope, avait fait à l'église des dons qui permirent de restaurer, en 1445, les premiers piliers de la crypte. Un peu plus tard, en 1478, le clocher fut achevé par ses soins et aux frais des habitants de la ville. Saint-Eutrope était du reste un sanctuaire très fréquenté au moyen âge et l'une des étapes recommandées aux pèlerins qui se rendaient à Saint-Jacques-de-Compostelle.

Les pillages exercés par les calvinistes en 1568 mirent fin à cette prospérité. L'église, fortement endommagée, fut restaurée au début du XVII° siècle par le prieur Pierre de la Place. Les reliques, soustraites, dit-on, aux profanations des hérétiques, restèrent longtemps dans l'oubli, jusqu'à ce qu'elles fussent découvertes le 19 mai 1843.

(1) Ms. du moine de Saint-Cybard, dans D. Estiennot, B. N., lat. 12754.

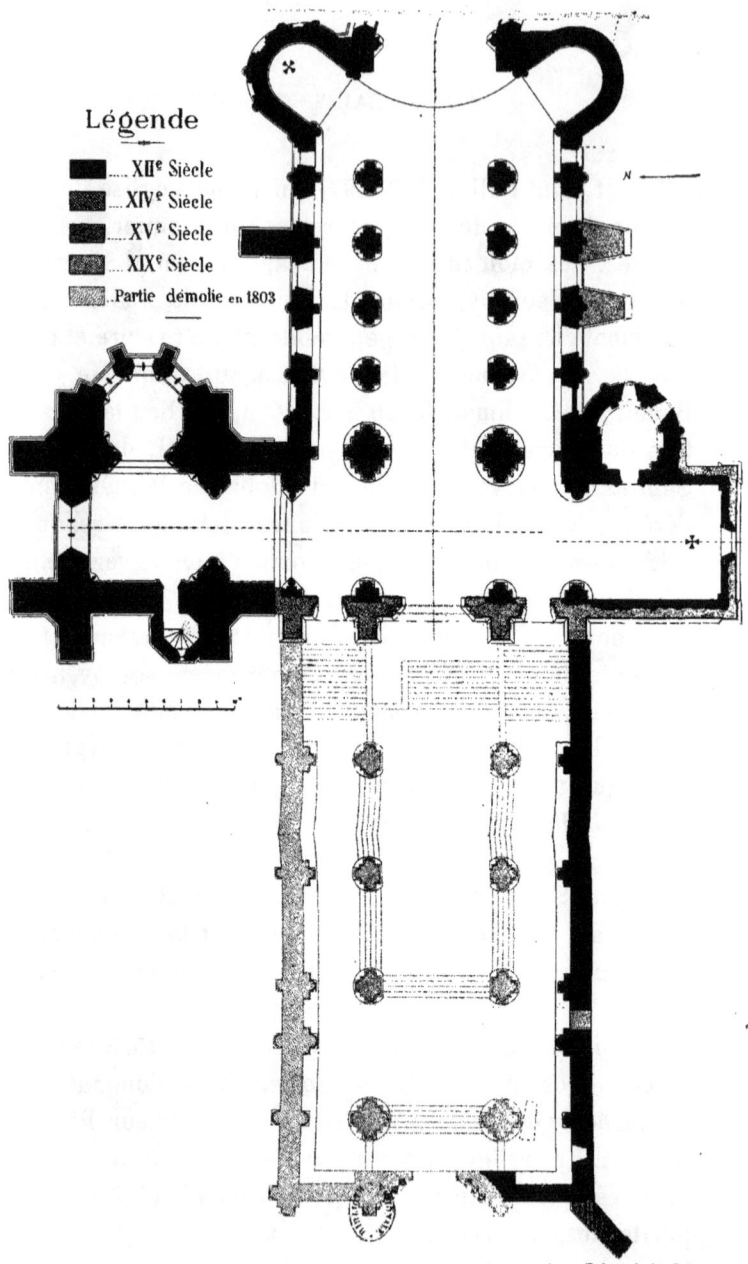

Plan de Saint-Eutrope de Saintes.

En 1797, un mur fut construit pour séparer le transept de la nef. Cette dernière partie, laissée sans entretien, fut démolie en 1803 ; et, depuis 1831, la façade est constituée par un placard absolument insignifiant.

De la nef, il ne subsiste que quelques vestiges du collatéral sud. Contre le mur extérieur, les fenêtres, portées sur des colonnettes, étaient encadrées par de grands arcs de décharge en cintre brisé, retombant sur des colonnes engagées dans des dosserets et reposant elles-mêmes sur des colonnes inférieures dont les chapiteaux, ornés de feuilles plates et de volutes et les tailloirs moulurés d'un filet et d'un cavet, dénotent, par leur style, le milieu du XIIe siècle.

Transept. — Le transept est d'une époque antérieure ; ses quatre piles, de plan cruciforme, reposent sur un grand socle circulaire mouluré d'un boudin ; elles sont cantonnées de quatre colonnes dont les bases, formées de deux tores, presque sur le même plan, séparés par une gorge, se continuent sur les piles. Les chapiteaux sont ornés de chimères et de rinceaux, ou bien historiés ; parmi les sujets représentés, d'une exécution assez fruste, on remarque le pèsement des âmes et Daniel dans la fosse aux lions. Formés d'un simple biseau à l'ouest, les tailloirs sont, aux piles de l'est, décorés de losanges ou de rinceaux. Les grands arcs, à double voussure très peu brisée, surmontés d'un cordon de demi-disques, sont restés intacts, ainsi que les quatre trompes d'angle ; mais la coupole porte la date de 1831.

Les croisillons possèdent deux travées : la première, d'une profondeur égale à la largeur des collatéraux, est voûtée en berceau brisé. L'arcade en quart de cercle qui donne, vers l'est, accès dans les bas-côtés du chœur, repose sur une colonne engagée et s'appuie au-dessus du chapiteau de la pile de la croisée. Dans le croisillon sud, la seconde travée, un peu plus étroite, semble postérieure de quelques années à celle qui la précède. Elle est également couverte d'un berceau que limite un doubleau en tiers-point. Un autre doubleau de même tracé est adossé au mur de fond ajouré par une baie en plein cintre entre des colonnettes.

L'absidiole orientale, couverte d'un cul-de-four, est garnie de quatre arcatures en cintre surbaissé, moulurées de deux tores et reposant sur des colonnes communes dont les chapiteaux, décorés de palmettes et d'animaux affrontés, sont surmontés de tailloirs sur lesquels se détachent des demi-disques. Elle est éclairée de deux baies.

Le croisillon nord n'a conservé, de la construction primitive, que la première travée. La seconde, reconstruite au XVe siècle, est voûtée en berceau et la grande arcade moulurée de tores à filet retombe sur des colonnes de même profil, sans chapiteau, car la naissance de l'arc est simplement indiquée par une baguette. Une troisième travée, formée par l'étage inférieur de la tour, est couverte d'une voûte à liernes percée d'un œil et donne accès dans une chapelle orientée, à cinq pans, ajourée par trois fenêtres à remplage flamboyant. La voûte de cette chapelle est portée sur sept branches d'ogives dont les nervures partent de fond.

Chœur. — Le chœur est manifestement antérieur, et si on ne peut admettre que cette partie de l'édifice était achevée en 1096, il est toutefois permis de supposer que les moines profitèrent du passage du pape Urbain II à Saintes pour faire la dédicace de leur église, bien que les travaux ne fussent encore que peu avancés.

Les colonnes engagées contre la face orientale des piles de la croisée ont une plus forte section dans leur partie basse qu'au-dessus. Il est possible qu'elles aient été reprises en sous-œuvre au moment où l'on procéda à la construction du transept.

Les piles du chœur présentent un plan qu'il est exceptionnel de rencontrer à l'époque romane en dehors du domaine de l'école auvergnate : elles se composent d'un massif rectangulaire flanqué de trois colonnes vers les arcades et les bas-côtés. Les bases, moulurées de deux

A. Choisy, del.

Saint-Eutrope de Saintes.
Coupe du chœur.

tores séparés par une large gorge, se prolongent sur la pile, au-dessus d'un socle commun aux angles arrondis. Les chapiteaux, qui forment frise, sont décorés de chimères, de palmettes et de rinceaux traités en méplat et d'un style sensiblement plus grossier et plus archaïque que celui de la croisée. Les arcades, en plein cintre, sont à double voussure.

Contrairement à la disposition habituelle des églises où les piles sont cantonnées seulement de trois colonnes, la voûte en berceau repose ici sur des doubleaux. Il fallut donc leur ménager une retombée et on les fit porter sur de courtes colonnes soutenues en encorbellement par des consoles détachées de la frise continuant les chapiteaux qui reçoivent les arcades. Ce parti n'était peut-être pas prévu à l'origine ; mais s'il y eut modification, ce fut au cours des travaux et il est impossible de distinguer une reprise.

Il paraît en outre nécessaire d'attirer l'attention sur le style de ces consoles formées d'un large biseau orné de rosaces de différents modèles, et dont le caractère décoratif est remarquable (1).

L'abside primitive à déambulatoire, qui faisait suite aux quatre travées que nous venons de décrire, a été démolie au XVe siècle pour faire place à un nouveau chœur. Celui-ci se compose de deux travées droites couvertes de voûtes à liernes et d'une abside simple à cinq pans, dont la voûte compte sept nervures. Des arcades sans caractère font communiquer la première travée avec ce qui reste du déambulatoire roman. Des fenêtres à remplage flamboyant éclairent la seconde travée et l'abside. Dans cette dernière partie de l'église, de chaque côté des colonnettes qui continuent les nervures de la voûte, est placée une niche surmontée d'un dais.

Les bas-côtés sont recouverts de voûtes en demi-berceau. Ce procédé, qui a pour but de contrebuter d'une façon efficace le vaisseau central, est le plus fréquemment employé

---

(1) Musée de sculpture comparée du Trocadéro, B 224-225.

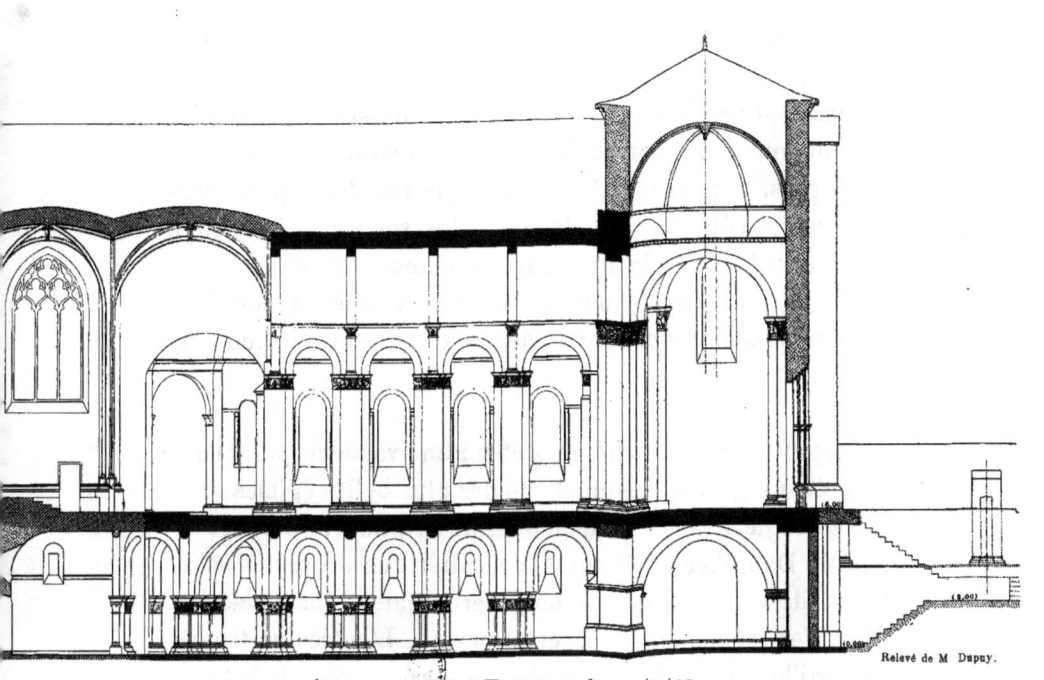

Église de Saint-Eutrope de Saintes.
Coupe longitudinale.

Relevé de M. Dupuy.

sur les tribunes des églises auvergnates. On le retrouve toutefois dans deux monuments influencés, comme Saint-Eutrope, par l'école poitevine, à l'église de la Maison-Dieu de Montmorillon et à Parthenay-le-Vieux. Mais tandis que, dans cette dernière église, les doubleaux en plein cintre supportent des portions de murs, à Saint-Eutrope, les doubleaux, de même tracé que la voûte, viennent s'appuyer sur un petit chapiteau nu qui surmonte la colonne engagée dans la pile. Les fenêtres sont portées sur des colonnettes d'angle.

Des sept travées, dont trois accompagnées de chapelles rayonnantes, qui formaient le déambulatoire, il ne subsiste plus, depuis le XV° siècle, que les deux premières de chaque côté. Le doubleau qui les sépare a été coupé par l'arcade latérale du nouveau chœur. La chapelle en hémicycle qui s'ouvre sur la deuxième travée est encadrée par une arcade reposant sur des colonnes et voûtée en cul-de-four.

Crypte. — Sous le chœur, s'étend une vaste crypte (1) qui peut être regardée comme l'une des plus belles églises souterraines de France. D'anciennes descriptions, interprétées par M. Dangibeaud, il semble résulter que de vastes escaliers, descendant de la nef, permettaient aux pèlerins d'accéder facilement dans cette crypte. L'entrée se trouve aujourd'hui située dans le croisillon nord, au pied de la tour.

Deux voûtes d'arêtes du XV° siècle couvrent l'étage inférieur de cette tour ; la seconde présente la particularité fort rare de posséder une clef sculptée ornée d'armoiries.

La travée, voûtée d'arêtes, située sous le carré du transept, est encadrée par des arcs en plein cintre de forte section ; trois des piles qui soutiennent ces arcs, ayant cédé sous le

---

(1) Viollet-le-Duc : *Dictionnaire de l'architecture*, t. IV, p. 457-458, fig. 10-11.

poids de la tour centrale primitive, furent reprises, en 1445, aux frais du dauphin Louis, plus tard Louis XI, comme l'atteste l'inscription encastrée dans l'une d'elles.

Le croisillon sud comprend deux travées couvertes de voûtes semblables. La seconde, beaucoup plus vaste, est accompagnée d'une absidiole qui renferme une cuve baptismale du XIIe siècle, de forme circulaire. Un puits s'ouvre à côté de cette cuve. Ce croisillon se termine par une travée rectangulaire à laquelle on accède, vers l'ouest, par un escalier exécuté, en 1853, dans le but de rétablir l'entrée à son emplacement primitif.

La partie de la crypte qui s'étend sous le chœur compte quatre travées droites. Large de 5^{m}40 et abondamment éclairée par les fenêtres des collatéraux, elle est terminée par une abside en hémicycle qui communique avec un déambulatoire. Ses piles, de plan cruciforme, sont flanquées de quatre colonnes appareillées et de quatre colonnettes d'angle en délit : celles du nord reposent sur un socle commun circulaire. Les chapiteaux, richement décorés de palmettes et de rinceaux avec volutes d'angle, ont des tailloirs creusés d'un large cavet. Les arcades latérales, en cintre surhaussé, sont constituées par un gros boudin engagé. Le même profil se retrouve sur les doubleaux qui séparent les voûtes d'arêtes barlongues, dont les sommiers, seuls appareillés, reposent sur les colonnettes d'angle.

Les cinq arcades de l'abside sont portées sur des piles rectangulaires cantonnées de quatre colonnes qui dissimulent presque entièrement leurs faces en ne laissant visibles que les arêtes. Ces arcades sont étroites et très surhaussées, à l'exception de celle du centre dont la largeur est notablement plus grande.

La voûte de l'abside, où Viollet-le-Duc a cru distinguer « des arcs à section rectangulaire qui viennent se réunir en une énorme clef », n'est, en réalité, qu'un simple cul-de-four dans lequel les lunettes des arcades forment de profon-

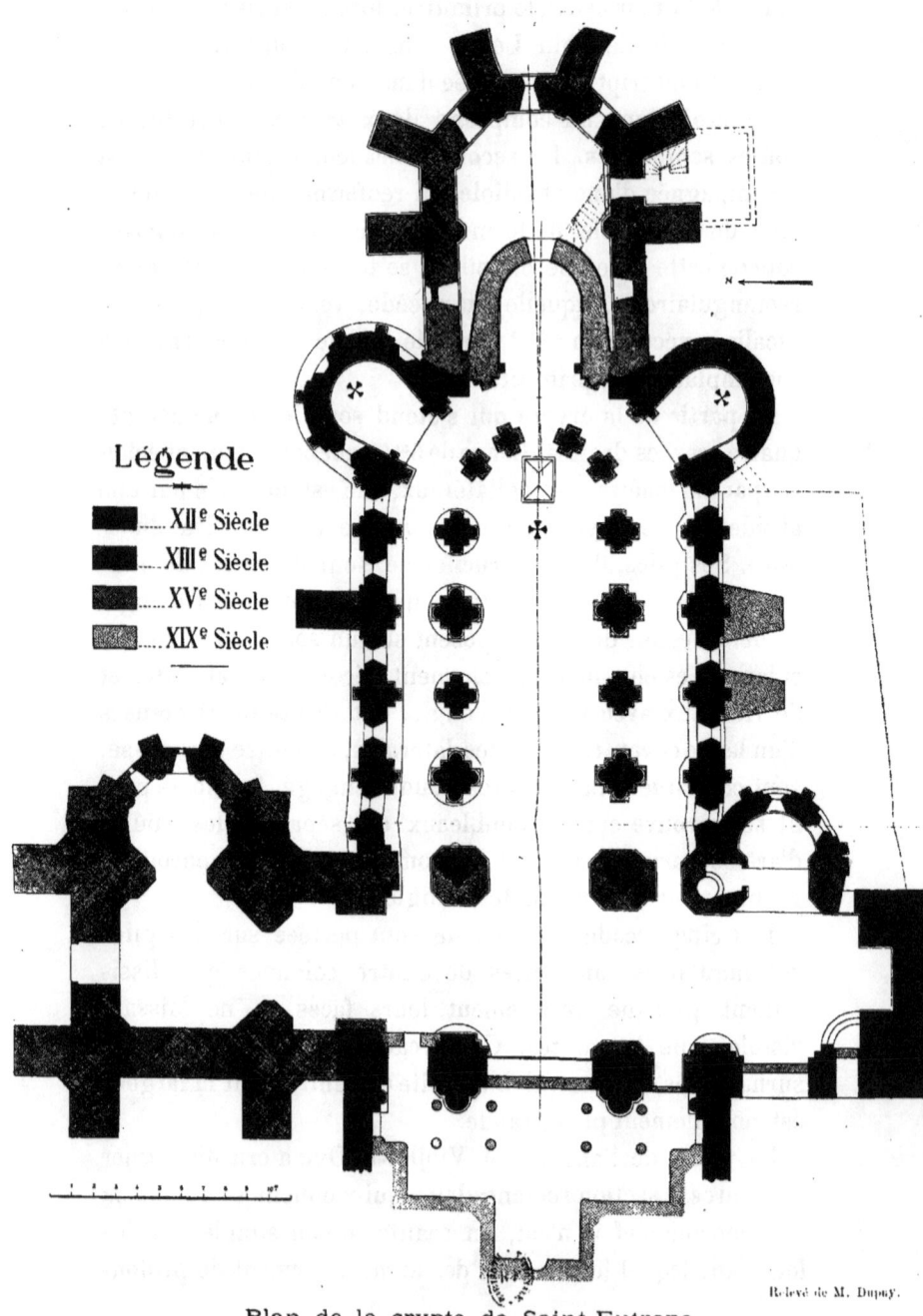

Plan de la crypte de Saint-Eutrope.

des pénétrations, disposition qui se rencontre fréquemment dans les monuments néo-classiques des XVIIe et XVIIIe siècles.

Derrière l'autel, une dalle tumulaire, qu'on attribue au IVe ou au Ve siècle, portant, en capitales romaines, l'inscription EVTROPIVS, recouvre les reliques du patron de l'église, découvertes en 1843.

Les bas-côtés ont conservé leurs doubleaux surhaussés et leurs voûtes d'arêtes, mais la plupart des colonnes engagées dans un dosseret ont été remaniées au XIVe siècle : les bases sont formées d'une baguette déprimée sur un tore débordant, les chapiteaux, ornés de feuillage, et les tailloirs, moulurés d'un filet, d'un cavet et d'une baguette.

Toute la partie centrale du déambulatoire a été malheureusement modifiée au XVe siècle par suite de l'établissement d'une large arcade destinée à supporter les constructions nouvelles. Par contre, la première travée de chaque côté, encore intacte, offre une disposition des plus intéressantes. Du mur extérieur part un arc en quart de cercle qui vient s'appuyer au sommet de la première arcade du chœur et forme le doubleau commun de deux petites voûtes à trois arêtes. Le déambulatoire compte donc, de part et d'autre, une travée de plus contre le mur extérieur que vers les arcades, et la seconde travée ainsi formée communique avec une chapelle voûtée en cul-de-four, qui est située au-dessous de l'absidiole supérieure.

Extérieur. — Des quelques lignes consacrées par les anciens auteurs à la façade primitive, on peut inférer qu'elle présentait le type ordinaire de l'architecture saintongeaise. Elle possédait des clochetons d'angle et une de ces statues de cavalier qui ont suscité tant de controverses. Elle avait dû être consolidée au cours des travaux exécutés au XVe siècle, car un contrefort de cette époque, placé de biais, qui l'épaulait au sud, existe encore.

Nous ne possédons que fort peu de renseignements sur la tour qui s'élevait au centre du transept : elle présentait toutefois l'appareil réticulé si fréquemment employé dans la région, principalement sur les façades et les absides.

Saint-Eutrope est maintenant dominé par le clocher du XV⁰ siècle qui s'élève à l'extrémité du croisillon septentrional. C'est une haute tour carrée, flanquée de puissants contreforts d'angle qui diminuent à chaque étage : leurs retraits sont amortis par des pinacles. Les hautes baies géminées qui l'éclairent, sauf à l'ouest, où la présence d'une tourelle d'escalier ne laisse d'espace que pour une seule fenêtre, offrent la particularité d'être coupées en leur milieu par un linteau. Sur la plate-forme supérieure s'élève une flèche octogonale, garnie de crochets sur ses arêtes, dont la souche est, comme à la cathédrale, contrebutée par de petits arcs partant des clochetons qui couronnent les contreforts.

La partie droite du chœur, seule conservée de l'église romane, est un des meilleurs types de l'art local.

Les faces latérales sont entièrement occupées par cinq grands arcs de décharge correspondant aux quatre travées droites et à la première du déambulatoire. Ces arcs qui encadrent les deux étages de fenêtres éclairant la crypte et les collatéraux sont moulurés de boudins et décorés de losanges et de dents de scie ; ils retombent sur des colonnes communes autour desquelles les cordons horizontaux forment bagues. L'archivolte est ornée de petits chevrons, d'une baguette et d'un rang de billettes.

Les fenêtres de la crypte sont encadrées par un arc garni de disques et porté sur de courtes colonnettes. Un bandeau de petites dents de scie et de rosaces indique le niveau du sol des bas-côtés ; il contourne les colonnes qui ont une seconde base reposant sur ce bandeau.

Un second bandeau, orné de denticules, de petites palmettes ou d'une torsade, règne à l'appui des baies éclairant les collatéraux, encadrées aussi d'un arc présentant divers motifs de décoration. Enfin, dans le tympan compris entre les arcs de décharge et les fenêtres, s'ouvrent de petits oculi, aujourd'hui bouchés pour la plupart, qui donnaient également dans les bas-côtés. Il n'a été conservé de la corniche primitive que quelques modillons. Sur la face nord, un épais contrefort, ajouté au XV° siècle entre la troisième et la quatrième travée, empiète sur les arcs voisins.

La décoration de la première chapelle du déambulatoire est conçue dans un style analogue, mais rappelle tout particulièrement l'abside de l'église de Rioux. Les contreforts-colonnes montent jusqu'à la corniche que soutiennent quatre modillons dans chaque entre-colonnement. En outre, les fenêtres, un peu plus basses que dans la partie droite, sont surmontées d'un cordon de billettes qui porte un rang d'arcatures.

Le chœur, du XV° siècle, est ajouré par des baies à remplage flamboyant.

ÉGLISE SAINTE-MARIE DES DAMES

L'abbaye de Sainte-Marie-des-Dames, qui s'élève dans le faubourg situé sur la rive droite de la Charente, fut fondée en 1047 par Geoffroy Martel, comte d'Anjou, et Agnès de Bourgogne, sa femme. Jusqu'à la Révolution, elle compta trente abbesses appartenant, pour la plupart, aux plus illustres maisons de France.

Les bâtiments monastiques qui subsistent encore ne datent que des XVII° et XVIII° siècles ; mais, quoique mutilée, la grande église est restée intacte jusqu'à nos jours. Elle fut, au cours du XIX° siècle, menacée de démolition pour faire place à une caserne ; mais les efforts d'Arcisse de Caumont et de la Société d'Archéologie de Saintes, aidés par Mérimée et Vitet, purent heureusement sauver ce remarquable spécimen de l'art régional. Un projet, qui tendait à la rendre au culte, ayant échoué en 1847, elle fut partagée par des cloisons pour être appropriée à des usages militaires.

Intérieur. — Le transept et le chœur sont du XII⁰ siècle. Quant à la nef, qui fut remaniée à cette époque pour recevoir des coupoles sur pendentifs, elle a conservé des murs qui remontent à une construction antérieure et qu'on peut attribuer à la fin du XI⁰ siècle. Primitivement, cette nef était assez étroite, voûtée en berceau et accompagnée de collatéraux. Dans la première moitié du XII⁰ siècle, les religieuses de l'abbaye, qui faisaient reconstruire les parties orientales de leur église, voulurent sans doute couvrir la nef de coupoles à grande portée, suivant un procédé en honneur à ce moment dans les régions du sud-ouest. L'architecte chargé de ces travaux opéra de la même façon que celui qui voûta la nef de La Couture du Mans, et il obtint un vaisseau unique en supprimant les deux rangs de piles.

Contre les murs latéraux sont appliqués de hauts arcs de décharge remontant à la première campagne et sur lesquels empiètent les supports des coupoles; ces arcs sont portés par des colonnes à chapiteaux ornés de feuilles plates et de volutes, surmontés de tailloirs dont le cavet est peu accentué. Des colonnes semblables sont placées dans les angles du mur, au revers de la façade, où viennent s'appliquer deux groupes de deux colonnes jumelles dont le rôle est difficile à expliquer.

Au-dessus du portail, une grande fenêtre du XII⁰ siècle, portée sur des colonnettes dont les chapiteaux sont dépourvus de tailloirs, est encadrée par deux fortes colonnes, de la même époque, restées sans emploi.

Il ne subsiste plus, de la première coupole, que le pendentif sud-est et les deux arcs qui le soutiennent et qui comptent trois voussures doublées, contournées par un cordon de palmettes d'une belle exécution.

La seconde coupole a complètement disparu depuis le XVII⁰ siècle, à l'exception des deux voussures intérieures des arcs. Elle fut remplacée à ce moment par une voûte d'ogives à liernes, dont la clef pendante est ornée des statues des trois Vertus théologales. Les arcs du XI⁰ siècle qui garnissaient le mur méridional ont été coupés lors du percement d'un grand oculus.

Les piles de la croisée sont à ressauts et flanquées de colonnes dont les chapiteaux sont ornés d'entrelacs et de palmettes; elles portent des arcs à double voussure : dans les angles sont placées des trompes en cul-de-four qui soutiennent une coupole octogone.

Chacun des croisillons compte deux travées : la première, plus courte, voûtée en berceau brisé ; celle du croisillon nord débordant légèrement sur la croisée, vers l'est. La seconde travée de ce même croisillon date de la fin du XII⁰ siècle. Séparée de la précédente par un doubleau en cintre brisé, mouluré d'un bandeau entre deux tores, qui retombe sur des colonnes engagées dans des piles à ressauts, elle est couverte d'une voûte d'ogives dont les nervures, formées de trois tores, reposent sur des chapiteaux couronnant les ressauts des piles. Les formerets à profil carré, moulurés d'un boudin, sont doublés contre le mur oriental. La clef, formée d'un petit bouton, est garnie de feuilles se repliant entre les intersections des nervures.

A l'est, une chapelle rectangulaire du XV⁰ siècle est couverte de deux voûtes d'ogives dont les branches, moulurées d'un tore à filet émoussé entre deux cavets, les doubleaux et les formerets retombent en pénétration dans des colonnes engagées.

La seconde travée du croisillon sud est de la même époque que la première, mais elle a été couverte, au XV⁰ siècle, d'une voûte d'ogives.

Le chœur, contemporain du transept, est éclairé par des baies encadrées chacune d'un arc sur colonnettes jumelles :

la voûte est en berceau légèrement brisé. L'abside, un peu plus étroite, est couverte d'un cul-de-four de même tracé.

Façade. — La façade est réputée comme l'un des modèles les plus élégants de l'art saintongeais. Elle est divisée en trois parties par des contreforts-colonnes formant deux ordres superposés : le premier s'arrêtant au niveau des piédroits du portail, le second qui devait monter jusqu'à la base du pignon. Au centre, le portail, sans tympan, compte quatre voussures richement décorées, portées sur des colonnes en délit, sauf la voussure intérieure dont les fûts, ornés de bâtons brisés, sont appareillés avec le mur. Des rinceaux reposant sur les jambages décorés de motifs variés amortissent les angles rentrants formés par les ressauts des voussures, suivant une disposition qu'on retrouve dans la plupart des portails de la région. Sur le premier bandeau, on remarque des anges adorateurs, dont deux soutiennent un nimbe au centre duquel apparaît une main bénissante. Le second est orné de rinceaux d'où se détachent l'agneau et les quatre animaux symboliques ; le troisième, de scènes de la vie de différents martyrs ; le quatrième, de statuettes figurant les rois de Juda.

Les deux arcs latéraux qui encadrent le portail ne sont pas doublés ; sur celui de droite est représentée la Cène : les personnages placés contre la face de la voussure ont leurs jambes repliées sur la douelle au-dessous de la table formée par l'angle. Le sujet qui décore l'arc de gauche a été diversement interprété : certains ont cru y voir le couronnement de la Vierge, d'autres la prédication de Jésus à ses disciples. Ces arcs, primitivement aveugles, ont été convertis en fenêtres par le service du génie. Les chapiteaux des colonnes sont ornés de rinceaux et de figurines : on remarque sur une corbeille une de ces sirènes à deux queues, probablement d'origine orientale, si fréquemment employées dans l'art décoratif de la Lombardie et dont on retrouve aussi des exemples dans les monuments du Centre et du Midi de la France. Des rinceaux garnissent aussi le biseau des tailloirs. Dans les écoinçons, des cordons de damiers et des rosaces sont les seuls restes des motifs qui ornaient cette partie du mur.

Une frise de rinceaux passe à l'appui de l'étage supérieur et forme bague autour des contreforts et des colonnes, d'un plus faible diamètre, qui forment faisceau et soutiennent les trois arcs répétant à peu près, à cet étage, l'ordonnance du rez-de-chaussée. Cette disposition, qui se retrouve à Matha et dans les façades du Poitou, assigne à Sainte-Marie une place à part dans l'architecture de la province.

L'arc central, fort large et dont les sommiers seuls ont été conservés, était décoré d'S entrecroisés : il encadre une fenêtre comprise elle-même sous un arc à double voussure soutenu par des colonnettes d'angle. Les arcs latéraux, ornés de losanges, n'étaient pas ajourés à l'origine ; les colonnettes portant la voussure inférieure reposent sur la frise, tandis que la voussure supérieure est portée, comme nous l'avons dit, sur les colonnes qui flanquent les contreforts.

Les parties hautes de la façade ont été reconstruites, comme le prouvent manifestement la différence d'appareil, l'arrêt des contreforts et la destruction de l'arc central. Le pignon actuel, simplement orné d'un petit édicule, doit dater du XVIIe siècle.

Les faces latérales de la nef sont garnies d'arcs en plein cintre très élevés, contemporains des transformations opérées au XIIe siècle ; ceux du nord, décorés à l'archivolte de pointes de diamant évidées, retombent sur des pilastres dont les parties basses ont été renforcées au XVIIe siècle.

Les arcs de la face méridionale reposent alternativement sur un pilastre à ressauts et sur un contrefort-colonne dont la partie supérieure, d'un diamètre un peu moindre, accuse peut-être une reprise. D'énormes arcs-boutants furent ajoutés, probablement au XVII° siècle, pour maintenir de ce côté la poussée de la voûte d'ogives.

Les angles du croisillon nord ont été épaulés, au XVI° ou au XVII° siècle, par des contreforts obliques.

Clocher. — Sur le carré du transept s'élève une tour, restaurée en 1899, d'un caractère très poitevin et qui présente des rapports avec celle de Notre-Dame-la-Grande de Poitiers. Elle compte deux étages : l'un carré, l'autre circulaire. Le premier est percé, sur chaque face, de trois baies à trois voussures reposant sur des colonnes et ornées, les deux premières, de losanges, la troisième, de dents de scie. L'étage supérieur circulaire est ajouré de douze baies séparées les unes des autres par des colonnes soutenant la tablette et subdivisées en deux arcades étroites portées sur une colonnette commune. De petits lanternons amortissent les angles laissés libres à la base de cet étage couronné d'une flèche conique.

L'abside a subi de graves mutilations. Cinq arcs en plein cintre, dont l'archivolte était ornée de pointes de diamant, encadraient les fenêtres, actuellement dépourvues de tout style. Des contreforts-colonnes montant jusqu'à la corniche sont cerclés d'une bague formée par le cordon qui passe au-dessus des arcs. Enfin, une galerie du XVIII° siècle constitue une sorte de déambulatoire extérieur qui dénature toute cette partie de l'édifice.

Abbaye. — Il ne subsiste plus des bâtiments monastiques qu'un grand corps de logis faisant suite au croisillon sud. Sa construction fait partie des travaux exécutés, durant les XVII° et XVIII° siècles, par les abbesses Françoise III de Foix (1666-1686), Marguerite de Gontaut-Biron (1717-1724), coadjutrice de Charlotte de Caumont de Lauzun (1686-1724), Mme de Durfort de Duras (1726-1754) et Mme de Baudéan de Parabère (1754-1792). Deux échauguettes garnissent les angles du mur méridional de ce bâtiment. Contre le croisillon sud, on remarque deux travées du cloître reconstruit par Agnès II de Rochechouart (1314-1333), après la destruction du cloître précédent, le 28 juillet 1327, par les Bâtards à la solde du roi d'Angleterre. Charles le Bel contribua à ces travaux pour une somme de quatre mille livres tournois; et, cent ans plus tard, Jeanne de Villars (1438-1484) y fit exécuter certaines réparations. Les nervures des voûtes de la première travée sont moulurées d'un boudin en amande entre deux cavets; celles de la seconde, garnies d'un tore à filet, se replient à leur sommier en forme de console.

ÉGLISE SAINT-PALLAIS

L'église Saint-Pallais (*Palladius*), contiguë à l'entrée de l'Abbaye-aux-Dames, comprend une nef simple, de la fin du XIIe siècle, voûtée après coup, des croisillons très courts, un peu postérieurs, et un chœur à chevet plat de la première moitié du XIIIe siècle.

Dans la nef, la partie basse des murs appartient seule à la construction primitive : sur chaque face, trois colonnes engagées, surmontées de chapiteaux à corbeille nue et arêtes d'angle ou bien décorés de monstres et de volutes, étaient destinées à recevoir les doubleaux d'une voûte en berceau projetée. En effet, rien ne permet de supposer, comme on l'a prétendu, que, par une anomalie absolument unique dans la région, ces colonnes devaient supporter des arcs-diaphragmes.

La nef ne comptait alors que trois travées, car la dernière colonne, engagée dans un dosseret, faisait partie de la pile occidentale de la croisée. La première colonne de chaque côté et la troisième au sud sont inutilisées, la troisième du nord a été supprimée pour l'établissement de la chaire, seule la seconde, de part et d'autre, sert à recevoir la retombée du doubleau séparant les deux grandes voûtes d'ogives sur plan carré qui couvrent la nef depuis les premières années du XIIIe siècle. Ce doubleau, mouluré de trois tores, retombe directement sur le chapiteau, mais les ogives, profilées d'un tore entre deux cavets, et les formerets sont soutenus par des consoles décorées de têtes et de figurines qui furent appliquées de chaque côté du chapiteau. La clef de la première voûte est ajourée d'un œil ; à la deuxième, l'intersection des nervures n'offre aucune décoration.

Dans la seconde partie de la travée orientale qui devait, à l'origine, constituer le carré du transept, s'ouvrent les arcades en tiers-point doublées, à tore d'angle, qui donnent accès dans les croisillons ; elles sont contemporaines des voûtes de la nef et retombent, à l'ouest, sur une colonne du XIIe siècle.

Chaque croisillon est couvert d'une voûte d'ogives dont les nervures s'appuient sur les angles des piédroits et sur des chapiteaux nus. Au nord, un œil est percé sous la tour dont ce croisillon forme la souche. Les chapelles orientées, rectangulaires et couvertes d'un berceau brisé, datent, celle du sud du XVIe siècle, celle du nord de 1871 ; elles communiquent avec le chœur par une arcade percée obliquement.

Le chœur, un peu plus étroit que la nef, compte également deux travées. Les ogives de la voûte tangente au chevet sont formées d'un tore dégagé par deux cavets ; celles de la première voûte, d'un style un peu plus avancé, sont profilées d'un mince boudin en amande entre deux doucines. De petits boutons de feuilles décorent les clefs. Entre les deux travées, le doubleau, à épannelage carré mouluré de deux tores, les ogives et les formerets retombent sur des piles à ressauts flanquées d'une colonne engagée et de deux colonnettes dont les chapiteaux, ornés de feuilles repliées en crochets, sont surmontés de tailloirs diversement moulurés et décorés : filet, cavet ; filet et deux cavets séparés par des têtes de clou ; deux rangs de demi-disques ; deux rangs de demi-losanges. Les fenêtres en plein cintre sont portées sur des colonnettes d'angle dont les tailloirs se continuent en cordon à l'intérieur de l'embrasure.

Le chevet plat a été ajouré, au XVe siècle, par une grande baie garnie d'un remplage flamboyant.

Sur la façade, précédée d'un porche dépourvu de caractère, s'ouvre un portail sans tympan, du début de XIIIe siècle, qui compte quatre voussures moulurées : les colonnettes, ainsi que les piédroits, ont été entièrement refaites au XVe siècle, mais les chapiteaux primitifs, ornés de feuilles, subsistent encore.

Le mur de façade doit dater du XIIe siècle jusqu'au dessus de la fenêtre centrale, en plein cintre, qui éclaire la nef ; mais la partie supérieure est, sans doute, contemporaine des voûtes. Au XVe siècle, on plaça aux angles des contreforts biais, en ajourant le pignon par une petite baie tréflée.

Sur le croisillon nord s'élève une tour carrée, du XIIIe siècle, percée de baies en plein cintre.

CHAPELLE DES JACOBINS

L'ancienne chapelle des Jacobins, aujourd'hui désaffectée, dont la construction est attribuée à l'an 1446, s'élève à l'angle de la rue de l'Ancien-Palais et de la rue de la Loi.

Ce petit édifice, couvert d'un toit sur charpente apparente, n'offre rien de bien remarquable, si ce n'est la grande baie percée dans le chevet. Cette fenêtre possède un remplage de style flamboyant, dont le tracé est à la fois des plus élégants et des plus compliqués : deux grands arcs en accolade encadrent chacun deux arcs en tiers-point subdivisés eux-mêmes en deux arcs tréflés surmontés d'un quatre-feuilles. L'espace laissé libre dans les accolades est en outre garni de soufflets et de mouchettes. Enfin, entre les deux arcs principaux, se développe un réseau de soufflets, de mouchettes et de quatre-feuilles.

MAISONS ANCIENNES

Saintes a conservé un certain nombre de maisons anciennes, parmi lesquelles on peut signaler les suivantes :

24, rue Berthonnière, une tourelle d'escalier de la Renaissance.

11, rue de la Vieille-Prison, une autre tourelle octogone de la même époque.

32, rue Victor-Hugo, un important logis daté de 1605.

Rue Alsace-Lorraine, l'hôtel, du XVIIIe siècle, dit de l'Échevinage, où est actuellement installée la bibliothèque municipale et dans lequel est enclavé le beffroi de 1582, flanqué d'une tourelle d'escalier.

17, rue Saint-Maur, l'ancien hôtel de la Bourse ou de la Juridiction consulaire, de 1775.

MUSÉES

L'Hôtel de Ville renferme les deux musées. Le musée archéologique contient une collection d'objets préhistoriques trouvés dans la grotte du Gros-Roc, au Douhet, et une très belle série de fragments antiques mis au jour par les fouilles effectuées dans la ville. Il faut surtout remarquer : des inscriptions et, en particulier, celle de U. Macer, des fûts cannelés en spirale, imbriqués ou couverts de pampres de vigne et d'oiseaux, des frises ornées de rinceaux, une section d'arc garni de rosaces à l'intrados, etc.

Pour l'époque carolingienne, notons une plaque sur laquelle est représentée une croix dans un encadrement formé d'S opposées, et un chapiteau couvert d'entrelacs.

Les fragments plus récents proviennent surtout, pour le XII° siècle, de la nef de Saint-Eutrope, pour le XV° siècle, soit de la chapelle de l'évêché, démolie en 1841, de même que la salle synodale, pour l'élargissement d'une rue ; enfin, pour le XVI° siècle, du château de Matha.

Le musée de peinture ne renferme guère que des tableaux modernes. Il faut néanmoins signaler un portrait de Vauban attribué à H. Rigaud. On y voit aussi une croix du XIII° siècle, en émail champlevé, provenant du château de Matha, et une Vierge de bois du XVIII° siècle ayant appartenu à Saint-Eutrope.

BIBLIOGRAPHIE. — **Généralités.** — Audiat (Louis) : *Saintes et ses monuments, guide du voyageur*, Saintes, s. d., in-18. — *Congrès archéologique, LXI° session, Saintes et La Rochelle, 1894*, Paris et Caen, 1896, in-8°.— Eschassériaux (Le baron) : *Études, documents et extraits relatifs à la ville de Saintes*, Saintes, Orliaguet, 1876, in-4°. — *Guide du voyageur à Saintes et dans les environs*, La Rochelle, 1841, in-12. — Lacurie (L'abbé) : *Monographie de la ville de Saintes*, Saint-Jean-d'Angely, 1862, in-8°. — La Grange (Le baron A. de) et Soil (E.-J.) : *Congrès archéologique de Saintes et La Rochelle*, dans le *Bulletin de la Société historique et littéraire de Tournai*, t. XXV, 1894. — Musset (Georges) : *Les églises de Saintes antérieures à l'an mille*, dans les *Mémoires de la Société des Antiquaires de l'Ouest*, 2° série, t. VII, 1884 (Poitiers, 1885), p. 168-181. — Musset (G.) : *Guide du Congrès*, dans le *Bulletin Monumental*, t. LIX, 1894, p. 26. — Valette (René) : *La Société française d'Archéologie à Saintes et à La Rochelle*, Niort, Lemercier, 1894, in-12, 24 p.

Antiquités. — Audiat (Louis) : *Épigraphie santone et aunisienne*, Paris, Dumoulin, et Niort, Clouzot, 1870, in-8°. — *Le capitole de Saintes*, Paris, Baur, et Saintes, Mortreuil, 1881, in-8°, 16 p. — *Deux* *notes d'archéologie... Les Saintongeais ont-ils déplacé la Charente et l'arc de triomphe ?* Paris, A. Picard, 1885, in-8°, 15 p. — *Les remparts de Saintes et les monuments romains,* dans le *Bulletin de la Société des Archives historiques de la Saintonge et de l'Aunis,* t. VII, 1887, p. 305-320, 346-351 ; t. IX, 1889, p. 19-29 ; t. XI, 1891, p. 363. — *Les arènes et le musée de Saintes, ibid.,* t. XIV, 1894, p. 184-187. — Blanchet (Adrien) : *Les enceintes romaines de la Gaule,* Paris, Leroux, 1907, in-8°, p. 171. — Bourignon de Saintes : *Recherches... sur les antiquités gauloises et romaines de la province de Saintonge,* Saintes, impr. Meaume, an IX, in-4°. — Chaudruc de Crazannes (Le baron) : *Antiquités de la ville de Saintes et du département de la Charente-Inférieure,* Paris, 1820, in-4°. — Dangibeaud (Charles) : *La date des murailles de Saintes,* dans le *Bulletin de la Société des archives de la Saintonge,* t. VII, 1887, p. 351. — *Le vieux pont de Saintes,* dans le *Recueil de la Commission des arts et monuments historiques de la Charente-Inférieure,* t. XV, 1899-1901, p. 293-336 et 341-405. — Lacurie (L'abbé) : *Amphithéâtre de Saintes, ibid.,* t. I, 1860-1867, p. 20-25. — La Croix (Le P. de) : *Antiquités romaines à Saintes, ibid.,* 2ᵉ série, t. I, 1880-1881, p. 124-126. — Lewis Bunnell : *The antiquities of Saintes,* dans *Archaeological Journal,* t. XLIV, p. 164-186 et 215-243.

Cathédrale Saint-Pierre. — [Audiat (Louis)] : *Saint-Pierre de Saintes, cathédrale et insigne basilique,* Saintes, Mortreuil, et La Rochelle, Thoreux, 1871, in-8°. — Audiat (L.) : *Évêché et chapitre de Saintes,* dans les *Archives historiques de la Saintonge et de l'Aunis,* t. X, 1882, p. 22-142. — Drilhon (Paul) : *Notes sur Saint-Pierre de Saintes de 1804 à 1900,* dans le *Recueil de la Commission... de la Charente-Inférieure,* t. XV, 1899-1901, p. 421-433, 448-476, 493-510. — *Gallia christiana,* t. II, col. 1053-1093. — [Grasilier (L'abbé)] : *Étude historique sur l'église cathédrale de Saint-Pierre de Saintes, ibid.,* t. II, 1867, p. 158-160.

Saint-Eutrope. — Audiat (L.) : *Saint Eutrope, premier évêque de Saintes,* Paris, Picard, et Saintes, Mortreuil, 1887, in-8°. — *Saint-Eutrope et son prieuré, documents inédits,* Saintes, Mortreuil, et Paris, Champion, 1877, in-8°. — *Une cuve baptismale du XIᵉ siècle,* dans le *Bulletin de la Société des archives de la Saintonge,* t. XIV, 1894, p. 412-415. — Bourricaud (A.) : *Fonts baptismaux de Saint-Eutrope de Saintes,* dans le *Recueil de la Commission... de la Charente-Inférieure,* 2ᵉ série, t. I, 1880-1881, p. 204. — Dangibeaud (Charles) : *Le plan primitif de Saint-Eutrope de Saintes,* dans le *Bulletin Monumental,* t. LXXI, 1907, p. 13-31. — *Gallia christiana*

t. II, col. 1093-1094. — *Notice sur la découverte faite le 19 mai 1843 dans la crypte de Saint-Eutrope de Saintes*, in-8°.

Sainte-Marie-des-Dames. — Audiat (L.): *Abbaye de Notre-Dame de Saintes, histoire et documents*, dans les *Archives hist. de la Saintonge*, t. XI, 1883, p. 417-448. — *Histoire de l'abbaye de Notre-Dame par le frère Boudet*, ibid., t. XII, 1884, p. 246-312. — *Cartulaire de l'abbaye de Notre-Dame de Saintes*, par l'abbé Th. Grasilier, dans les *Cartulaires inédits de la Saintonge*, t. II, Niort, 1871, in-8°. — *Gallia christiana*, t. II, col. 1127-1131.

QUATRIÈME EXCURSION

ÉGLISE DE MOUTHIERS

L'église de Mouthiers dépendait d'un prieuré donné à l'abbaye de Saint-Martial de Limoges par Guillaume de la Roche-Chandry, en 1094.

Elle comprend une nef voûtée en berceau, un transept dont le carré est surmonté d'une coupole, un chœur terminé par une abside en hémicycle. Deux absidioles s'ouvrent sur les croisillons et un clocher octogone s'élève sur le carré du transept.

Nef. — Il faut la regarder comme la partie la plus ancienne de la construction, mais elle n'est pas antérieure au second quart du XIIe siècle. Le reste de l'édifice, où se remarquent certains repentirs, appartient à une seconde campagne qui se place vers le milieu du même siècle. Le clocher est un peu plus jeune.

Le berceau de la nef, très légèrement brisé, est renforcé de doubleaux. Les supports se composent de trois colonnes d'un diamètre à peu près égal, qui ne sont pas entièrement collées contre les murs latéraux, mais qui s'y rattachent par une sorte de dosseret mince et étroit. Les colonnes latérales correspondent à des arcs en plein cintre appliqués contre les parois de chaque travée. La nef se rapproche beaucoup de celle de Berneuil; seulement, dans ce dernier exemple, si les groupes de colonnes sont semblables, les arcs sont en

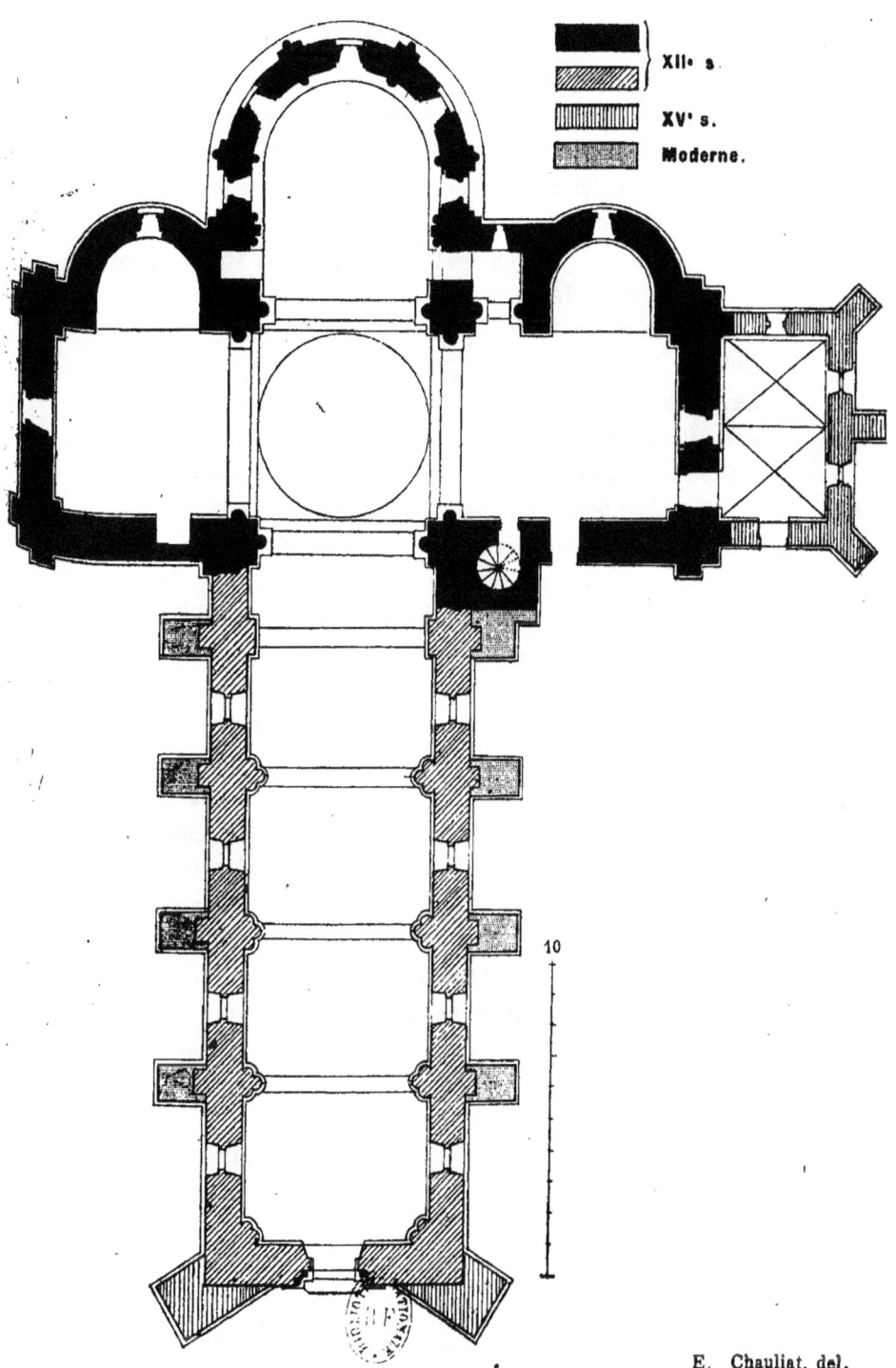

Plan de l'église de Mouthiers.

tiers-point, cette église étant moins ancienne. De plus, ces arcs en plein cintre sont d'ouverture inégale, car les travées vont en diminuant de profondeur depuis l'entrée jusqu'au carré du transept, particularité qui se retrouve à Puypéroux et, dans un sens inverse, à Civray. Les fenêtres, en plein cintre, n'ont pas d'encadrement. Un bandeau de damiers ou de fleurs régulières court à la naissance de la voûte et règne avec les tailloirs des colonnes portant les doubleaux.

Les chapiteaux sont assez grossiers : on y voit des rinceaux, des monstres, des rangées de petites feuilles, des imitations de vannerie ; la corbeille est très allongée ; les tailloirs présentent un bandeau et deux chanfreins ou des cavets très peu accentués. Des bâtons brisés, des billettes ou des dents de scie décorent le bandeau.

Les bases, comme celles de la nef de Courcôme, sont à la fois lourdes et compliquées : on y trouve des torsades mêlées à des tores qui sont souvent de même diamètre, et parfois même ils se superposent au nombre de trois.

Le profil de ces bases et la sculpture des chapiteaux pourraient faire croire que la nef est assez ancienne. D'un autre côté, le plan et la disposition des supports, le bandeau travaillé qui règne à la base de la voûte ne permettent pas de songer à une date bien reculée. Peut-être n'est-ce pas à un très long intervalle que se sont succédé les deux campagnes, visibles dans l'ensemble de l'édifice et dont le point de jonction se trouve à l'extrémité orientale de la nef. Le dernier support n'est plus un faisceau de colonnes, mais un pilastre avec imposte. Le doubleau correspondant retombe sur un cul-de-lampe et se compose d'un assemblage de pierres d'inégale largeur, dont les joints chevauchent.

Transept et chœur. — Au carré du transept, quatre piliers rectangulaires flanqués de colonnes portent les arcs légèrement brisés qui encadrent les pendentifs de la coupole. Les arcs sont à double rouleau ; tous les claveaux externes gauchissent. Cette construction très soignée a, lors de l'excursion archéologique en Charente de M. Sharpe, donné lieu à des remarques écrites sans doute par M. P. Spiers et qu'il a développées depuis, au sujet de la double courbe que présente la coupe de plusieurs pendentifs du sud-ouest.

Un bandeau, placé au-dessus de l'extrados des arcs, marque la naissance de la calotte elliptique et ovoïde ; de petites baies sont percées à la base, comme à la cathédrale d'Angoulême.

Les colonnes, sauf celles placées à l'entrée du chœur, n'ont que des corbeilles épannelées, d'un bon galbe.

Les croisillons sont voûtés en berceau très peu brisé. Dans les angles, des pilastres reçoivent les retombées d'un arc appliqué contre les murs de fond.

Dans le mur oriental du croisillon sud, on remarque deux arcs. L'un d'eux, le plus rapproché du chœur, est étroit ; il monte presque jusqu'au bandeau qui court à la naissance du berceau. Doublé d'un rouleau intérieur qui repose sur deux colonnes appliquées, il marque l'entrée d'une petite chapelle rectangulaire voûtée en berceau. Dans l'un de ses murs latéraux une baie est ouverte qui la met en communication avec le chœur à travers l'épaisseur des murailles.

Cette disposition, déjà signalée à propos de l'église de Blanzac, se remarque à Puypéroux, à Montbron, à Saint-Maurice de Gençay dans la Vienne, à Saint-Ferme dans la Gironde, à Lichères, où elle se présente sous une forme identique à celle que nous trouvons ici. Elle avait pour but de permettre d'accéder au chœur sans passer par le carré du transept.

Le second des deux arcs qui s'ouvrent sur le croisillon est plus large ; il repose sur deux piédroits surmontés d'une imposte et donne accès à une absidiole demi-circulaire. L'un des piédroits étant commun à cet arc et au précédent, on y remarque deux impostes superposées et correspondant à chacun d'eux. De plus, entre les deux arcs, l'appareil des maçonneries présente un décrochement marqué. Il y a là un repentir qui est dû sans doute à l'inégalité d'ouverture des arcs et à la différence de hauteur qui doit en résulter pour les supports.

Le bandeau qui règne sous le cul-de-four de l'absidiole continue l'imposte des piédroits ; une fenêtre en plein cintre avec colonnes engagées est percée dans l'axe. Deux fenêtres du même genre se voient dans les murs de fond du croisillon et une dans le mur occidental. Au lieu d'un glacis, elles présentent une suite de petits gradins ; mais cette disposition, dans l'Angoumois du moins, ne paraît pas être un signe évident d'ancienneté. Une sacristie, couverte de deux croisées d'ogives, est, depuis le XVe siècle, accolée à ce croisillon.

Le croisillon nord, moins profond que l'autre, ne possède qu'une absidiole et point de passage. Cependant, l'un des deux piédroits de l'absidiole a été remonté et, au-dessus, on distingue les traces d'un arc. Sans doute, l'espace a dû manquer pour répéter ici la disposition existant de l'autre côté. Elle était certainement prévue, comme le prouve, dans le chœur, un arc symétrique à celui qui ouvre le passage dans le mur sud et abritant un retrait dont le fond est demeuré fermé.

Ces deux arcs reposent sur un dosseret appliqué contre le pilier du carré et sur une colonne engagée dans un pilastre qui marque l'entrée de l'abside proprement dite ; ils sont moins larges et moins hauts que ceux des cinq grandes arcatures sur colonnes décorant tout l'hémicycle. L'arcade de l'axe est même de dimensions supérieures aux autres ; leur archivolte, à claveaux plats, est bordée d'une moulure ; l'extrados n'arrive point tout à fait jusqu'au bandeau de petits damiers qui, comme dans les croisillons, masque la base de la voûte en cul-de-four.

Les colonnes des grandes arcades sont établies sur un socle continu qui forme banc tout autour de l'abside. Leurs chapiteaux sont décorés de beaux rinceaux. Leurs tailloirs, ayant pour profil un bandeau et un cavet, règnent avec ceux des colonnettes qui portent l'archivolte en plein cintre des fenêtres ouvertes sous chacune des arcades. On remarque dans le chœur une piscine gothique.

Extérieur. — La façade, presque entièrement refaite au XV⁰ siècle et restaurée depuis, ne conserve qu'une porte en plein cintre primitive, dont les deux voussures reposent sur quatre colonnes. De puissants contreforts, amortis par un glacis et placés de biais, épaulent à la fois les extrémités de la façade et celles des murs de la nef; leur face tournée vers la porte a été décorée d'une niche avec arc trilobé et gâble. On y a réemployé des colonnettes du XII⁰ siècle appartenant sans doute aux arcatures de la façade primitive; de même, au-dessous, on a encastré des bas-reliefs demi-circulaires qui sont d'anciens tympans.

Les murs de la nef ont été doublés à l'époque gothique et munis de gros contreforts. Les croisillons sont renforcés de contreforts plats.

L'abside s'élève sur un soubassement demi-circulaire; elle est ornée de colonnes et d'arcades. Des colonnes supportent la corniche, concurremment avec des modillons variés; elles sont flanquées de pilastres appartenant aux arcades décoratives. Dans les trois entre-colonnements correspondant à la courbe de l'abside, ces arcades sont géminées et un cul-de-lampe leur sert de support commun; mais une fenêtre seulement est ouverte sous ces arcs. L'axe de cette baie correspond au cul-de-lampe qui vient d'être mentionné; assez étroites et en plein cintre, ces fenêtres sont abritées dans un encadrement très large, dont l'archivolte, bordée d'une moulure, repose sur deux colonnettes avec socle. Les tailloirs de ces dernières se continuent jusqu'au pilastre par un cordon qui embrasse même le fût des grandes colonnes. Dans les deux parties les plus voisines du carré, l'encadrement de la fenêtre ne comporte que des pilastres et l'arcade est simple. Les bases des colonnes et des pilastres sont réunies par une plinthe de même profil qui enserre le pourtour de l'abside. Cette abside, par ses arcades géminées, se rapproche des absides de Charmant, de Pérignac, près de Blanzac, de Voultegon. Les absidioles restent nues.

A la base du comble de l'abside, court une sorte de bahut fait, comme à Péreuil, d'éclats de pierre.

Le clocher gothique s'élève au-dessus d'une souche très courte et rectangulaire. Comme il est octogone, des glacis rachètent la différence, mais les pans sont établis d'une façon assez peu gracieuse. En effet, les huit angles formés par les huit pans de l'octogone viennent se placer quatre sur le milieu des quatre faces du socle et quatre sur un point de lignes diagonales imaginaires qui seraient tracées d'un angle à un autre du carré de base; les glacis prennent ainsi une forme très gauche.

Les fenêtres percées dans l'étage octogone sont en tiers-point; leur arc, dont l'extrados est garni, à la clef, d'une sorte de fleuron, repose sur des pilastres. L'imposte court jusqu'à chacun des angles de l'octogone où vient s'appliquer une moulure en forme de colonne engagée. Deux arcs secondaires avec pilastres et colonne centrale occupent le fond de chaque baie; le tympan est ajouré d'un quatre-feuilles. Le clocher, qui devait se terminer par une flèche, ne paraît pas avoir été achevé.

L. SERBAT.

MONTMOREAU

ÉGLISE

L'église paroissiale de Saint-Denis de Montmoreau était autrefois celle d'un prieuré appartenant à l'abbaye de Nanteuil-en-Vallée.

Elle comprend une nef voûtée en berceau, un transept couvert de même et dont le carré est surmonté d'une coupole, un chœur terminé par une abside demi-circulaire avec cul-de-four. Sur chacun des croisillons s'ouvrait une absidiole; celle du croisillon nord a été remplacée, au XVe siècle par une chapelle rectangulaire. Le clocher est entièrement moderne. A cela près, l'édifice est d'une très grande unité et l'on n'y distingue pas ces reprises si fréquentes dans les églises de la région. La beauté de l'appareil, le caractère de la sculpture et des profils indiquent le troisième quart du XIIe siècle pour la construction de ce monument, qui a été entièrement restauré, dès 1850, par Abadie. A cette occasion, la façade a subi un grattage général.

Intérieur. — La nef, de quatre travées, est voûtée d'un berceau brisé sur doubleaux. Les murs latéraux sont ornés de grandes arcades en plein cintre disposées deux par deux dans chaque travée. Un banc, dont l'arête est moulurée d'un quart de rond entre deux filets, court tout le long des murs de la nef, à partir de la seconde travée, et sert de socle aux colonnes des doubleaux et aux supports des arcades géminées qui retombent sur des pilastres.

Les bases des colonnes ont été refaites; néanmoins, d'après certains vestiges anciens, il semble qu'elles étaient cerclées de deux tores inégaux ou d'un tore et d'un talon.

profil qui semble avoir été assez répandu en Angoumois et dans le sud-ouest; les pilastres n'ont pas de bases. Les chapiteaux, simplement galbés, peuvent rappeler certains chapiteaux cubiques, mais la corbeille est plus évasée et les portions planes sont plus réduites. Certaines corbeilles sont divisées en deux parties par une baguette, disposition qui indique peut-être que l'on avait songé à deux registres de peintures. La même particularité de deux registres superposés existe dans les chapiteaux sculptés de la cathédrale de Saintes et dans ceux de la rotonde de Charroux. Le tailloir des grandes colonnes comprend un étroit bandeau et une ligne de petits festons ou écailles; il règne avec le bandeau de même décoration qui court à la base du berceau. L'archivolte des arcades, tangente à ce bandeau, est bordée d'un rang de pointes de diamant étoilées. Les fenêtres, en plein cintre et assez hautes, n'ont pas d'encadrement.

A la première travée occidentale de la nef, les murs restent pleins, sans arcades ni fenêtres. A cause de la déclivité du terrain, cette travée est établie à un niveau supérieur, qui est celui de la façade; un escalier descend dans le reste de la nef.

Aux angles du carré, des colonnes semblables à celles des doubleaux supportent le rouleau intérieur des quatre arcs brisés encadrant les pendentifs. Leurs têtes gauchissent et leurs extrados, à partir du point où les claveaux cessent d'être communs à deux arcs, sont entourés d'un rang d'étoiles en relief. Cette moulure, indice d'une époque assez avancée, se voit aussi dans les coupoles de Roullet; on la retrouvera au carré du transept de Châtres; elle existe aussi à Rioux-Martin. Un bandeau chanfreiné sépare les pendentifs et la calotte hémisphérique.

Les croisillons sont couverts de berceaux brisés, avec pilastres dans les angles; le bandeau de la voûte est semblable à celui qui existe dans la nef; une plinthe, au lieu d'un banc, garnit le bas des murs. Une fenêtre en plein cintre s'ouvre dans chacun des murs de fond. Le croisillon sud conserve une absidiole en cul-de-four avec fenêtre dans l'axe. La chapelle qui remplace l'autre absidiole présente une voûte d'ogives soutenue par des culs-de-lampe. La clef est ornée d'une rosace ajourée. L'arc d'encadrement, qui repose sur deux colonnes, est contemporain de celui de l'absidiole du croisillon sud. Tous deux possèdent de beaux chapiteaux avec griffons, petits personnages et acanthes.

Des chapiteaux du même type surmontent les colonnes de l'arc d'entrée du chœur. L'abside est décorée de sept arcatures; leurs colonnes portent sur un socle continu; les chapiteaux sont garnis d'entrelacs, de feuillages, de rinceaux et d'oiseaux. Le tailloir comprend un bandeau et plusieurs cavets. Comme dans la nef, l'archivolte est bordée d'étoiles, mais le cordon qui règne à la naissance de la voûte est décoré d'une double rangée de festons. Cinq fenêtres ouvertes sous les arcatures de l'abside sont semblables à celles de la nef.

Extérieur. — La façade est divisée verticalement en trois parties inégales par quatre grandes colonnes partant du sol. Deux autres colonnes appliquées contre les retours du mur de façade font saillie sur les angles. Un bandeau qui embrasse toutes ces colonnes partage l'élévation en deux étages surmontés d'une corniche et d'un pignon.

La porte et tout le bas de la façade, si restaurés qu'ils soient, demeurent un de ces morceaux intéressants que l'on peut comparer aux portes de Chalais, d'Aubeterre ou de Saint-Amant-de-Boixe. La porte, très ébrasée, occupe toute la partie centrale du rez-de-chaussée. L'arc intérieur est garni de six lobes bordés eux-mêmes d'une moulure torique avec têtes d'animaux aux extrémités, comme à Blanzac; il repose sur deux grosses demi-colonnes. L'archivolte comprend quatre voussures portées sur autant de colonnettes qui se logent de chaque côté, dans les retraits de l'ébrasement. Les deux voussures internes sont décorées de palmettes régulières, bordées elles-mêmes d'étoiles à huit branches ; la troisième voussure présente, sur les deux faces de l'épannelage, des fleurs à quatre pétales ; la quatrième est ornée de plusieurs rangs de festons ou écailles et entourée d'une petite moulure analogue à des « postes ». Les chapiteaux sont décorés de rinceaux et de palmettes. Les tailloirs, garnis de deux rangs de festons, règnent avec ceux des quatre colonnes qui correspondent aux deux arcades latérales aveugles, dont l'archivolte, bordée aussi de postes, comprend plusieurs moulures toriques ; elle encadre un tympan entouré de palmettes où se détache un animal fantastique. Toutes les bases ont été refaites : leur profil, qui comprend un petit tore, un filet, un talon, paraît assez conforme à ce type de base que l'on rencontre çà et là dans la région ; il faut remarquer toutefois que l'apparence de talon pourrait provenir, en certains cas, de la suppression, par la vétusté, du filet correspondant au plus gros tore. Notons enfin que les colonnettes en délit sont gravées de traits annulaires qui imitent des joints.

Ici encore, nous remarquons dans la décoration cette régularité et aussi, pourrait-on dire, cette sécheresse dans le choix des motifs d'ornement, que nous avons déjà vue à Saint-Amant-de-Boixe et que nous retrouvons à Chalais et à Aubeterre : des losanges, des étoiles, des fleurs à quatre pétales, des palmettes toutes identiques. Comme Saint-Denis de Montmoreau est un édifice assez jeune, il semble qu'une pareille ornementation, qui est plutôt localisée dans l'Angoumois, pourrait être l'indice d'une époque un peu plus avancée que celle où l'on adoptait de préférence les rinceaux et les feuillages. Le portail de Saint-Liguaire de Cognac, dans un pays plus proche de Saintes, est déjà d'une sculpture où les éléments végétaux interviennent davantage. Si, en Saintonge, les arcs couverts de motifs géométriques, comme ceux du premier étage de la façade de Matha, ne sont pas rares, on remarque plus souvent des motifs variés, où les animaux et même les figures humaines tiennent une large place, comme à Échillais, Macqueville, Corme-Royal et ailleurs.

A l'étage, la partie centrale comprend trois arcs dont les minces colonnettes en délit sont séparées par des jambages ; une fenêtre en plein cintre s'ouvre sous l'arc du milieu ; les parties latérales sont garnies d'arcs de même composition. La corniche repose sur des modillons épannelés ; le haut du pignon est moderne.

Les murs latéraux sont épaulés par des contreforts très plats qui s'élèvent jusqu'à la corniche semblable à celle de la façade ; les fenêtres ont pour encadrement une archivolte sur pilastres. L'abside, très restaurée, repose sur un soubassement. Des colonnes montent jusqu'à la corniche décorée de festons et soutenue par des modillons de travail varié. Des pilastres flanquent ces colonnes ; ils portent de grandes arcades décoratives sous lesquelles se trouvent les fenêtres. Leur encadrement présente une archivolte sur deux colonnettes, dont les tailloirs sont réunis aux impostes des pilastres par un bandeau de même profil. Les pignons des croisillons conservent des fenêtres avec encadrement analogue. Il est bon de remarquer que les deux rampants de ces pignons dépassent de beaucoup les combles du toit placé derrière eux ; c'est, comme on a pu s'en apercevoir, une particularité des plus fréquentes dans les églises de la région.

Le clocher est entièrement moderne : sur chacun des pans s'ouvrent des baies en plein cintre ; sur les trumeaux et aux angles de la construction se dressent des colonnes qui vont supporter la corniche du toit, comme sur le clocher de Courcôme, dont Abadie a dû s'inspirer.

CHATEAU

Le château s'élevait sur la colline assez escarpée qui domine la ville à l'ouest. Des fossés secs, renforcés par des levées de terre, complétaient la défense, sur le front le moins bien protégé naturellement.

L'enceinte a disparu; sur le plateau, il ne subsiste plus qu'un corps de logis flanqué de tours et surtout une chapelle du plus grand intérêt.

Chapelle. — Malgré ses petites dimensions, elle présente les dispositions les plus curieuses. Aussi, serait-il à souhaiter qu'une toiture vînt assurer la conservation de ce monument, partiellement enterré par suite de l'exhaussement du terrain sur l'un des côtés. A une courte nef de deux travées inégales, voûtée en berceau, on a soudé une petite rotonde couverte d'une coupole et flanquée de trois absidioles. Ce chevet permet de ranger la chapelle de Montmoreau au nombre de ces édifices de plan tréflé dont M. A. Blanchet a montré l'origine antique et qui se retrouvent dans toute la France. Sans parler ici de celles de la Lozère, de l'Ariège et de l'Agenais, signalées par MM. Philippe, Roger et Tholin, il convient de citer les églises qui se voient dans un rayon moins éloigné : à Marignac et à Saint-Maurice de Gençay, plus grandes et plus connues que cette jolie chapelle un peu ignorée aujourd'hui et qui mériterait une étude plus approfondie et même une restauration faite avec prudence et discrétion. Depuis l'époque déjà lointaine où l'abbé Michon en donnait un plan et une description, elle a en effet perdu, par suite des infiltrations, les peintures remarquables qu'elle renfermait. Aujourd'hui, l'humidité et une abondante végétation s'attaquent aux voûtes et menacent de les désagréger.

Quoi qu'on ait pu croire, les deux parties de la chapelle n'appartiennent pas à des campagnes bien distantes l'une de l'autre. C'est vers le déclin du XII⁰ siècle que la chapelle

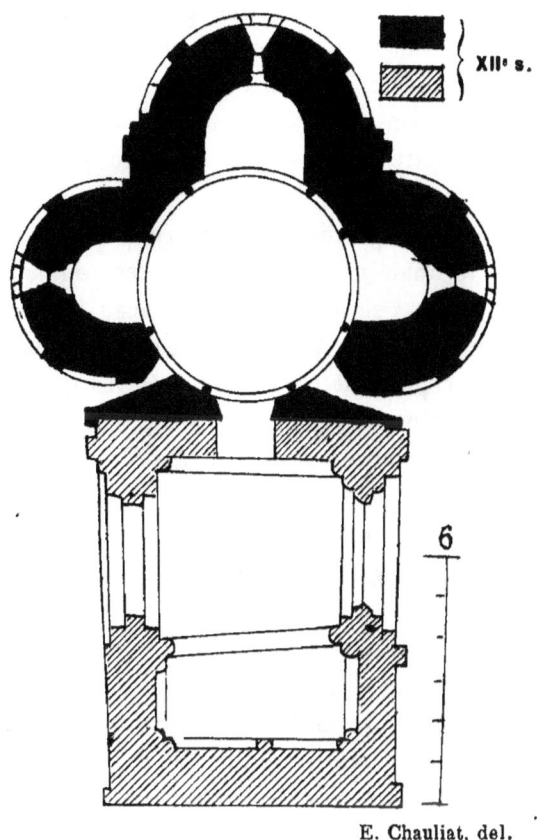

E. Chauliat, del.

Plan de la chapelle du château
de Montmoreau.

tréflée fut soudée aux constructions antérieures, qui ne paraissent guère plus anciennes que le milieu du même siècle.

La nef rectangulaire consiste en deux travées inégales dont les berceaux transversaux s'appuient sur un doubleau. La travée de fond est très étroite et de plan trapézoïdal, car le doubleau intermédiaire est établi de biais par rapport aux murs latéraux; par suite, le premier berceau est, à l'une de ses extrémités, notablement plus large qu'à l'autre bout. Les arcs qui soutiennent ces extrémités reposent sur deux colonnes accolées à celles du doubleau et sur deux autres colonnes engagées dans les angles. Le mur de fond, sans aucune porte, est décoré de deux arcades avec pilastres reposant sur le banc qui sert de socle aux colonnes.

La seconde travée étant beaucoup plus large que la précédente, mais néanmoins de hauteur égale, les naissances des berceaux se trouvent à un niveau beaucoup plus bas et les supports sont, par suite, beaucoup plus courts, tout en restant cependant un peu plus élevés que les colonnes du doubleau intermédiaire. Les chapiteaux, comme tous ceux que l'on remarque dans la nef, présentent des rinceaux et des animaux d'un travail déjà assez avancé. Les arcs bandés sous les extrémités du second berceau se composent de plusieurs rangs de claveaux en retrait : ils portent sur des colonnes ou des pilastres en nombre correspondant; les murs élevés sous ces arcs sont de simples cloisons de date assez moderne. Dans l'état primitif, les deux arcs devaient donc rester ouverts, de telle sorte que la nef de la chapelle formait une sorte de porche dont la travée de fond seule restait fermée sur ses trois côtés.

La chapelle du grand château de Villebois-La-Valette, placée également entre la basse-cour et l'enceinte intérieure, très intéressante construction comprenant aussi deux parties et voûtée d'arêtes, présentait une disposition analogue que l'on retrouvait encore, paraît-il, au château de Marthon. L'abbé Michon pensait que ces porches offraient un abri aux voyageurs attardés qui demandaient l'hospitalité et la sécurité à l'enceinte fortifiée. Quoi qu'il en soit de cette explication, qui ne paraît guère satisfaisante, vu l'emplacement de ces chapelles et le genre d'hospitalité qu'elles pouvaient procurer, il faut se borner à constater le fait dans les deux châteaux.

Dans le mur contigu au chevet tréflé, un arc en plein cintre porté sur deux colonnes occupe toute la largeur ; sa clef atteint le niveau du berceau transversal. Cet arc indique-t-il que, dans le principe, la chapelle devait se continuer par une autre travée ou une abside ? Il est difficile de l'affirmer. Si le mur de fond, en effet, peut, en certains endroits, paraître remonté après coup, car on y voit même des modillons indiquant des matériaux de remploi, il semble aussi que plusieurs de ses assises règnent avec celles des colonnes de l'arc qui vient d'être mentionné. Ceci tendrait à faire croire qu'un mur était prévu et qu'il n'était pas destiné à être percé d'une ouverture plus grande que la petite baie en plein cintre actuelle. D'autre part, cette baie, qui met en communication les deux parties de l'édifice, est désaxée par rapport à la nef, tandis qu'elle se trouve dans l'axe du chevet tréflé. En tout cas, dès l'établissement de ce dernier, il n'y aurait pas eu moyen de maintenir une communication plus large et plus complète que celle qui existe aujourd'hui. Par les exigences du plan et la disposition des maçonneries qui en résulte, toute relation plus étroite devenait impossible entre les deux parties de la chapelle : en fait, elles demeurent à peu près séparées, l'abside étant fort peu visible pour quiconque se trouve dans ce porche, que l'on ne peut appeler « nef » qu'en forçant tant soit peu l'expression.

Le chevet tréflé comprend, en son centre, une rotonde couverte d'une coupole bâtie, non de pierres appareillées, mais de blocage. Les murs circulaires qui la supportent sont décorés de huit arcs en plein cintre sans moulures, reposant sur un même nombre de colonnes. Ces arcs sont d'ouvertures inégales. Les quatre plus grands correspondent à l'entrée du chevet et aux trois absidioles, voûtées en cul-de-four, un peu plus étroites que l'arc qui les encadre ; aussi, le retour de leur parement forme-t-il, de part et d'autre, un assez mince piédroit en retrait des colonnes. Il n'y a ni imposte au-dessus, ni bandeau à la naissance du cul-de-four.

Les quatre arcs plus petits sont simplement décoratifs et leur fond demeure plein. Néanmoins, dans chacun de ceux qui flanquent l'arc sous lequel est pratiquée l'entrée, une petite fenêtre a été percée. Grâce à un ébrasement coudé, elle prend un peu de jour sur l'extérieur, à peu près au point où se sont soudées les constructions appartenant aux deux campagnes.

La lumière arrivait aussi par des oculi ouverts à la base de la coupole, au-dessus de l'entrée des absidioles, et par les fenêtres établies dans l'axe de celles-ci. Ces fenêtres ont été partiellement modernisées. On voit cependant qu'elles possédaient une archivolte en plein cintre ornée d'un boudin et qui retombait sur deux colonnettes : leur base, assez fine, comme celle des colonnes, présente un tore inférieur déjà aplati. Le tailloir est orné d'un bandeau, d'un onglet et d'un chanfrein. La sculpture des chapiteaux est des plus soignées. Les détails indiquent donc une époque assez avancée du XIIe siècle, tandis que le plan, seul, nous reporterait à des dates beaucoup plus lointaines. Naguère, une grande partie de cette chapelle tréflée était couverte de peintures encore assez bien conservées pour que l'abbé Michon ait pu y voir une inscription de dédicace, malheureusement sans date, une scène représentant le martyre de saint Eutrope et différentes figures de saints.

A l'extérieur, le mur de fond de la nef est décoré d'un grand arc. La partie inférieure des absidioles formant socle est bâtie en blocage. On y remarque des baies très étroites dans leur forme primitive, qui correspondent aux fenêtres de l'intérieur. Le soubassement s'amortit en un glacis d'où sortent des pilastres avec impostes portant des arcs plein cintre. Cet étage décoratif, construit en bel appareil, semble bien haut par rapport à l'intérieur. On aimerai à savoir où sortaient les oculi de la coupole et comment s'agençaient les toitures. Malheureusement, une végétation abondante dissimule, en attendant qu'elle ne les fasse crouler, le dessus des voûtes de cette chapelle dont la destination reste douteuse : on ne peut y voir une chapelle sépulcrale, et si c'était uniquement une chapelle de château, il faut avouer qu'elle n'était pas des plus commodes.

Corps de logis. — Le bâtiment principal, du XVe siècle, est flanqué sur sa face postérieure de deux tours cylindriques dont la base appartient à une date plus ancienne. Un retrait y indique un hourdage ou une surélévation contemporaine de l'époque où elles furent coiffées de toitures coniques; chacune d'elles est ornée d'une lucarne avec moulures prismatiques et gâbles à crochets. Des crochets flamboyants se dressent aussi sur les rampants des pignons du grand corps de logis que complètent d'un côté un pavillon sans caractère, et de l'autre, une tourelle polygonale contenant une belle vis d'escalier : on y accède par une porte garnie d'accolades, contre-courbes et pinacles; le tympan est chargé d'un bas-relief héraldique.

Une jolie lucarne est ouverte à la base de la toiture de cet appendice. Dans l'angle formé par celui-ci et par le bâtiment principal, on a logé une tourelle cylindrique dont l'encorbellement repose sur une colonne couverte de rinceaux Renaissance et supportée elle-même par un cul-de-lampe où l'on a sculpté un petit personnage jouant de la flûte et du tambour.

L. Serbat.

Bibliographie. — Michon (L'abbé) : *Statistique monumentale de la Charente.* — Sharpe : *A visit to the domed churches of Charente.* — Guérin-Boutaud et Georges : *Note sur des modillons de Mouthiers et de Plessac.*— Rivaud (Zadig) : *Note sur la restauration de l'église de Montmoreau.* — Blanchet (A.) : *L'origine antique du plan tréflé,* dans le *Bulletin Monumental.*

SAINT-ÉMILION

La ville de Saint-Émilion, *villa de Sancto Emiliano, Sainct-Milion,* en langue d'oc, *Sent Melyon,* doit son nom à un ermite qui serait venu de Bretagne, au cours du VIIIe siècle, vivre et mourir dans une grotte. Dans le voisinage s'éleva bientôt un monastère dont les vicissitudes provoquèrent la construction des deux principales églises. La ville, prospère dès le XIIe siècle, fut érigée en commune par Jean sans Terre, au cours de l'année 1199. Conquise, en 1224, par le roi Louis VIII, elle revint sous la domination anglaise, reçut de nouveaux privilèges du roi Édouard Ier et, sauf de courtes interruptions, demeura au pouvoir de ses successeurs jusqu'en 1453. La guerre de Cent ans et, pendant toute la seconde moitié du XIIIe siècle, les guerres de religion eurent de nombreuses répercussions sur la ville. Sous la Révolution, elle fut le théâtre d'événements bien connus. C'est, actuellement, une simple commune. Bâtie au milieu de bancs de pierre calcaire, elle doit à cette position le caractère très original qui la distingue. La plupart de ses maisons ont été creusées, au moins partiellement, aux dépens du rocher. Il en est de même de certains de ses monuments. Sa prospérité ancienne lui valut d'être entourée d'une enceinte et protégée par d'autres ouvrages fortifiés ; plusieurs couvents, dont les ruines subsistent encore, vinrent s'y établir.

ÉGLISE MONOLITHE ET SES DÉPENDANCES

Au pied d'une falaise rocheuse que dominent des terrasses et un clocher se trouve une petite place cachée au centre de la ville. On y voit une abside gothique et, à côté, un portail du même style. L'abside appartient à la chapelle de la Trinité, bâtie sur la grotte de Saint-Émilion. Le portail donne accès à des galeries bordées d'enfeus et à la grande église souterraine entièrement creusée dans la pierre.

Des moines qui s'étaient établis auprès du tombeau de saint Émilion furent dépouillés de leurs biens par des usurpateurs laïcs; les religieux de l'abbaye de Nanteuil-en-Vallée enlevèrent le corps du saint vers 1075. Goscelin de Parthenay, archevêque de Bordeaux, désireux de remettre les choses en bon ordre, résolut, vers 1080, d'y établir des chanoines réguliers. D'après Dom Estiennot, le corps de saint Émilion revint dans l'église au début du XIIe siècle; il aurait été enfermé dans une châsse détruite par les protestants en 1551. Il faut croire que la fondation décidée par Goscelin de Parthenay n'avait pas été suivie d'effet, puisque, en 1120, son successeur, Arnaud Guiraud, dut à nouveau instituer un chapitre de chanoines réguliers qu'il tira de l'abbaye de Lesterps, en Angoumois. Ce chapitre fit bâtir peu après, dans le haut de la ville, une grande église que l'on nomma la collégiale depuis sa sécularisation en 1309, par le pape Clément V, qui remplaça l'abbé par un doyen.

Ces quelques renseignements historiques ne sont pas inutiles pour essayer de déterminer à quelles époques put être creusée l'église souterraine et construite l'église collégiale.

Jusqu'à l'époque de la Révolution, l'église souterraine servait de paroisse à la ville de Saint-Émilion. Elle jouait, dit-on, ce rôle depuis le moment où les chanoines s'étaient retirés dans la ville haute, c'est-à-dire depuis le premier quart du XIIe siècle. Il ne paraît pas que ce monument soit, quoi qu'on en ait pensé, antérieur de beaucoup à cette date. A la rigueur, on pourrait partager l'opinion de M. L. Drouyn, qui le fait remonter à la fin du XIe siècle: il serait alors contemporain de la fondation de Goscelin, si tant est que celle-ci ait jamais été suivie d'effet.

Ne pourrait-on se demander si même cette église ne serait pas postérieure au départ ou, plus exactement, à l'établissement des chanoines, puisqu'il n'est pas prouvé que ces religieux aient existé à Saint-Émilion avant 1110? La ville fit confirmer sa charte communale à la fin du XIIe siècle; elle jouissait donc, en ce temps-là, d'une prospérité bien assise et remontant assez loin dans le même siècle. Les besoins d'une population déjà nombreuse n'auraient-ils pas demandé l'aménagement d'une église paroissiale suffisamment vaste? Ceci, d'ailleurs, n'est qu'une hypothèse que provoque l'âge apparent du monument. Il est vrai qu'on le désignait, paraît-il, sous le nom de *moustier vieux,* ce qui implique une idée d'antériorité par rapport à l'église collégiale. Les chanoines y conservaient des droits, et même, un récit, de date fort basse, y indique l'emplacement occupé par le tombeau de saint Émilion. Il n'en reste pas moins que l'histoire du saint, de son culte et des clercs appelés à desservir son tombeau demeure fort obscure et que rien n'empêche de placer ce dernier dans des galeries d'apparence plus ancienne, voisines de la grotte de Saint-Émilion et de l'église souterraine.

Le caractère de ces galeries, par comparaison avec celui de l'église « monolithe », fournit une preuve en faveur de l'âge peu reculé de cette dernière: l'un est fruste, grossier, irrégulier; l'autre est net, régulier, savant même dans les parties en forme de voûte. En l'absence de moulures, qui seraient ici d'un grand secours, on peut dire aussi que les rares bas-reliefs sculptés dans la pierre ne font point diminuer l'impression de jeunesse relative que donne cette église si extraordinaire d'ailleurs et comparable seulement à l'église souterraine d'Aubeterre.

Longue de 40 mètres et large de 20, elle comprend trois nefs dont l'une est flanquée d'une galerie d'accès. De l'extérieur, il est impossible de se rendre compte de l'importance du vaisseau, car il s'enfonce entièrement sous le rocher dans le sens de sa plus grande longueur. A l'extérieur, il ne laisse apparaître que six fenêtres disposées en deux étages. Les baies hautes sont en retrait sur les fenêtres basses à cause de la coupe de la falaise. Les fenêtres basses ont reçu des remplages à l'époque gothique. C'est, avec le portail, la seule œuvre appareillée qui existe dans toute l'église.

Le portail a été bâti dans la deuxième moitié du XIIIe siècle. C'est un arc en tiers-point dont les supports, très ébrasés, étaient garnis de colonnes et de statues aujourd'hui disparues. L'archivolte comporte une double voussure chargée de statuettes sous de petits dais et bordée d'une moulure de feuillages réguliers. Le tympan se divise en deux registres : dans celui du haut, de beaucoup le plus grand, un Christ de Majesté entouré des personnages habituels préside au jugement dernier. Au registre inférieur, les morts sortent de leurs tombeaux ; ils sont de proportions moindres, car ce registre n'est, en quelque sorte, que le linteau du tympan, soutenu par un trumeau central qu'élargissent des corbeaux sculptés. Un gâble plein, dont l'oculus est bordé de fleurons et flanqué de clochetons, encadre le portail.

Ce portail donne accès à une grande galerie taillée dans le roc et de forme assez irrégulière. Le long des parois, des enfeus sont creusés : une croix se voit au fond de certains d'entre eux ; à la gauche du visiteur, par une ouverture aujourd'hui bouchée, la galerie communiquait avec d'autres souterrains, dont il y aura lieu de parler ; à son

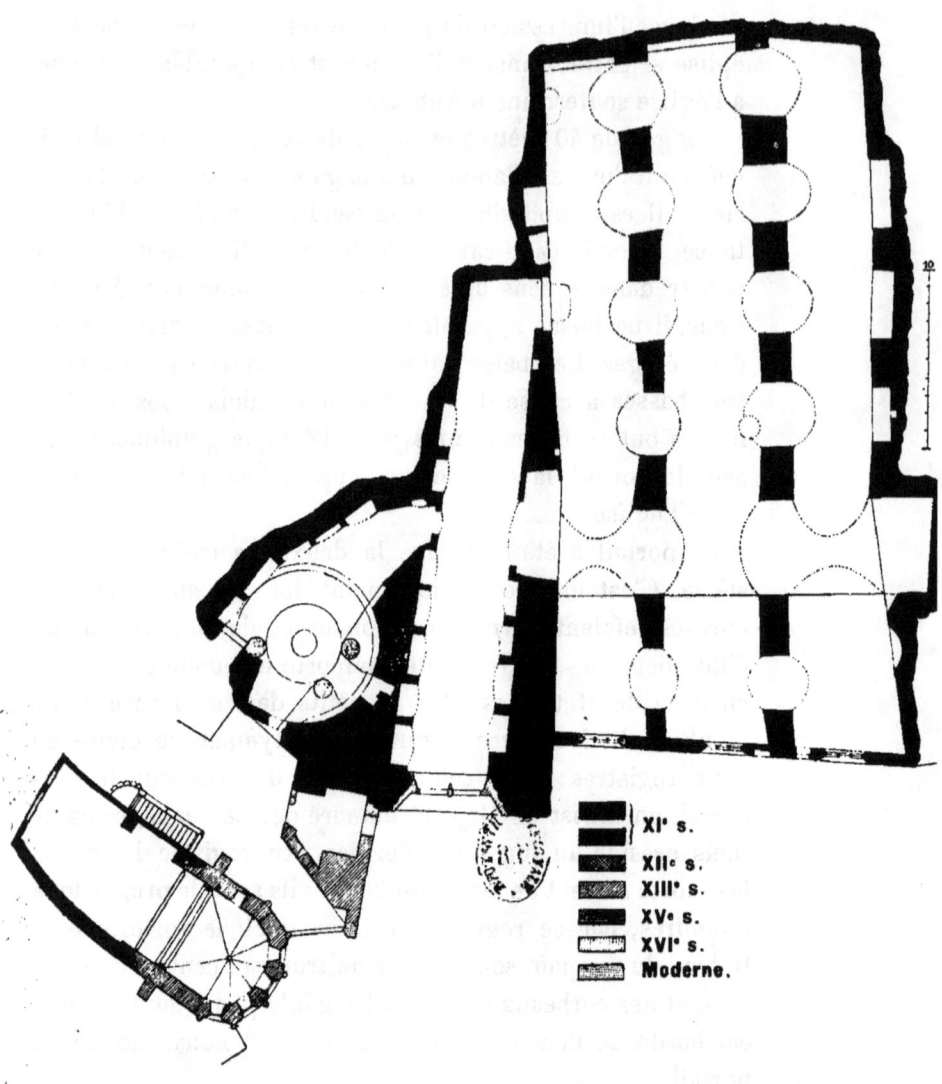

Relevé de M. P. Goût.

**Plans de l'église monolithe, du charnier
et de la chapelle de la Trinité, à Saint-Émilion.**

extrémité, elle débouche dans le bas-côté de l'église.

L'église comprend trois vaisseaux d'inégale largeur et séparés par de massifs piliers dont l'imposte est parfois décorée de damiers. Les voûtes taillées à même la pierre, bien entendu, forment un berceau avec pénétrations plus ou moins importantes, produites par le percement des arcs latéraux extrêmement larges, comme les piliers qui les supportent. L'ancien chevet, dont le sol laissé plus élevé figure une sorte de plate-forme, présente dans le mur de fond deux bas-reliefs : un homme luttant avec un monstre polycéphale et une figure aux longs vêtements jouant d'un instrument de musique. C'est, avec deux des signes du zodiaque et des chérubins d'un faible relief dans la partie de voûte correspondant à l'avant-dernière travée, les seules sculptures qui s'appliquent sur les murs de l'église ; le caractère de ces œuvres montre qu'elles ne sont point antérieures au XIIe siècle.

Dans la voûte, on remarque un trou circulaire qui correspond, à travers le rocher, avec le clocher bâti au-dessus de la terrasse ; les quatre piliers établis sous l'emplacement de ce clocher sont de section plus forte que les autres, ce qui indique bien que le clocher était déjà prévu quand on creusait l'église.

Du côté des fenêtres, trois chapelles en berceau et communiquant entre elles ont été prises aux dépens de la première assise de la falaise, avançant, comme nous l'avons vu, à l'extérieur, sur le reste de la masse rocheuse. Un large bandeau règne au-dessus de l'entrée de ces chapelles, sous les fenêtres hautes, et se retourne sur les parois des collatéraux, à la base de la voûte. Des deux collatéraux, celui qui longe la galerie ne présente que quelques enfeus ; l'autre a reçu, en plus, des chapelles peu profondes. L'une d'elles a gardé son autel et son retable de pierre. Ces morceaux sont du XVIIIe siècle, comme dans l'une des trois chapelles parallèles. Dans les deux autres, au contraire, le retable présente un encadrement de feuillages du XV° siècle, et même l'autel de la chapelle centrale, flanqué de pinacles, est détaché du fond. Au temps où l'église était paroissiale, c'était le maître-autel, car on avait, paraît-il, « retourné » le sens de l'église afin que le clergé reçût plus de lumière que dans le chevet primitif. Y eut-il même jamais un autel au fond de la nef ? La question pourrait se poser, car, en plus de l'obscurité gênante qui y règne, il faut remarquer, qu'en ce cas, l'autel aurait été absolument désorienté, ce qui serait anormal pour cette époque ; de plus, l'entrée de l'église se serait faite non loin de cet autel, ce qui est également extraordinaire.

Les murs présentent des traces de peintures remontant à différentes dates ; les plus anciennes simulent un appareil, chaque pierre est ornée d'une petite rosace.

Enfin, il faut signaler, sur l'un des piliers, une inscription de consécration. Ces mots s'y lisent aujourd'hui :

VI ID DAECEB
DEDICACIO
S.EMELIONIS

M. Piganeau, à qui l'on doit de nombreux et intéressants travaux sur les monuments de Saint-Émilion, a émis quelques doutes sur l'authenticité de ce texte, particulièrement dans la dernière ligne où les mots S. EMELIONIS lui paraissent fort singuliers et, de plus, gravés par une main postérieure. Il semble que ces doutes soient justifiés. On trouvera, en effet, dans les papiers de Dom Estiennot (Bibl. nat., lat. 12771), une transcription ancienne de cette inscription. La voici :

V ID DAECĒM DEDICACIO Ī MILIONIS

L'archéologue du XVIIe siècle, qui a observé la forme carrée des C, a dû lire correctement le reste du texte, qui portait un I, reste sans doute d'une abréviation de *Beati*. Ce qualificatif, plus conforme aux usages du temps que *Sancti*, ainsi que le juge M. Piganeau, se voit d'ailleurs dans l'inscription de Saint-Martin-de-Mazerat, à Saint-Émilion même.

CHARNIER

Le passage, aujourd'hui bouché, qui a été signalé dans la galerie latérale à l'église, conduisait vers d'autres galeries, très irrégulières de plan et de taille, et dont les murs sont creusés d'enfeus et de « loculi » pratiqués à diverses hauteurs. Ce souterrain, qui rappelle un peu l'aspect des catacombes, est un cimetière de date fort ancienne : peut-être même est-ce le lieu de la sépulture de saint Émilion, comme on l'a supposé.

A l'extrémité de ces galeries, la voûte s'arrondit; elle est soutenue par quelques piliers et percée d'un profond orifice conique dont on ne peut apercevoir l'extrémité supérieure, et dont la base est décorée d'informes figures à mi-corps qui semblent la supporter de leurs bras étendus. La taille plus soignée de la pierre, le style ou plutôt le manque de style des figures, dénotent une époque peu ancienne. Les galeries, en effet, avaient été transformées en *charnier* ou ossuaire, rendu nécessaire par la petite étendue et le peu de terre de la terrasse placée au-dessus de l'église, et qui servait de cimetière à la paroisse. L'orifice conique, creusé à cet effet, est celui d'un puits où l'on jetait les ossements retirés du cimetière. L'ancienne « catacombe » avait donné un ossuaire tout trouvé. De nos jours, une légende, qui ne paraît pas avoir le mérite d'une ancienneté même relative, a transformé cet ossuaire en de terribles oubliettes d'où le « seigneur », — on ne dit pas lequel et pour cause, — faisait précipiter de malheureuses victimes, à qui l'on attribue fort gratuitement quelques ossements soigneusement rangés et exhibés dans les enfeus.

Aujourd'hui, on entre dans le charnier par une porte pratiquée à proximité de la chapelle de la Trinité.

CHAPELLE DE LA TRINITÉ

Ce joli petit édifice, aliéné il y a un certain nombre d'années par la ville de Saint-Émilion et devenu propriété privée, comprend une nef sans caractère et très remaniée, suivie d'une courte travée voûtée en berceau et d'une abside recouverte d'une voûte d'ogives à huit branches. Ces deux dernières parties datent du début du XIIIe siècle.

Le berceau, qui n'est, en quelque sorte, qu'une large voussure, est bordé intérieurement, du côté de la nef, par un arc en tiers-point dont les claveaux chanfreinés reposent sur des culs-de-lampe décorés de petits personnages. A l'entrée de l'abside, un arc de même forme, profilé de trois tores inégaux que séparent des gorges, est porté par deux faisceaux de trois colonnes, celle du milieu étant d'un diamètre supérieur aux deux autres. Les chapiteaux, décorés de beaux crochets, sont couronnés de tailloirs où un ressaut correspond à la colonne principale.

Les branches d'ogives de l'abside convergent sur une clef centrale; elles sont surhaussées et leur tore central se profile entre deux cavets et deux baguettes. Ces nervures reposent sur de minces colonnettes dont les chapiteaux sont très variés : les uns sont ornés de crochets; les autres, d'un caractère plus particulier à la région et d'un aspect un peu archaïque, présentent, pour ainsi s'exprimer, deux volutes terminées par des feuillages qui se rapprochent en descendant vers l'astragale. Les tailloirs, très élevés, sont encore décorés de rinceaux. Il n'y a point de formerets. Trois fenêtres ouvertes dans le fond de l'abside sont dépourvues d'encadrement. Les peintures qui couvraient les murs ont aujourd'hui disparu presque entièrement. On y voyait le Christ de Majesté, les animaux évangéliques, la crucifixion, la Vierge et l'Enfant.

A l'extérieur, on remarque, au-dessus de la partie voûtée en berceau, un petit clocher-arcade en plein cintre surmonté d'un gâble. Une rainure avait été prévue au pied d'un des pilastres pour faciliter le passage de la corde.

L'abside, de proportions tout à fait heureuses, présente des pans très légèrement indiqués. Chaque angle est épaulé, en guise de contrefort, par une colonne élancée. dont la base repose sur un socle très élevé qui règne avec le soubassement de l'édifice. Les bases se composent de tores inégaux : l'un des deux est très aplati. Les chapiteaux décorés de feuilles ou de crochets portent un tailloir carré avec larmier. Ce tailloir supporte un petit contrefort émergeant d'un glacis qui monte jusqu'à la corniche, dont les beaux crochets sont soutenus par des modillons sculptés, au nombre de deux par entre-colonnement.

Entre les grandes colonnes s'ouvrent des fenêtres en tiers-point dont l'extrados n'arrive guère qu'aux deux tiers de la hauteur totale de l'abside. L'archivolte, bordée intérieurement d'un tore pris entre deux cavets, est entourée de feuillages; elle repose sur deux colonnettes en délit montées sur des socles; un cordon court au-dessous de ces fenêtres.

Sur le mur nord de la chapelle, on distingue visiblement le raccord entre les deux parties de l'édifice. C'est en ce point qu'un escalier extérieur descend à la grotte de Saint-Émilion creusée au-dessous de la chapelle de la Trinité.

La grotte, taillée dans le rocher, comprend deux chambres réunies par un arc surbaissé. Dans la première, on voit, protégés par des balustres du XVIIe siècle, deux enfoncements dont l'un est appelé le lit de saint Émilion et dont l'autre abrite le bassin d'une source.

La seconde chambre contient un autel de pierre; au-dessus de la table, une niche a été creusée. Dans le fond de la grotte, un pilastre présente des traces de faux joints et d'imitations de claveaux qui paraissent remonter à un âge reculé.

CLOCHER

Le clocher, qui se dresse isolé sur les terrasses de l'ancien cimetière, était celui de l'église souterraine. On a vu d'ailleurs que sa construction était prévue dès le moment où cette église fut creusée.

Il comprend trois étages surmontés d'une flèche de pierre. Rien dans son ensemble n'est antérieur à la seconde moitié du XIIe siècle. La flèche date du XVe siècle. Les parties basses de la tour ont dû être renforcées.

Le rez-de-chaussée, à l'intérieur, est couvert « d'une coupole à pans sur pendentifs incomplets », selon la description de Viollet-le-Duc. A l'extérieur, cet étage comprend un soubassement plein, puis, sur chaque face, un arc en plein cintre abritant une fenêtre et flanqué de deux arcs, moins larges et moins hauts. L'espace compris entre ces arcatures et l'étage supérieur est flanqué d'un appareil décoratif en losanges ou en écailles de poisson sur les faces nord et ouest. Les deux autres faces sont englobées dans d'épaisses maçonneries qui cachent aussi les anciens contreforts d'angle visibles sur deux côtés seulement : elles sont encore renforcées d'un éperon sur l'angle sud-est et couronnées d'un glacis qui vient buter dans les baies ouvertes à l'étage supérieur.

Cet étage, de proportions élancées, est, sur les quatre côtés, percé de hautes fenêtres géminées en tiers-point. Elles sont à double voussure ; la première repose sur des colonnettes accolées deux à deux. Le chapiteau de ces colonnettes est remarquable : tandis qu'au sortir de l'astragale, les deux corbeilles restent séparées, bientôt leur cône évasé s'infléchit et se perd dans une demi-circonférence, de telle sorte que les deux chapiteaux se fondent dans un bloc cubique. L'arrière-voussure porte sur deux jambages couronnés d'une imposte qui règne avec le tailloir du chapiteau précédent ; un tore est profilé sur l'arête. Il faut observer de plus qu'une cinquième colonnette, destinée à recevoir, en ce point, les retombées de la moulure qui borde l'archivolte, est venue se placer entre les groupes de colonnettes accolées. Dans ce faisceau de colonnettes, les chapiteaux réunis donnent assez l'impression des « godrons » normands ou anglais. Il n'est point rare de rencontrer dans la région des chapiteaux que l'on a pu qualifier de cubiques, et même en Angoumois on pourrait citer de véritables chapiteaux à godrons, à Lanville notamment. A cet étage, les contreforts sont formés d'un faisceau de nombreuses colonnes couronnées de chapiteaux semblables à ceux qui viennent d'être décrits.

Une corniche sur modillons réguliers marque la naissance du second étage, plus bas que le premier : ses baies géminées sont encadrées par deux rouleaux de claveaux. Les contreforts d'angle ressemblent à des tourelles cylindriques ; sans doute, ils ont été modifiés de cette façon lorsqu'ils ont été appelés à servir de base à quatre clochetons flamboyants surmontés de pinacles. Une galerie ajourée court de l'un à l'autre. Le centre de la plate-forme est occupé par la flèche qui s'élève sur un tambour octogone, percé de quatre baies avec remplage flamboyant, gâble et pinacles. Des arcs-boutants à redents partent des clochetons et montent jusqu'à la base de la flèche, dont les arêtes sont hérissées de crochets très saillants. Les pans, où chaque assise forme recouvrement sur la précédente, sont ajourés de trois lucarnes superposées et de dimensions décroissantes ; mais toutes consistent en un petit oculus surmonté de deux contre-courbes amorties par un fleuron, suivant une disposition que l'on trouve aussi dans les flèches de Bordeaux. Enfin, au moment où l'on élevait la flèche, on a accolé à la face nord du clocher une tourelle qui cache même une partie des baies des deux étages; elle est d'abord carrée, puis de hauts pinacles fleuronnés dissimulent le passage à l'octogone; elle est couverte d'un toit de pierre arrivant au niveau de la galerie ajourée.

ÉGLISE COLLÉGIALE

C'est en 1110, comme nous l'avons vu, que l'archevêque de Bordeaux Arnaud Guiraud institua définitivement les chanoines de Saint-Émilion, sous la conduite d'un religieux de Lesterps qui devint le premier abbé. L'abbaye fut sécularisée, en 1309, par le pape Clément V.

Ces deux dates, surtout la première, n'offrent qu'une importance relative en ce qui concerne l'histoire de l'église qui, depuis la sécularisation, est désignée sous le nom de collégiale.

A première vue, ce monument très important se compose de deux parties bien distinctes : à l'occident, un clocher et une nef; à l'orient, une construction plus large comprenant une nef, des collatéraux et une abside polygonale. Le cloître est accolé au flanc sud de la nef.

Avant d'arriver à présenter un aspect aussi peu homogène, l'édifice a passé par plusieurs états successifs; l'analyse y montre de nombreuses campagnes et reprises qui s'étendent du XIIe au XVIe siècle. Une consécration, dont une inscription garde le souvenir, eut lieu en 1542.

La nef et le clocher datent du XIIe siècle. La construction paraît avoir marché de l'est à l'ouest avec quelques reprises. Les parties subsistantes semblent déjà assez éloignées de la date de 1110. Sans doute, le chœur avait été élevé tout d'abord. On n'en garde aucune trace, mais les murs qui se trouvent à l'extrémité occidentale de la seconde partie de l'église indiquent la présence d'un transept.

Cette seconde partie de l'édifice porte l'empreinte d'un style gothique très avancé ; néanmoins, elle existait déjà sous une forme analogue au cours du XIIIe siècle, comme le prouvent certains témoins. A l'origine, les collatéraux, formant transept, ne comprenaient que deux travées de chaque côté : ils furent allongés d'une travée à la fin du XIIIe siècle ou peut-être même vers 1309, date qui convient assez à quelques autres travaux intérieurs et à la construction du beau portail nord. Au XVe siècle, on refit les supports et une grande partie des voûtes dans les nefs et dans le chœur ; on ajouta au sanctuaire une abside polygonale qui ne fut terminée qu'au XVIe siècle. Enfin, il faut mentionner deux chapelles annexées à l'église : l'une, polygonale, est perpendiculaire au collatéral sud ; l'autre est logée dans l'angle de la nef et du collatéral nord.

Intérieur. — Le clocher ayant été partiellement abattu, l'intérieur de la tour comprend deux étages seulement, tous deux en communication avec la nef. Le rez-de-chaussée, de plan rectangulaire, est voûté sur croisée d'ogives. De grosses et courtes colonnes accouplées portent sur un même tailloir de larges claveaux en cintre brisé dépourvus de moulures. L'arc qui correspond à l'entrée se trouve, ainsi que ses supports, d'une dimension plus élevée, à cause du dénivellement du sol intérieur par rapport à la place située devant l'église. Les arcs nord et sud, selon une disposition déjà signalée au clocher d'Angoulème, à Trois-Palis, et que l'on retrouve ici même, à Saint-Martin-de-Mazerat, ne sont point collés contre les murs de fond, mais ils en restent détachés, laissant derrière eux une voussure reposant sur une imposte qui continue le tailloir des colonnes. Les tailloirs présentent un bandeau, un onglet, un large cavet et un petit bandeau; la corbeille des chapiteaux est simplement galbée; les bases, assez frustes et où l'on distingue deux tores inégaux séparés par une gorge, présentent des traces de griffes. La voûte est bombée; trois tores inégaux séparés par des gorges se profilent sur les ogives.

La salle du premier étage, ouverte sur la nef par une vaste baie en arc brisé, reproduit les dispositions du rez-de-chaussée. A la voûte, se voient une petite clef dessinant une rosace et des liernes dans les deux sens. Les chapiteaux sont épannelés; plusieurs cependant ont reçu des stries d'une sculpture fort méplate, rappelant un peu le genre d'ornementation visible à Saint-Martin-de-Mazerat, que M. Brutails attribue à une date très reculée. Bien que ces corbeilles s'adaptent mal sur des fûts trop gros pour elles, ne faut-il pas y voir, non un remploi de chapiteaux antérieurs, mais plutôt le produit des tentatives d'un sculpteur malhabile?

Le tailloir des chapiteaux de l'arc donnant sur la nef règne avec un bandeau qui s'applique contre les murs goutterots, où les supports de la première travée l'arrêtent. Ces piliers reposent eux-mêmes sur un socle qui se continue en plinthe le long des deux pans de mur qui viennent d'être mentionnés et rejoint les socles de l'arc du clocher; néanmoins, il y a dans toute cette partie quelques traces de reprises.

Les trois travées de la nef furent disposées pour être couvertes de coupoles. Des colonnes flanquées de pilastres reçoivent les arcs d'encadrement des pendentifs. Toutefois, à la travée occidentale, la coupole prévue n'a pas été exécutée. Au-dessus des pilastres, on a monté de petites colonnettes soit engagées, soit sur dosseret, dont le chapiteau présente des têtes, d'un bon travail, du début du XIIIe siècle, ou des volutes de feuillages analogues à ceux de la chapelle de la Trinité; trois tores inégaux se profilent sur

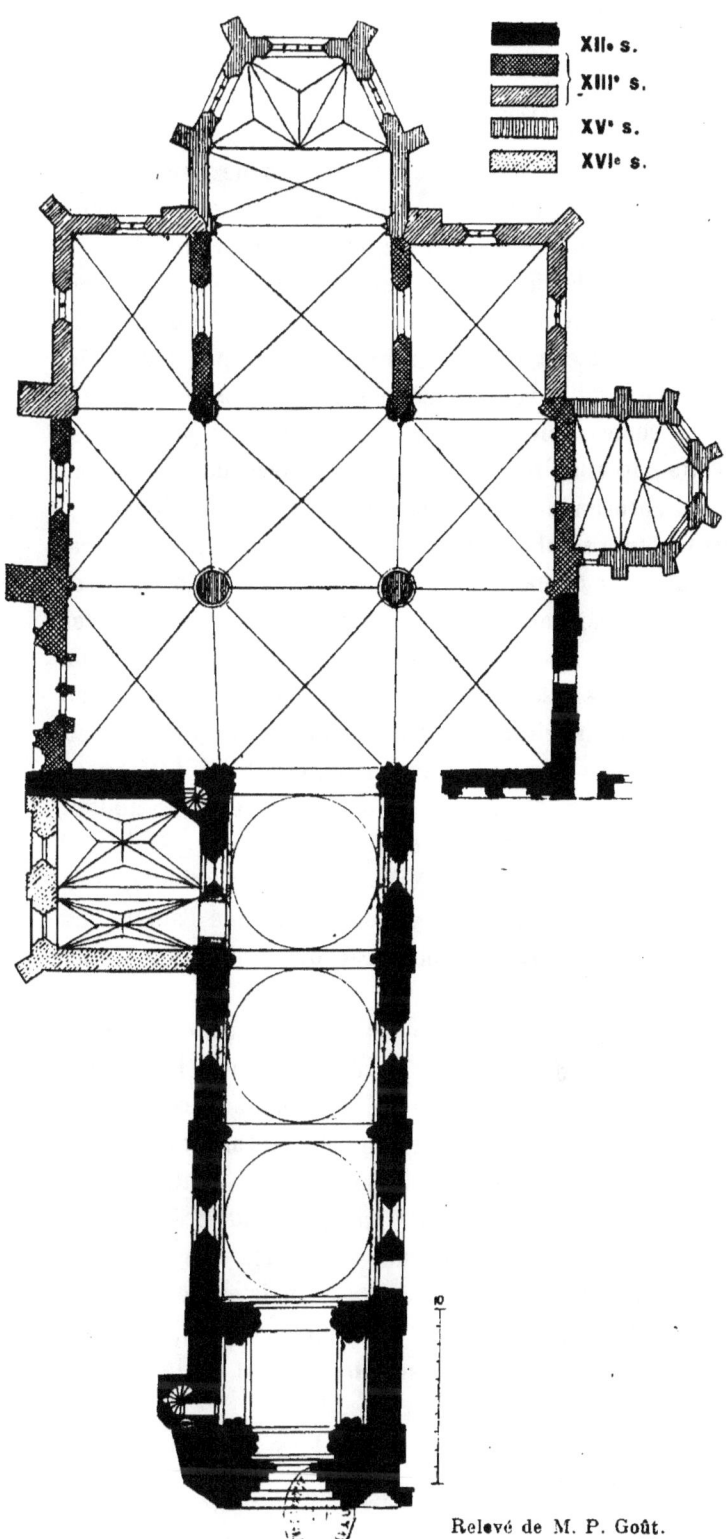

Relevé de M. P. Goût.
Plan de la collégiale de Saint-Émilion.

la voûte; le formeret torique est flanqué de deux cavets. Dans les lunettes, on a percé une petite rose incomplètement encadrée d'une bordure de fleurs à quatre pétales.

Au-dessous de ces roses, une grande fenêtre en plein cintre appartient à la construction primitive : elle est du type souvent décrit déjà ; l'archivolte n'est pas moulurée, les colonnes qui la soutiennent sont engagées et s'élèvent sur des socles constitués par les premières assises des piédroits ; le chapiteau galbé est dépourvu de tailloir ; au fond de l'ébrasement, on a ajouté un remplage gothique.

Des fenêtres semblables éclairent également les deux travées voûtées de coupoles. Ces deux travées sont identiques : les arcs d'encadrement sont nettement brisés ; leurs têtes s'infléchissent ; les pendentifs se rejoignent au-dessus de l'extrados, et c'est seulement quelques assises plus haut que court le bandeau ceignant la base de la calotte. Ce bandeau est orné de fins damiers. Cependant, quelques différences existent entre les deux travées. Si toutes deux indiquent par la perfection du travail et le caractère du détail une époque assez avancée du XIIe siècle, il semble que la travée occidentale soit un peu plus jeune que l'autre ; les joints sont plus fins, les moulures du tailloir sont plus compliquées.

Dans le doubleau qui sépare les deux parties de l'église, les deux rouleaux de l'arc n'ont pas été tracés avec les mêmes centres : le rouleau externe, semblable aux autres, est plus fortement brisé ; le rouleau interne, plus obtus, laisse ainsi une sorte d'écoinçon entre son extrados et l'intrados du précédent. Sa forme est sans doute celle que présentaient les arcs de la partie aujourd'hui disparue. Les supports consistent, non en une seule colonne, mais en deux colonnes accouplées sous un même tailloir et, de plus, les premiers claveaux, au lieu de reposer directement sur le tailloir, sont montés sur une sorte d'imposte.

Des colonnes accouplées et surmontées de ces impostes

se retrouvent dans le mur qui se retourne d'équerre. C'est la preuve de l'existence d'un carré de transept. De part et d'autre de ces piliers, on a conservé les murs occidentaux des croisillons. Le mur sud de la première travée du collatéral actuel, avec ses colonnettes d'angle, appartient également à la construction du XII° siècle, dont on peut ainsi reconstituer quelques éléments.

La nef gothique et ses collatéraux semblent dater entièrement du XV° siècle, si l'on en juge d'après les grosses colonnes cylindriques surmontées d'un étroit chapiteau à feuillages et dans lesquelles viennent pénétrer les nervures prismatiques de la voûte. Cependant, ces deux travées de nef et les bas-côtés qui les flanquent existaient dès le milieu du XIII° siècle. En effet, au collatéral sud, les deux croisées d'ogives conservent un profil de cette époque: un tore élégi de deux cavets. De même, le doubleau qui sépare l'une d'elles d'avec la nef principale présente de larges claveaux bordés d'un mince boudin pris aux dépens de l'arête. Le pilier sud de l'entrée du chœur est en grande partie du XV° siècle; il n'en conserve pas moins un groupe de chapiteaux à crochets ayant appartenu à un support du XIII° siècle semblable à ceux qu'on voit encore dans les bas-côtés : une colonne sur dosseret, flanquée de colonnes engagées, avec chapiteaux à crochets. Une colonne contemporaine des précédentes porte aujourd'hui, au lieu d'un formeret, le doubleau de l'arc qui encadre la chapelle ajoutée au collatéral nord.

Sur le mur de ce collatéral, on a, vers le commencement du XIV° siècle, plaqué des arcades décoratives ; les colonnettes assises sur un banc continu portent des arcs en tiers-point profilés de gros boudins. Au collatéral sud, une décoration analogue a également été ajoutée; seulement, comme il n'y a pas de bancs, les colonnettes s'appuient sur des socles hauts. C'est sous l'une des arcades que se trouve la porte d'entrée de la chapelle, dite de Sourdis.

Il est facile de se rendre compte que les chapelles formant la suite des collatéraux sont une adjonction postérieure remontant vraisemblablement aux alentours de l'année 1309 et contemporaine des arcatures qui viennent d'être mentionnées. Au collatéral nord, l'allongement se distingue moins bien, parce que l'ancien mur de fond a entièrement disparu; mais, de l'autre côté, on s'est contenté de prolonger jusqu'au sol la fenêtre en tiers-point autrefois percée dans l'extrémité du collatéral. Les deux chapelles sont voûtées d'ogives à filet qui reposent sur des culs-de-lampe ornés de têtes de femmes avec coiffures du XIVe siècle. Des fenêtres garnies, comme celles des collatéraux, de remplages flamboyants, éclairent ces chapelles.

La travée droite du chœur existait aussi dès le XIIIe siècle; le pilier nord-est possède un groupe de chapiteaux semblables à ceux que nous avons déjà signalés à l'entrée du chœur. Les murs latéraux sont décorés d'arcatures qui paraissent avoir été faites en même temps que celles des collatéraux. Plus tard, ces arcatures furent coupées et une grande baie fut ouverte afin d'établir une communication avec les chapelles. Aujourd'hui, elles ont été rétablies; on a donné au haut de la baie l'apparence d'une fenêtre gothique. Cette restauration a malheureusement amené la disparition de belles clôtures de bois. Au-dessus de la fausse fenêtre actuelle, on voit des restes de moulures qui indiquent la forme primitive des baies en lancette géminées.

La voûte, aux nervures prismatiques, est remarquable par une belle clef pendante où se détache un diacre entouré d'anges.

L'abside est limitée par cinq pans, dont les deux premiers, parallèles à l'axe du chœur, sont couverts d'une petite croisée d'ogives. Supports, ogives et doubleaux sont profilés de moulures prismatiques continues, sans aucun chapiteau. Les branches d'ogives appartenant aux trois pans du fond de l'abside se réunissent sur la clef du doubleau intermédiaire. Des nervures secondaires s'amortissent sur trois clefs qui ne sont pas antérieures au XVII° siècle. Trois fenêtres éclairent le fond de l'abside ; elles conservent des remplages flamboyants et deux vitraux anciens où l'on avait réemployé des débris provenant des autres fenêtres de l'église. Néanmoins, bon nombre de panneaux sont encore complets ; on y voit notamment la suite des douze apôtres. Cette verrière aurait été donnée par le roi Louis XII.

Derrière l'autel actuel, un édicule de style flamboyant et flanqué de pinacles renferme une petite salle voûtée, dont les baies sont protégées par des grilles anciennes. Le dessus de ce trésor constitue une plate-forme destinée sans doute à l'ostension de reliques.

La chapelle, dite de Sourdis, de beaucoup plus ancienne que ce cardinal qui fut, en son temps, doyen du chapitre de Saint-Émilion, date, semble-t-il, de la fin du XIV° siècle. Elle forme un hors-d'œuvre ajouté perpendiculairement à la seconde travée du collatéral sud. Cette jolie construction, d'un appareil très soigné, mais d'un aspect un peu sec, dû à l'absence de toute ornementation végétale, comprend une étroite travée et une abside à cinq pans. Des colonnettes accostées de moulures correspondent aux formerets. Les chapiteaux sont simplement indiqués par un astragale ; les ogives et les doubleaux sont munis d'un filet qui descend sur tout le fût des colonnes et même sur les bases très aplaties, montées sur socle polygonal. Un banc règne tout autour de l'ensemble.

L'autre chapelle date du XVI° siècle ; on y accède par la travée orientale de la nef. Elle est voûtée par deux petites croisées d'ogives, avec liernes et tiercerons ; les clefs sont ornées de médaillons assez grossiers, de style Renaissance. Un sarcophage est déposé dans cette chapelle.

Il convient aussi de signaler les stalles du chœur qui remontent au XV° siècle. Les miséricordes et les parcloses sont sculptées de petits personnages et de fenestrages; malheureusement, elles ont été remaniées au milieu du siècle dernier; on en a supprimé une partie, aujourd'hui conservée à Saint-Étienne-de-Lisses, église de plan tréflé située aux environs de Saint-Émilion. Un des autels latéraux a pour porte de tabernacle un petit bas-relief du XVIe siècle représentant la crucifixion et, de chaque côté, deux albâtres anglais, la Résurrection et l'Adoration des mages. Enfin, des restes de peintures assez importants se voient sur le mur sud de la nef; on y distingue des croix de consécration, un appareil simulé, des draperies et des médaillons polylobés renfermant des scènes relatives à la vie de sainte Catherine; le tout peut dater du XIVe siècle. Par contre, sur l'un des pilastres, une remarquable image de la Vierge avec légende verticale ne doit guère être postérieure à la construction primitive. Sur le mur occidental du croisillon sud, une grande fresque du XVIe siècle est très endommagée : un évêque préside à une cérémonie. Ne serait-ce pas un souvenir de la consécration de 1542, rappelée également par une inscription encastrée dans le bas-côté nord?

Extérieur. — La base du clocher, dont les parties hautes ont disparu depuis longtemps, présente une façade du type de celles que l'on voit si fréquemment dans les édifices de la région : des colonnes appliquées contre le mur y constituent des divisions verticales de largeur différente, tandis qu'un bandeau sépare les deux étages. Mais ici, la façade est incomplète, parce que l'un des deux entre-colonnements latéraux a été supprimé et remplacé par un pan coupé, au XVIe siècle sans doute, au moment où, à la place d'une tour qui venait de s'écrouler, on commençait, au-dessus des étages subsistants, la souche d'un nouveau clocher émergeant d'un glacis très élevé.

L'entre-colonnement central est entièrement occupé par une porte plein cintre sans tympan. L'archivolte comprend cinq voussures ; la dernière, dans le sens externe, est ornée de palmettes régulières dont les extrémités se recourbent sur elles-mêmes ; elle est bordée d'un étroit rinceau et repose sur deux colonnettes en délit. Les quatre autres voussures, presque entièrement refaites ainsi que leurs piédroits, conservent peu de traces des sculptures qui devaient exister à la place des claveaux nus visibles aujourd'hui. L'arc aveugle placé dans l'entre-colonnement latéral du sud-ouest et qui est mieux conservé, possède en effet deux voussures décorées de palmettes et de rinceaux et bordées d'un rang d'étoiles à huit branches. Le tympan est soutenu par une moulure qui règne avec le tailloir de quatre colonnettes en délit surmontées de chapiteaux variés. Les bases sont également réunies par une plinthe et forment groupe avec celle des hautes colonnes. Au-dessus de l'arc latéral, beaucoup plus bas et plus étroit que celui de la porte, un bas-relief fut encastré vers le XVe siècle, comme l'indique la moulure avec retours à angle droit qui abrite cette sculpture effritée.

Au-dessus de la porte s'ouvre une fenêtre en plein cintre : son encadrement, bordé d'une moulure, reposait sur deux colonnettes engagées, aujourd'hui disparues.

Les murs de la nef sont épaulés par des contreforts qui, au nord, ont été renforcés par la suite. Ces murs furent surélevés, comme le prouvent les modillons appartenant à la corniche primitive et le changement d'appareil. A la première travée, la surélévation aurait bouché les roses, si l'on n'avait pris soin d'interrompre les maçonneries qui, d'ailleurs, cachent une partie de l'encadrement de ces baies. Comme elles se trouvaient en retrait par rapport à la paroi inférieure de la nef, faut-il conclure qu'une sorte de chemin de ronde a pu exister à ce niveau : on en aurait profité pour établir, par la suite, les maçonneries ajoutées après coup ? Il faut remarquer aussi, qu'à cette même première travée, l'encadrement des fenêtres présente un arc légèrement brisé, indice sans doute de l'âge un peu plus jeune de cette portion de la nef. A l'exception de ce détail, l'encadrement de toutes les fenêtres est de même composition : deux colonnettes engagées sur socle, portant une archivolte non moulurée bordée de pointes de diamant évidées. Le tailloir est formé par les extrémités d'un cordon profilé de nombreux filets, qui court tout le long des murs et embrasse même les contreforts. De même, à la base de la construction, s'applique une plinthe continue.

Dans la partie gothique de l'église, il y a lieu de signaler quelques beaux remplages et surtout le grand portail qui s'ouvre sur le collatéral nord.

Ce portail, dont le grand arc en tiers-point est largement ébrasé, est accosté de deux arcs aveugles, également très ébrasés. A cause de cet ébrasement, les massifs compris entre les arcs présentent une très forte saillie. Ils sont, comme les deux autres côtés et le fond même des arcs latéraux, garnis d'arcatures continues reposant sur un socle. Des faisceaux de trois colonnettes portent des arcs trilobés dont les moulures arrondies indiquent le XIVe siècle; des feuillages garnissent les écoinçons. Un bandeau en larmier surmonte ces arcatures ; contournant aussi les parties saillantes et les parties rentrantes de l'ensemble, il sert lui-même de soubassement aux dix colonnettes qui portent les voussures des archivoltes. Entre les chapiteaux de ces colonnes, des dais, fort dégradés, abritaient des statues qui ont toutes disparu; les socles seuls subsistent. Dans les voussures, on voit deux rangs de petites figures dont le dais forme socle pour celle qui est placée au-dessus. A l'arc principal, elles sont séparées par des feuillages, et de plus, la voussure externe est elle-même entourée d'une dernière voussure beaucoup moins large et chargée de personnages de bien plus petites proportions.

Le tympan, qui a été martelé, rappelle celui du portail de l'église souterraine. Le registre supérieur représentait le

Christ en majesté, accosté de deux saints agenouillés et de deux anges. Un bandeau de feuillages le sépare du registre inférieur, tout couvert d'une quantité de petits personnages : les élus marchant vers le paradis et les damnés chassés vers l'enfer représenté par une chaudière dans la gueule de Léviathan. Toujours, comme au portail de l'église souterraine, un trumeau central et deux corbeaux soutiennent ce registre qui forme le linteau de la baie. Une statue appliquée sur une colonne restaurée garnissait le trumeau ; le dais est fort endommagé. Elle est remplacée par une statuette de la fin du XIVe siècle.

L'arc du portail était encadré d'un gâble dont les rampants se retournent horizontalement au-dessus des arcs latéraux et servent de base à deux fausses baies encadrées de deux colonnettes et d'une moulure de même diamètre. Le haut du gâble a disparu ; le parement a été repris et décoré d'une niche renfermant une statue.

L'abside est flanquée de contreforts chargés de pinacles et surmontés de clochetons également fleuronnés ; une galerie de quatre-feuilles flamboyants inscrits dans des losanges court d'un clocheton à l'autre. L'extrados de l'arc des fenêtres est fleuronné. Contre le collatéral sud on a dressé un clocher-arcade assez élevé.

Cloître. — Le cloître, placé dans l'angle formé par la nef et le mur de fond du collatéral sud, est rectangulaire. Il n'a jamais été voûté. Sa charpente en appentis porte sur une série de petits arcs en tiers-point qui retombent sur deux colonnettes jumelles posées sur un bahut. Aux quatre angles seulement, des piles plus fortes servent de culées à quatre arcs de pierre bandés diagonalement sous la ligne de rencontre des combles des quatre galeries. Les fûts en délit ne possèdent point de chapiteau, mais l'astragale y est figuré par une petite baguette. Ils sont indépendants l'un de l'autre, mais le tailloir est commun : c'est une sorte de coussinet dont la longueur est en rapport avec l'épaisseur des claveaux dont se composent les arcs en tiers-point bordés, à chacune de leurs arêtes, d'un tore élégi de deux cavets. Les massifs d'angle ont été renforcés postérieurement. On y distingue encore des restes de colonnes et de chapiteaux remontant au XIVe siècle, date qui doit correspondre à celle des galeries du cloître.

Sous la galerie est, dans le prolongement du croisillon, on voit un groupe d'arcs en plein cintre qui indiquent l'entrée d'une ancienne salle capitulaire : une porte flanquée de deux baies géminées ayant pour piédroits des pilastres couronnés d'une imposte. Les claveaux sont bordés d'un cordon de pointes de diamant évidées.

La galerie sud abrite une magnifique série d'enfeus : il y en a dix, datant du XIVe siècle pour la plupart. Vers l'angle sud-est, le premier est formé d'un arc trilobé inscrit dans un gâble ; il donne passage à une porte moderne. Deux autres sont garnis d'un remplage d'arcs secondaires et de quatre-feuilles. Sous l'un d'entre eux repose la statue d'un chevalier assez mutilée, mais sur l'écu on distingue encore la figure d'un lion. Les deux suivants, de médiocre hauteur et de gâbles assez obtus également, ont pour principale décoration des boudins sur lesquels sont soudés en quelque sorte des petits bouts de branches taillés, dirait-on, en forme d'écusson. Il y a là un exemple assez reculé de ce que l'on a appelé « bâtons écotés », d'un usage fréquent dans la dernière époque gothique. Puis vient tout un groupe, de plus grandes dimensions, avec gâbles plus élancés et chargés de crochets fleuronnés ; la voussure de l'archivolte est ornée de feuillages, et même, à l'un des enfeus, d'oiseaux.

Les écoinçons, à en juger par la forme du gâble et celle des crochets, paraissent les plus anciens ; la série aurait débuté dans le sens allant de l'ouest à l'est. Cette galerie abrite aussi le couvercle d'un sarcophage, taillé comme celui d'un cercueil : il porte des motifs variés, d'une sculpture fort plate, et paraît remonter à la fin du XIIe ou au XIIIe siècle. Les deux autres galeries sont vides ; les bâtiments du doyenné, reconstruits au XVIIe siècle, longeaient celle de l'ouest.

ÉGLISE DE SAINT-MARTIN-DE-MAZERAT

A l'ouest de la ville, non loin de la collégiale, est située au milieu du cimetière actuel de Saint-Émilion une église composée d'une nef non voûtée, d'une travée sous clocher, dont le rez-de-chaussée est recouvert d'une coupole, et enfin d'un chœur voûté en berceau avec abside et cul-de-four. Cette église, et particulièrement sa coupole, ont été étudiées, à propos de la question de Saint-Front, par M. Brutails, qui leur attribue une antiquité assez reculée. En tout cas, l'acte d'institution des chanoines réguliers mentionne déjà une église en cet emplacement. Arnaud, archevêque de Bordeaux, donne aux chanoines toutes les chapelles et églises existant sur le territoire de Saint-Émilion. Il convient d'ajouter que dans les manuscrits de Baluze (1), cette donation est reportée à la date de 1137.

La nef, couverte d'un lambris, a peu de caractère ; les fenêtres ont été agrandies au cours d'une restauration qui eut lieu en 1776 ; dans leur état primitif — il en reste une près du porche latéral sud, — elles étaient très ébrasées à l'intérieur et très petites à l'extérieur.

La nef communique avec le dessous du clocher par un arc en plein cintre, dont l'archivolte est ornée de petites sphères ; il est flanqué de deux arcs appliqués sur le mur de part et d'autre. Ces arcs, supportés par des colonnes assez épaisses, rappellent un peu une disposition que l'on rencontre en

---

(1) Bibl. nat., t. XXVI, fol. 45.

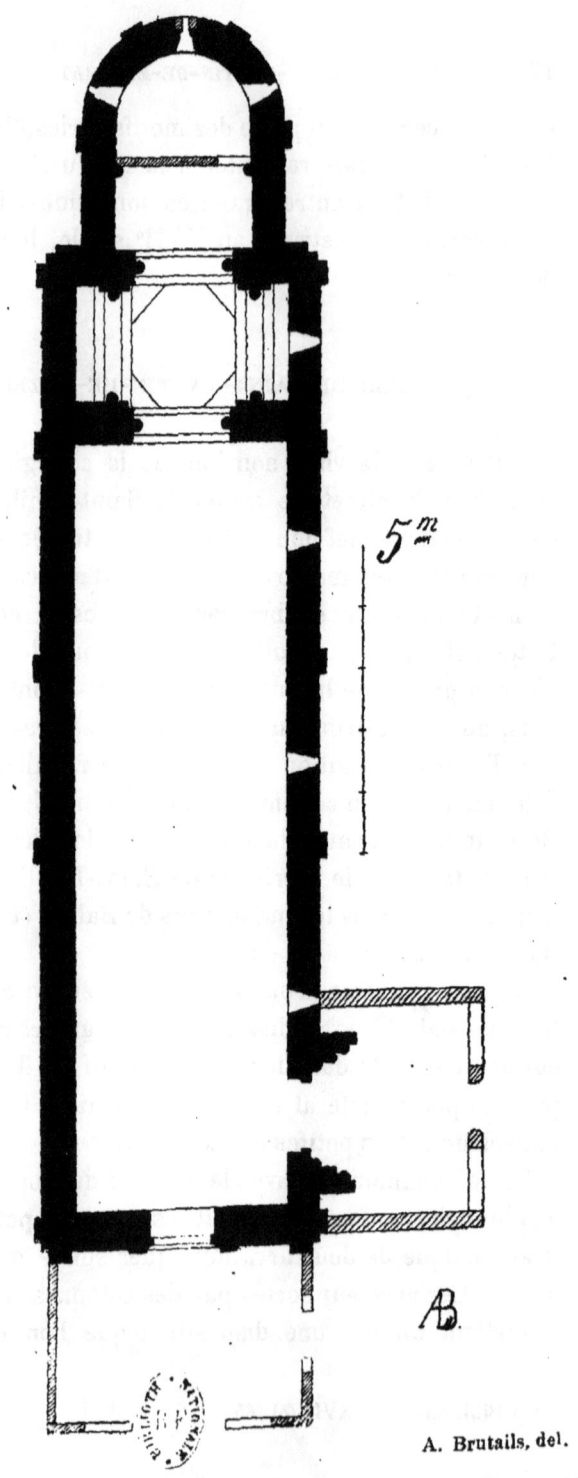

Plan de l'église de Saint-Martin-de-Mazerat.

pareille place dans certaines églises espagnoles, à Santa-Maria de Naranco, par exemple, mais ici, les arcs latéraux sont purement décoratifs, ils n'ont jamais pu être ouverts, car les maçonneries de la travée sous clocher s'y opposent. Des colonnes sur dosserets portent les arcs en plein cintre à double rouleau au-dessus desquels repose la coupole : « Les chapiteaux sont massifs, ornés de motifs latins, torsades, entrelacs, sculptés en méplat, ou de stries ». Un bandeau chanfreiné marque la base de la calotte de la coupole.

La partie haute de cette calotte a été restaurée en 1776, mais les pendentifs sont intacts et très intéressants par leur gaucherie et leur aspect archaïque : « Ils ne sont pas sphériques; dans l'un d'eux, celui du sud-est, on n'a même pas taillé la face apparente des dalles suivant un plan oblique, on s'est contenté d'en abattre l'angle inférieur, de sorte que l'horizontalité des assises est très visible. La projection de la moulure profilée entre les pendentifs et la calotte donne un octogone ».

Le rouleau interne des formerets n'est pas collé contre les murs latéraux; il en reste détaché, comme au clocher de l'église collégiale ou comme à Trois-Palis, ainsi qu'il a été dit plus haut. Il forme deux embryons de transept que l'on peut rapprocher dans une certaine mesure de ce qui existe de chaque côté de la base du clocher de Thaon, dans le Calvados. Ces retraits ne sont pas couverts d'une voussure, mais de simples dalles posées comme un plancher.

Dans le chœur, un doubleau sur colonnes sépare la travée droite d'avec l'abside éclairée de trois fenêtres en plein cintre ébrasées et renfermant une inscription de dédicace :

+ XVIII K̄L̄ IANVARII
DEDICACIO BI
[MA]RTINI.

Certains caractères de cette inscription : C carré, D oncial, N dont la barre diagonale est presque horizontale, ont, de concert avec la sculpture des chapiteaux, décidé M. Brutails à « reculer jusqu'au début de la période romane la date de l'église ». Mais l'inscription n'a-t-elle pu être encastrée dans une réfection de l'édifice ? La sculpture des chapiteaux ne peut-elle être plutôt archaïque que vraiment très ancienne ? N'y a-t-il pas des stries au clocher de Saint-Émilion et dans la nef de Saint-Amant-de-Boixe ? Ici même, les tailloirs ne sont-ils pas déjà bien fins, avec leurs bandeaux, leurs filets et leurs cavets ? Ne peut-on pas aussi penser, comme l'écrivait M. Brutails dans un ouvrage plus récent, que « des coupoles plus parfaites pouvaient exister déjà lorsqu'on a maçonné celle de Saint-Martin-de-Mazerat ». A l'extérieur, la façade présente un pignon, surhaussé par rapport aux combles ; elle est flanquée de contreforts et percée d'une porte ainsi que d'un oculus.

Dans le mur sud, non loin de la façade, est ouverte, sous un porche de bois, une autre porte plus importante que la précédente. Afin de lui donner plus d'ébrasement, les maçonneries ont été renforcées et font saillie sur le parement extérieur de la nef. La baie est en plein cintre, sans tympan ; l'archivolte et les piédroits forment plusieurs ressauts. La voussure externe, portée sur deux colonnes engagées, est décorée de ces étoiles plates à huit branches travaillées comme un ouvrage cloisonné, si fréquentes en Normandie et que l'on rencontre aussi dans la Saintonge et l'Angoumois. Un gros boudin borde la voussure interne ; il a pour support deux colonnes dont le chapiteau a disparu. Les chapiteaux subsistants sont assez grossiers ; ils offrent des entrelacs ou de petits personnages d'un très faible relief. Les tailloirs sont garnis de damiers ; leur profil se continue, de part et d'autre de la porte, jusqu'aux angles du massif saillant.

L'abside, qui paraît d'un travail plus soigné, est épaulée par des contreforts : elle possède notamment une corniche ornée de trois rangs de festons ou écailles et soutenue par des modillons variés. Le clocher, rectangulaire, est rattaché à sa souche barlongue par deux glacis ; il est étayé par des contreforts plats et divisé en deux étages par un cordon qui embrasse même les contreforts. A l'étage inférieur, les baies, une par côté, sont en plein cintre, avec pilastres et impostes. L'encadrement comporte une archivolte de claveaux plats et deux colonnettes. A l'étage supérieur, les pilastres sont remplacés par des colonnettes, la baie est plus large encore, mais le reste demeure identique, du moins dans les faces qui n'ont pas été modifiées à une époque assez récente.

CHAPELLE DE LA MADELEINE

Cette chapelle, mentionnée aussi dans l'acte de la donation faite aux chanoines par l'archevêque Arnaud Guiraut, est située en dehors de l'enceinte de la ville, à l'extrémité sud-ouest du plateau. Le vignoble qui entoure ce petit édifice était autrefois un vaste cimetière, comme le montre la quantité d'ossements extraits du sol et accumulés dans l'intérieur de la chapelle.

C'est une petite nef rectangulaire, datant de la fin du XIIe siècle environ. Sa voûte en berceau brisé porte sur un doubleau central, et aux extrémités, sur deux arcs plaqués contre les murs de fond. Un gros tore se profile sur ces arcs et les chapiteaux des colonnes se rapprochent de ceux que l'on voit sur quelques colonnes de la chapelle de la Trinité.

Le bandeau qui court à la naissance du berceau est interrompu par les fenêtres en tiers-point percées dans les murs latéraux. Une fenêtre de même forme, mais plus grande, éclaire le mur du chevet ; elle domine un autel rectangulaire dont la table est chanfreinée.

La façade présente un pignon assez obtus, mais surhaussé selon l'usage. La porte en arc brisé repose sur des pilastres. Les claveaux étaient décorés de sculptures méplates, figurant des étoiles à quatre branches. Des corbeaux indiquent l'existence d'un porche en appentis, aujourd'hui détruit.

La partie haute de la façade, comprise entre les rampants du pignon, est un peu plus large, grâce à un petit encorbellement qui rejoint à angle droit un autre encorbellement placé de côté sur les contreforts flanquant l'extrémité des murs de la nef. C'est sur ce double encorbellement que sont élevées les dernières assises de la façade. De gros contreforts épaulent la construction au droit du doubleau ; la toiture est supportée par une corniche à modillons réguliers. A l'angle nord-est de la chapelle on remarque, taillées dans le roc, comme à Montmajour-en-Provence, des tombes dessinant la forme des corps qui y avaient été déposés.

La chapelle est bâtie tout entière sur un rocher au-dessus d'un ossuaire souterrain qui conserve des restes de peinture représentant le jugement dernier.

Dans un jardin voisin, il y a lieu de signaler, sur la margelle d'un puits, un très beau chapiteau orné de deux colombes buvant au calice. C'est sans doute un reste de l'église Sainte-Madeleine, voisine de cet emplacement et détruite pendant la Révolution.

ÉGLISE ET CLOITRE DES CORDELIERS

Les Cordeliers, établis primitivement en dehors de l'enceinte, furent contraints par le péril des guerres de se retirer à l'intérieur de la ville, où Richard II d'Angleterre leur concéda, en 1383, un vaste terrain pour y bâtir leur couvent.

Il en subsiste aujourd'hui, enfouies dans le lierre et la verdure, les ruines très pittoresques d'un cloître, d'une église et de bâtiments plus récents.

L'église comprend une nef, qui ne paraît pas avoir été voûtée, et une abside, moins large, qui a conservé quelques-unes des nervures prismatiques destinées aux ogives et aux formerets. La fenêtre du fond conserve encore son remplage. Un grand arc, à moulures également prismatiques, sépare le chœur de la nef; au sud de ce vaisseau est accolée une grande chapelle formant collatéral.

On y remarque un quatre-feuilles percé dans le mur de fond, une belle fenêtre avec remplage, et, près du mur de façade, une sorte de petite niche garnie de consoles destinées à porter des tablettes: c'était une armoire appartenant à un étage disparu; d'ailleurs, toute cette partie qui a subi des remaniements doit remonter à la fin du XIVe siècle.

La façade est un large pignon, muni de contreforts et dont la partie centrale a été renforcée pour augmenter l'ébrasement de la porte; un grand arc en tiers-point repose sur six colonnettes; les chapiteaux sont ornés de petites feuilles; des boudins de diamètre égal à celui des supports se logent dans les voussures. Le tympan plein était destiné à recevoir un bas-relief, comme le prouve la moulure assez saillante qui le sépare du linteau soutenu par un trumeau et des corbeaux. Un oculus est percé au-dessus de la porte flanquée de contreforts à niche.

A la droite du spectateur, on distingue le raccord des maçonneries appartenant au collatéral; elles présentent les traces de nombreuses reprises: corbeaux, arc simulé dans un linteau, piédroits d'une arcade à cloche. De part et d'autre de l'édifice, se suivent dans les murailles d'enceinte des séries d'arcs brisés, de dimensions différentes.

Le cloître, placé au sud de l'église et relativement mieux conservé, rappelle beaucoup celui de la collégiale, dont il est visiblement une imitation. Les colonnes sont accouplées de la même manière et portent un long tailloir en forme de coussinet. Les arcs sont en plein cintre, mais bordés aussi de moulures toriques. Il faut remarquer que certaines paires de colonnes sont réunies par un tenon de pierre. Quelques tailloirs présentent de petits écussons sur leur face tournée vers l'intérieur des galeries. La galerie de l'est a été refaite à une époque assez récente et surmontée d'un étage. A l'extrémité, deux arcs superposés et placés de biais soutenaient un clocher-arcade accolé au flanc de l'église. Au milieu, une baie en arc brisé et moulurée, datant sans doute du XVIe siècle, est accostée de baies secondaires de même dessin : elle marque l'entrée de la salle capitulaire. Plus loin, un grand arc surbaissé donne accès à un escalier et à des appartements effondrés qui gardent encore quelques vestiges de leur décoration du XVIIe siècle.

ÉGLISES DES DOMINICAINS

Comme les Cordeliers, les Dominicains s'étaient établis d'abord à l'extérieur de l'enceinte. Derrière la collégiale, une ruine, nommée, à cause de ses dimensions, « les grandes murailles », est un reste de leur église : c'était le mur nord de la nef.

Sur cette haute paroi, bien appareillée, des colonnettes et des formerets indiquent l'existence de trois travées et les amorces de deux autres. La construction semble dater de la seconde moitié du XIVe siècle. De minces colonnettes dont le fût est décoré d'un filet portent des arrachements de voûte ; dans les trois travées complètes, les supports, au lieu de descendre jusqu'au sol, s'arrêtent sur un cul-de-lampe : peut-être était-ce là le chœur des religieux, garni de stalles. Le sanctuaire correspondrait alors à la partie orientale, percée d'une très grande fenêtre qui monte jusqu'au formeret. Deux autres fenêtres éclairant les deux premières travées sont en tiers-point et divisées par un meneau en deux arcs trilobés qui soutiennent un quatrefeuilles.

Le parement extérieur du mur est épaulé de contreforts avec multiples glacis : il est couronné d'une corniche sur modillons réguliers.

Cette église, qui devait tenir un bon rang parmi celles des Dominicains du midi de la France, subsista peu longtemps, puisque, dès 1378, les religieux se retirèrent en ville, non loin des Cordeliers.

Leur seconde église, fort dégradée et transformée actuellement en fonderie de cloches, comprend deux nefs accolées, communiquant par de grands arcs, et deux absides séparées par un petit clocher. La façade, en conséquence, comporte deux pignons : dans le principal, on distingue une porte assez semblable à celle de l'église des Cordeliers, mais les chapiteaux des colonnettes ont deux rangs de feuilles ; elle était flanquée d'arcs aveugles. Dans le pignon de la seconde nef, placée au sud de la précédente, les piédroits de la porte ont disparu : il en reste l'archivolte en tiers-point, encadrée par un gâble entre deux pinacles sur culs-de-lampe.

Les Dominicains ont dû utiliser des constructions préexistantes, car l'une des absides, à l'extérieur, possède encore une petite fenêtre romane.

DONJON, ENCEINTE ET MAISONS FORTES

Avant de décrire sommairement les portions subsistantes des ouvrages militaires qui défendaient la ville, rappelons d'abord quelle était sa configuration. Elle comprend deux parties : la ville haute et la ville basse. La ville haute, située sur le bord d'un plateau dont elle épouse partiellement la forme, décrit une sorte de croissant dont toute la convexité s'étend sur le plateau. La ville basse se cache dans la concavité de ce croissant. Toute la partie convexe de la ville haute fut bordée d'une enceinte et de larges fossés taillés dans le roc et assez bien conservés. Des fortifications, qui ont disparu, protégeaient la partie accessible de la ville basse, c'est-à-dire le front compris entre les deux pointes du croissant. L'une était fortifiée par son escarpement naturel. L'autre, moins bien défendue puisqu'elle laissait en dehors de l'enceinte le reste du plateau, possédait en revanche le donjon, entouré de ses fossés. Enfin, les communications entre la ville haute et la ville basse, déjà difficiles à cause de la hauteur du rocher, pouvaient être coupées, grâce à des ouvrages intérieurs.

DONJON

Sans parler du XIe siècle, qui n'est guère possible, on a proposé différentes dates pour la construction de ce donjon qui aurait été élevé par ordre du roi Louis VIII, après la prise de Saint-Émilion, en 1224. Comme il fait partie du système défensif de la ville, on pourrait croire aussi qu'il a été bâti en même temps que la première enceinte, c'est-à-dire entre 1199, date de la charte communale, et 1224.

C'est une tour rectangulaire, de bel et grand appareil, flanquée de contreforts et assise sur un terre-plein qui lui sert de base.

Le terre-plein a été entièrement dégagé du plateau rocheux. Les angles seuls et les parties supérieures ont été maçonnés afin de permettre l'établissement d'une terrasse qui fût partout de niveau. Du côté de la ville, la paroi est également maçonnée et percée de longues meurtrières : ce socle, en effet, renferme une très vaste salle taillée dans le roc. Quatre piliers massifs y ont été laissés et supportent l'assiette du donjon.

Cette tour, où l'on pénètre par une porte pratiquée sur le palier de la terrasse, comprend deux étages. Au rez-de-chaussée, la salle rectangulaire, voûtée en berceau brisé, ne reçoit de jour que par la porte et par une étroite fenêtre, en forme de meurtrière très ébrasée, percée dans la même face de la tour. Symétriquement à la porte et dans le même pan, un autre arc donne accès à un escalier à vis pratiqué dans un des contreforts d'angle.

La salle du premier étage a toujours été couverte d'un plancher, car un retrait des maçonneries prévoit l'existence de sablières. Sur la paroi tournée du côté de la ville, une baie assez grande donne un jour suffisant. Sur la paroi voisine, dans l'angle sud-ouest, un petit corridor, éclairé par une meurtrière comme celui de l'escalier, mène à une latrine établie en encorbellement dans la face ouest. Dans l'ébrasement de la fenêtre, une petite porte, dont le linteau est supporté par des corbeaux en quart de rond, s'ouvre sur un escalier qui monte jusqu'à la plate-forme à travers l'épaisseur de la muraille. Au front ouest de cette plate-forme, les contreforts se prolongent en échauguettes pleines; on distingue les restes de l'escalier qui y conduisait.

A l'extérieur, le donjon est épaulé par des massifs d'angle, de forme rectangulaire, et par des contreforts intermédiaires assez plats. Du côté de la ville, les massifs d'angle sont de moindre saillie; cependant, celui qui renferme l'escalier est plus considérable. C'est dans le contrefort intermédiaire de la face tournée vers la même direction que se trouve la fenêtre éclairant la salle du rez-de-chaussée.

Sur la face opposée, s'accrochent les latrines; elles reposent sur un arc bandé entre deux contreforts et qui présente une forme convexe bien visible quand on le regarde de biais. Cet arc correspond ainsi à la saillie demi-circulaire que font ces latrines recouvertes de deux pierres réunies qui forment une portion de sphère. Bien qu'il puisse paraître singulier que l'on ait placé du côté de l'ennemi cet appendice souvent dangereux, tout indique qu'il est homogène avec le reste de la construction. Le donjon comprenait peut-être un étage de plus, car, entre les échauguettes placées sur les gros contreforts, on distingue encore les restes d'un parement de maçonnerie.

ENCEINTE

L'enceinte comprenait six portes; trois d'entre elles subsistèrent jusqu'au XIXe siècle, notamment la porte Bourgeoise qui, avec ses ouvrages avancés, commandait l'entrée de la ville haute sur la route de Libourne. Il n'en reste aujourd'hui que la porte Brunet ouverte à l'extrémité orientale du croissant.

La porte Brunet est un massif rectangulaire, de bel appareil, encadrant un arc en tiers-point dont les départs reposent sur des piédroits couronnés d'une imposte. En arrière de cet arc et à une distance assez grande pour avoir permis l'établissement d'un mâchicoulis longitudinal, s'ouvre un autre arc, plus bas et plus étroit : c'était la porte elle-même, dont les vantaux venaient s'appliquer dans un encadrement rectangulaire. Un escalier conduisait à la plate-forme dont les parapets et le crénelage ont disparu. Le pont jeté sur le fossé est interrompu en son milieu par un terre-plein dessinant, d'un côté, un éperon, et de l'autre, une demi-lune; il y avait là sans doute une petite barbacane.

Cette porte, qui date du XIIIe siècle, vient d'être restaurée. En même temps, vers l'extrémité du plateau, on a refait une portion de courtine avec mâchicoulis : elle se termine par une échauguette dont la plate-forme a été agrandie par plusieurs encorbellements superposés.

Du haut de cet escarpement, on peut voir combien il était nécessaire de protéger le front de la basse ville, absolument dépourvu de défenses naturelles. Des fortifications élevées sur cette ligne on a conservé une autre échauguette dépendant de la porte Bouqueyre. C'est une guérite carrée couverte d'un toit de pierre à quatre pans. Comme on a supprimé la courtine de chaque côté, cette petite construction, qui date sans doute du XVe siècle, semble juchée sur un pilier.

Dans la haute ville, l'enceinte est mieux conservée, bien que de nombreuses maisons s'y soient accrochées. Le fossé est taillé dans le roc, qui a également fourni la base des murailles : elles sont épaulées de contreforts très plats. Des meurtrières se remarquent çà et là ; comme elles sont au niveau du fossé, elles indiquent des salles creusées sous le rocher, notamment aux environs de l'église collégiale.

Les ouvrages de flanquement sont rares. Les tours ont disparu ; d'ailleurs, leur nombre a dû être toujours peu considérable ; on peut cependant en signaler une à pans coupés, non loin de la porte Brunet.

Un chemin de ronde, bordé de mâchicoulis, fut, au XIVe ou au XVe siècle, ajouté à la muraille ancienne : il en reste de bons témoins tout près de la façade de la collégiale et dans une autre partie de l'enceinte décrivant un saillant entre la porte Brunet et la porte Bourgeoise. En cet endroit, un petit pont jeté sur le fossé paraît, malgré son pont-levis, de date assez récente. On remarque aussi une fenêtre en arc brisé et garnie de remplages ayant peut-être appartenu à une chapelle située dans cette partie de l'enceinte.

PALAIS CARDINAL

A gauche de l'entrée de l'ancienne porte Bourgeoise, se trouvait un ensemble de bâtiments désignés sous ce nom, parce que l'un de leurs anciens possesseurs fut le cardinal Gaillard de la Motte, premier doyen de Saint-Émilion et neveu du pape Clément V. Cependant, les parties subsistantes indiquent une époque beaucoup plus reculée. C'est à la seconde moitié du XIIe siècle qu'appartient une très belle façade élevée sur les fondations de la courtine, dont elle suit les inflexions.

Sur toute la hauteur de la muraille, trois contreforts très saillants la divisent en deux parties. Des contreforts secondaires, appliqués de part et d'autre des précédents, ainsi qu'un contrefort intermédiaire, sont couronnés d'un bandeau qui se retourne et se continue sur le parement de la muraille. Ce bandeau marque deux étages, inégaux de hauteur. Celui qui est placé sous le bandeau est de beaucoup le plus élevé; il est éclairé par des baies en plein cintre sans encadrement. Au-dessus, les contreforts secondaires se transforment en pilastres qui reçoivent l'archivolte en plein cintre de grandes baies disposées deux par deux dans chaque pan de la muraille et garnies elles-mêmes de baies géminées. Ces dernières reposent sur une colonnette et sur deux pilastres. Le tympan reste plein. L'intrados des arcades de ces petites baies est orné d'une moulure torique qui se retrouve aussi sur l'angle des piédroits. L'imposte des jambages règne avec celle des autres pilastres et se continue par une moulure qui embrasse les contreforts principaux. L'extrados de l'archivolte est bordé d'une ornementation qui indique une époque assez avancée du XIIe siècle, de même que les chapiteaux des colonnettes.

LE LOGIS DE MALET

En suivant les mâchicoulis qui ont été signalés tout près de la collégiale, on rencontre une grande maison du

XV⁰ siècle, dont le mur goutterot est élevé sur la courtine. De ses deux pignons, l'un conserve ses crochets. Le chemin de ronde crénelé montait de la courtine précédente et passait tout le long de la maison sous la sablière du toit. Cette maison, transformée en école, a malheureusement été fort endommagée; on a abattu la tourelle qui la complétait.

MAISON DES TEMPLIERS

On appelle parfois de ce nom une des rares maisons anciennes qui subsistent dans l'intérieur de la ville. Située à l'angle de deux rues, elle s'élève comme une sorte de tour. Le rez-de-chaussée présente de grands arcs brisés sur cul-de-lampe, aujourd'hui bouchés. La façade latérale, mieux conservée, comporte trois étages de fenêtres: ce sont de petites baies géminées et trilobées, dont la partie supérieure, inscrite dans un encadrement rectangulaire, est bordée d'une de ces moulures en larmier, avec retours d'équerre, si fréquentes au XV⁰ siècle. La façade principale a été modernisée; cependant, elle possède encore plusieurs rangs de corbeaux à encoche destinés à recevoir des auvents de charpente.

LA COMMANDERIE

Cette maison se trouve sur la place qui s'étend devant la façade de l'église des Cordeliers. Elle présente un joli pignon dont le bas est de l'époque romane. L'architecture paraît à peu près contemporaine de celle du Palais Cardinal.

Un contrefort s'applique contre le milieu de ce mur. Un cordon mouluré et orné de deux rangs de petits chevrons surmonte le rez-de-chaussée. Le premier étage était éclairé, de chaque côté du contrefort, par une baie géminée avec colonnette médiane et archivolte, bordée soit de pointes de diamant évidées, soit de fleurs à quatre pétales et dont les retours se continuaient en bandeau sur le mur.

Au niveau des rampants du pignon, court un chemin de ronde bordé d'un parapet et flanqué d'une échauguette sur cul-de-lampe conique avec moulurations toriques.

Cet ouvrage, de date postérieure, s'explique par le fait que la maison, assise sur le bord de l'escarpement de la ville haute, se rattachait aux défenses intérieures de la ville et particulièrement à la porte, dont la description va terminer ces notices.

ARCEAU DE LA CADÈNE

La rue tortueuse et montante qui formait autrefois la principale communication entre la ville haute et le centre de la ville basse, marqué par la place de l'église souterraine, se trouve barrée, aujourd'hui encore, par un grand arc en tiers-point flanqué d'une tour rectangulaire. Cet arc paraît bien haut pour avoir jamais été fermé par une porte; peut-être des chaînes étaient-elles tendues entre ses piédroits.

Derrière cet arceau très pittoresque, une maison en pan de bois, bien rare dans un pays où la pierre abonde, vient compléter la physionomie de la rue. Les potelets sont étrésillonnés de croix de Saint-André; les étages forment encorbellement. Le style de l'ornementation indique le XVe siècle.

BIBLIOGRAPHIE. — Guadet: *Histoire de Saint-Émilion.* — Drouyn: *Les Guides du voyageur à Saint-Émilion.* — Ducourneau: *La Guyenne monumentale.* — Guiraud (L'abbé): *Le nouveau guide de Saint-Émilion.* — Bertin-Roulleau: *Saint-Émilion à travers les âges.* — Piganeau: *Les chapelles publiques du Saint-Émilionnais; — Inventaire de l'église de Saint-Émilion; — Les stalles de Saint-Émilion; — Excursion de la Société archéologique de Bordeaux à Saint-Émilion.* — Brutails: *La question de Saint-Front,* dans le *Bulletin Monumental.* 1895, p. 128.

CINQUIÈME EXCURSION

SAINT-MICHEL D'ENTRAIGUES

L'église Saint-Michel d'Entraigues (*Sanctus Michael inter aquas*) fut construite en 1137 par les moines de l'abbaye de La Couronne, suivant la Chronique de ce monastère. L'étage supérieur et la voûte s'étant écroulés, une dame Bareau de Girac fit établir à ses frais, vers la fin du XVIIe siècle, un toit sur charpente et surmonta le portail d'un petit clocher-arcade. Les choses restèrent en cet état jusqu'au milieu du XIXe siècle, époque où M. Abadie entreprit à Saint-Michel des travaux qui avaient pour prétexte de rétablir l'église dans son état primitif. Il n'a conservé que les premières assises de l'édifice, le tympan du portail et plusieurs chapiteaux.

Élevée sur plan octogonal, elle rappelle la disposition de l'Octogone de Montmorillon et de plusieurs églises de l'Ordre du Temple. Elle ne possède pas de collatéral, mais est entourée d'une ceinture de huit absidioles en hémicycle, comme la chapelle de Saint-Sauveur à Saint-Honorat. Chacune de ces absidioles, voûtée en cul-de-four et ajourée par une baie en plein cintre, est encadrée par une arcade sans mouluration, dont les retombées sont supportées par les mêmes colonnes que celles qui soutiennent les arcades voisines. Les chapiteaux sont ornés de feuilles d'acanthe et de volutes, les tailloirs moulurés d'un filet et d'un cavet,

Seule l'absidiole orientée, qui forme sanctuaire, a reçu une plus riche décoration : à la naissance de la voûte, un bandeau formé de rubans plissés et continuant les tailloirs de l'arcade d'ouverture, constitue une sorte d'architrave

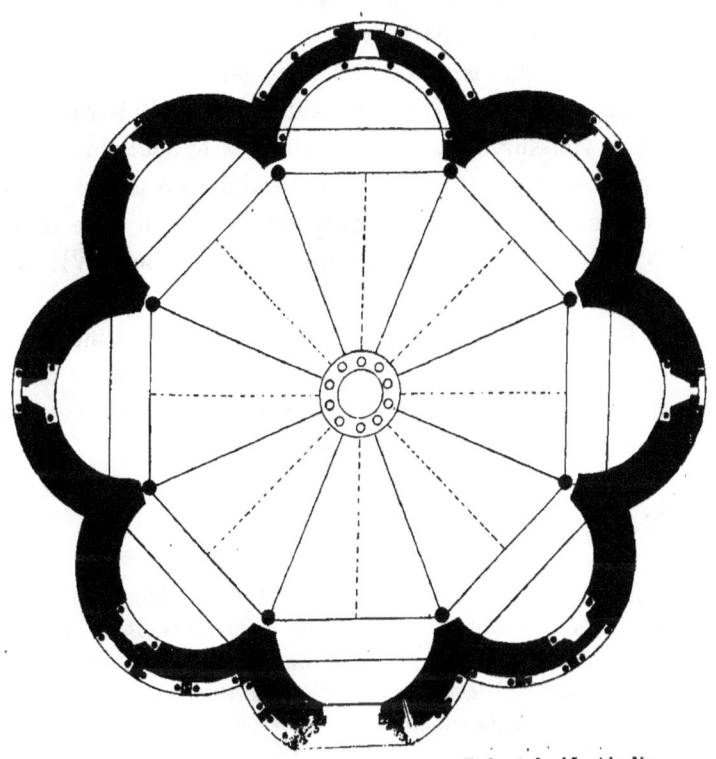

Relevé de M. Abadie.

Plan de Saint-Michel d'Entraigues.

portée sur six colonnettes à chapiteaux sans tailloirs. Une disposition identique se rencontre dans la chapelle du croisillon sud de Châteauneuf-sur-Charente, et on peut en signaler d'autres exemples : à Saint-Front de Périgueux, à Cerny-en-Laonnois, à Presles, à Trucy (Aisne).

L'église est actuellement couverte d'une coupole à huit pans portée sur nervures rayonnant autour d'un œil que surmonte un lanternon, mais nous ignorons si quelques témoins, encore en place à l'époque où Abadie a entrepris cette restauration, l'autorisaient d'une façon suffisante. Il est nécessaire d'ajouter que les parties anciennes de l'édifice ont été ravalées, de telle sorte qu'il est très difficile de les distinguer de l'œuvre du XIX° siècle.

Le portail, ouvert dans l'absidiole occidentale, est formé de deux voussures garnies de rinceaux et soutenues par des colonnes. Le motif de sculpture qui décore le tympan et qui représente saint Michel terrassant le démon a été remis en place; on l'avait encastré, probablement au XVII° siècle, dans le mur surmontant les voussures.

Des arcs en plein cintre diversement ornés sont placés de chaque côté du portail et garnissent la moitié du pourtour des absidioles voisines. Une décoration semblable se retrouve sur l'absidiole formant sanctuaire.

Le clocher isolé, situé au nord de l'église, est l'œuvre de M. Laboisne, architecte à Angoulême.

BIBLIOGRAPHIE. — Baudot (A. de) et Perrault-Dabot (A.) : *Archives de la Commission des Monuments historiques*, Paris, Laurens, s. d., 5 vol. in-4°, t. IV, pl. 62. — Denise (L'abbé) : *Monographie de l'église paroissiale de Saint-Michel d'Entraigues*, dans le *Bulletin de la Société archéologique et historique de la Charente*, 4° série, t. X, 1875, p. 275-285.

TROIS-PALIS

L'église de Trois-Palis a subi, à une époque récente, une restauration indiscrète, comme la plupart des monuments de la région.

La nef simple, de trois travées, semble appartenir au milieu du XII° siècle. Ses murs sont garnis d'arcs nus, en cintre brisé, reposant sur des pilastres moulurés à l'imposte ; la paroi méridionale est seule ajourée. La voûte, en berceau brisé, est portée sur des doubleaux qui correspondent à des colonnes engagées dont les bases sont de profil attique et les chapiteaux ornés de palmettes et de volutes. Suivant l'habitude constante en Angoumois, des doubleaux engagés limitent le berceau aux extrémités de la nef.

La travée sous la tour, d'un caractère plus archaïque, peut remonter au premier quart du XIIe siècle. Elle est couverte d'une coupole hémisphérique sur pendentifs, limitée à sa base par un cordon et percée d'un œil à son sommet. Les quatre arcs en plein cintre doublés qui encadrent cette travée retombent sur des piles rectangulaires et des colonnes engagées. Les bases, qui se continuent sur les faces de la pile, présentent une décoration assez remarquable : la large gorge séparant les deux tores est garnie de motifs divers, tels que rosaces, losanges, pointes de diamant, entrelacs, chevrons, etc. Les chapiteaux, plus élevés et d'un galbe plus lourd que ceux de la nef, sont ornés de rinceaux et de scènes dont l'exécution, bien qu'assez grossière, est très expressive. Sur les tailloirs en biseau, un onglet décrit des trapèzes.

Au nord et au sud, le mur de fond d'un faux croisillon, percé d'une baie, est garni d'un arc plus large et plus bas que l'arc d'encadrement.

Le chœur, de même style et de la même époque que la nef, semble avoir été complètement reconstruit. Il se compose d'une travée droite, peu profonde, voûtée en berceau, et d'une abside en hémicycle couverte d'un cul-de-four.

Il faut signaler, d'après M. Enlart, la croix de consécration gravée qui existe dans la nef (1).

---

(1) *Manuel d'archéologie*, t. I, p. 724, fig. 360, D.

La façade est percée d'un portail sans tympan, dont les voussures sont décorées de rinceaux et d'animaux ; mais le bandeau intérieur a été refait, ainsi que les colonnes. Les tailloirs, sculptés comme l'archivolte, se continuent en cordon sur le mur. Un second cordon, indiquant l'étage supérieur, porte quatre colonnettes qui encadrent trois statues et soutiennent la tablette dont les modillons représentent des masques.

Le pignon, plus élevé que le toit, est décoré de bas-reliefs qui représentent le Christ entre les quatre animaux.

La souche de la tour centrale, en partie masquée par les toits de la nef et du chœur, est garnie de deux arcs nus. La partie supérieure du clocher compte deux étages : le premier est percé, sur chaque face, de deux baies en plein cintre sur colonnettes, dont les chapiteaux sont ornés de feuilles d'acanthe, et les tailloirs de damiers ; le second étage est également ajouré de deux fenêtres dont les jambages sont formés de grosses colonnes se pénétrant.

La flèche conique, à imbrications en pointe, est cantonnée de quatre pinacles modernes du plus déplorable effet.

LA COURONNE

ABBAYE

L'origine mérovingienne qu'on voulut parfois attribuer à l'abbaye de La Couronne ne repose que sur des données légendaires. Lambert, le premier abbé dont nous possédions le nom, commença la construction des bâtiments monastiques au début du XIIe siècle et mourut évêque d'Angoulême, en 1136.

La première pierre de l'église actuelle aurait été posée par l'abbé Junius, le 15 mai 1174. Le pillage de l'abbaye par

E. Sharpe, del.

Clocher de Trois-Palis.

Henri au Court-Mantel n'empêcha pas la continuation des travaux, qui devaient être achevés le 30 septembre 1201, date de la consécration.

L'abbé Guillaume Sanglars (1232-1254) fit ensuite élever, sur le côté méridional de la façade, un clocher qui s'écroula deux siècles plus tard, sur les trois premières travées de la nef. Les indulgences accordées par le pape permirent d'entreprendre aussitôt des travaux de restauration qui furent continués par l'abbé Pierre IX d'Achard dans la seconde moitié du XVe siècle; on ne releva pourtant que deux travées au lieu des trois qui existaient précédemment.

Le 22 mai 1562, une bande protestante s'empara de l'abbaye qu'elle pilla et dont elle emporta le trésor. Six ans plus tard, une troupe à la solde des princes mit le feu aux boiseries du chœur et massacra plusieurs religieux..

L'aile occidentale du cloître s'étant écroulée en 1599, l'abbé Jean VI de Voluire la rebâtit dans le style de l'époque. En 1622, l'abbaye fut réunie au collège de Clermont, à Paris. Elle adopta ensuite la réforme de Chancelade et fit partie de la Congrégation de France ou de Sainte-Geneviève. Pendant les dernières années de l'ancien régime, de graves difficultés s'élevèrent entre les religieux et les Jésuites du collège de Clermont.

Lors de la destruction de l'église, à l'époque de la Révolution, la nef comprenait quatre travées au lieu des cinq primitives : les deux premières reconstruites, comme nous l'avons dit, au XVe siècle ; les dernières, restées intactes depuis la fin du XIIe siècle.

Le vaisseau central était contrebuté par deux collatéraux presque aussi élevés, disposition analogue à celle de Saint-Serge d'Angers, de Candes, du Puy-Notre-Dame, de la cathédrale de Poitiers, et qui dénote une influence angevine. Il ne reste plus debout aujourd'hui que la moitié gauche du mur de façade et la paroi extérieure du collatéral nord.

Au revers de la façade, les arcades et les nervures des voûtes retombaient en pénétration dans une pile flanquée, vers l'arcade, d'une colonne, vers la nef de quatre colonnes, et vers le collatéral d'un gros fût cylindrique engagé aux trois quarts et d'une colonne à filet.

Contre le mur septentrional, les ogives et les doubleaux sont portés, entre la première et la deuxième travée, sur une colonne principale flanquée de deux colonnes secondaires. Les fenêtres en tiers-point sont garnies de remplages flamboyants; celle de la deuxième travée, un peu plus large que la précédente, a été aveuglée.

La pile engagée qui sépare la seconde travée de la suivante marque le commencement des constructions primitives. Elle est, comme celle qui la suit, constituée par un faisceau de sept colonnes, dont les bases, du profil usité à cette époque, sont munies de griffes, et les chapiteaux ornés de palmettes ont des tailloirs garnis de chevrons et de dents de scie. Les ogives retombaient, de chaque côté du doubleau, sur deux colonnes et sur des chapiteaux jumeaux, placés de biais et couronnés d'un tailloir commun.

Les sommiers, encore en place, permettent de nous rendre compte de l'état primitif des voûtes, qui étaient surhaussées et portées sur des nervures moulurées d'une gorge entre deux tores. Les doubleaux, de profil carré, avaient des boudins d'angle; les formerets, légèrement brisés, encadraient des fenêtres en plein cintre et sans décoration.

Le transept et le chœur paraissent un peu antérieurs à la nef; les travaux avaient donc été commencés par le chevet.

La croisée, surmontée d'une tour octogone, a complètement disparu : il ne subsiste plus du croisillon septentrional que les murs ouest et nord. Les piles qui recevaient les voûtes sont semblables à celles de la nef, mais leurs bases, dont la gorge est garnie de demi-disques, reposent sur des socles ornés de rubans. Sur chacune des faces, trois arcs en

plein cintre, moulurés de boudins et décorés de dents de
scie, sont portés par de hautes colonnes à chapiteaux nus et
entourés d'un cordon de pointes de diamant évidées. Ils
encadrent trois fenêtres percées dans le mur de fond et une
seule vers l'ouest; mais, de ce côté, une seconde fenêtre
s'ouvre au-dessus des arcs.

Chaque croisillon possédait deux chapelles orientées, de
plan rectangulaire. Celles du croisillon nord ont été détruites; la première du croisillon sud a perdu son chevet et sa
voûte, mais la seconde, conservée intacte, est un précieux
témoin de la disposition qu'elles devaient toutes présenter:
l'arcade d'ouverture, en cintre brisé, est formée de deux
bandeaux garnis de boudins d'angle, ornés, le premier, de
dents de scie, le second, de disques, et contournée par un
cordon de pointes de diamant; elle est surmontée d'une
fenêtre à boudin continu qu'encadre un arc doublé sur
colonnettes.

A l'intérieur de la chapelle, trois arcs retombant sur des
colonnes décorent chacun des côtés; ceux du chevet sont à
double voussure et percés de fenêtres. La baie la plus méridionale n'est pas dans l'axe de l'arc qui la surmonte et est
accompagnée d'une étroite arcature; une seule baie ajoure
le mur sud. Des faisceaux de cinq colonnes, à chapiteaux
nus et arêtes d'angle, reçoivent les nervures de la voûte,
d'un profil identique à celui des collatéraux de la nef, les
formerets et les arcs contigus. Une petite rosace décore la
clef. Contre les fenêtres du chevet, un retable du XVIIIe siècle, très mutilé, indique encore l'emplacement de l'autel.

Le chœur, terminé par un chevet plat, comprenait deux
travées couvertes de voûtes semblables à celles que nous
avons décrites, et dont il ne subsiste plus que les sommiers. Les murs latéraux de la première travée sont garnis
d'arcs, comme dans les croisillons; au-dessus s'ouvre une
fenêtre encadrée par trois boudins, l'intérieur continu, les
deux autres sur colonnettes.

Entre les travées, un faisceau de sept colonnes à chapiteaux ornés de feuilles, surmontés de tailloirs garnis de damiers, recevait le doubleau commun, les ogives, les formerets et les arcs. Les chapiteaux qui correspondaient aux ogives sont placés de biais.

Les arcs de la seconde travée comptent deux voussures moulurées et ornées de dents de scie ; l'intérieure repose sur un quart de colonne, dont la base, amortie par des congés demi-circulaires, se trouve au niveau de l'appui des fenêtres ; l'extérieure retombe, avec la voussure correspondante des arcs voisins, sur une colonne commune reposant sur un bahut. Les deux premiers arcs encadrent chacun une fenêtre ; une autre fenêtre, semblable à celle de la première travée, est percée dans la partie supérieure du mur.

Le chevet présentait, à l'origine, une disposition analogue, dont les traces sont encore visibles ; mais, au XVe siècle, on y perça une grande baie en tiers-point, dont le remplage a été détruit.

De la façade, reconstruite au XVe siècle, on n'a conservé que la moitié vers le nord. Le portail, en tiers-point, était formé de plusieurs voussures redentées ou garnies de niches à dais. Il était surmonté d'une archivolte en accolade et encadré de pinacles qui montaient jusqu'à un cordon de rinceaux supportant une galerie à l'appui d'une grande rose. Les angles étaient épaulés par des contreforts obliques présentant alternativement une face et une arête.

Des contreforts, refaits à la même époque, étaient appliqués contre les murs de la nef.

Le croisillon nord est percé de fenêtres dont les quatre voussures, portées sur colonnettes, sont ornées de losanges ou de dents de scie.

Les murs de la seconde chapelle du croisillon sud sont garnis, comme à l'intérieur, de trois arcs. Ces arcs reposent sur des colonnes qui forment faisceau avec une colonne-contrefort surmontée d'un simple tailloir d'où part une colonnette qui monte jusqu'à la corniche, soutenue par des modillons sculptés.

Il n'existe plus que la partie basse du chevet de la première chapelle, semblable à la précédente, dont elle est séparée par un contrefort à colonnettes d'angle.

Des arcs décorent également les faces latérales du chœur; deux hautes colonnes intermédiaires supportent une tablette sur modillons, interrompue par une fenêtre centrale percée dans la partie supérieure du mur. Le chevet, qui présentait une disposition identique, subit un remaniement complet au XVe siècle, quand on l'ajoura par une grande baie; ses angles furent munis, probablement au XVIe siècle, de contreforts biais, surmontés d'échauguettes octogones.

A gauche de la façade on voit une porte du XIIe siècle, dont les voussures reposent sur des colonnes à chapiteaux ornés de chimères.

Du cloître, situé au sud de l'église et reconstruit au XVe siècle, il ne subsiste plus que deux arcades. Tous les autres bâtiments de l'abbaye furent réédifiés au XVIIIe siècle.

BIBLIOGRAPHIE. — Babinet de Rencogne (G.): *Relation du pillage de l'abbaye de La Couronne par les protestants, en 1562 et 1568*, dans le *Bulletin de la Société archéologique et historique de la Charente*, 3e série, t. IV, 1862, p. 115-144. — Blanchet (L'abbé): *Histoire de l'abbaye royale de Notre-Dame de La Couronne en Angoumois*, ibid., t. IX, 1887, p. 19-363, et t. X, 1888, p. 3-467. — *La fin de l'abbaye de Notre-Dame de La Couronne*, Angoulême, 1888-1889, 2 vol. in-8°. — Castaigne (Eusèbe): *Chronique latine de l'abbaye de La Couronne*, dans les *Documents historiques sur l'Angoumois*, t. I, 1864, p. 1-170. — D. A. [Denis d'Aussy]: *Excursion [à La Couronne]*, dans le *Bulletin de la Société des archives historiques*, t. XI, 1891, p. 240. — *Gallia christiana*, t. II, col. 1043-1047. — Fleury (Paul de): *Chartes saintongeaises de l'abbaye de La Couronne*, dans les *Archives historiques de la Saintonge et de l'Aunis*, t. VII, 1880, p. 17.

ÉGLISE PAROISSIALE

L'église paroissiale de La Couronne, placée sous le vocable de saint Jean-Baptiste, date de la première moitié du XIIe siècle : c'est un excellent type de l'architecture rurale en Angoumois.

La nef, dépourvue de bas-côtés, compte six travées. Elle est couverte d'un berceau sectionné par des doubleaux ; un doubleau engagé soutient la voûte au revers de la façade. Une étroite fenêtre portée sur des colonnettes à chapiteaux ornés de figurines et de rinceaux éclaire la nef au-dessus du portail.

D'après la disposition des murs latéraux, on peut reconnaître que les deux premières travées sont d'une époque un peu postérieure aux suivantes. Les arcs qui les garnissent retombent sur des pilastres dont l'assise supérieure, comprise entre un astragale et un tailloir en biseau, constitue une sorte de chapiteau. Les colonnes engagées qui reçoivent les doubleaux ont des bases moulurées d'une gorge entre deux tores presque sur le même plan, posées sur un socle circulaire et se continuant sur les pilastres. Les chapiteaux nus, à arêtes d'angle, sont surmontés de tailloirs creusés de deux cavets formant cordon à la naissance de la voûte. Aucune fenêtre n'éclaire cette partie de l'église.

Aux travées suivantes, les pilastres soutenant les arcs sont plus larges ; les bases des colonnes sont formées de trois boudins accolés montés sur un petit tambour qui repose lui-même sur un socle rectangulaire dont les angles sont abattus ; les chapiteaux, à corbeille élevée, présentent une décoration riche, mais assez grossière, composée de palmettes et de figures ; les tailloirs, formés de trois ou quatre cavets superposés, se continuent sur le mur par un simple cordon biseauté. Le troisième et le cinquième arc sud et le sixième au nord sont à double voussure et encadrent chacun une fenêtre. En outre, des baies sont percées en pénétration dans le berceau, au sud des quatrième et cinquième travées et au nord des trois dernières.

Le carré du transept, couvert d'une coupole hémisphérique sur trompes, est encadré par des arcs brisés plus étroits et plus bas que les doubleaux, portés sur des colonnes engagées et d'angle; les bases, moulurées de deux ou trois tores, se continuent sur les piédroits; les chapiteaux, traités avec une certaine finesse, sont ornés de rinceaux entourant des animaux fantastiques et forment frise du côté de la nef.

Chaque croisillon comprend une travée couverte d'un berceau. Au sud, le mur de fond a été ajouré, au XIVe siècle, d'une baie à remplage. De part et d'autre, s'ouvre, dans le mur oriental, une petite absidiole couverte d'un cul-de-four et percée d'une baie étroite.

L'abside en hémicycle, sans partie droite, est garnie de neuf arcatures. Leurs colonnettes conservent des chapiteaux ornés de palmettes et d'animaux; les tailloirs en biseau présentent plusieurs rangs de petites cavités. Trois fenêtres éclairent le chevet voûté en cul-de-four.

Le portail compte trois voussures sans décoration retombant, la première sur des piédroits, les deux autres sur des colonnes aujourd'hui disparues; la base des piédroits est formée d'une gorge ornée de pointes de diamant entre deux tores; les chapiteaux sont décorés de rinceaux où se jouent des chimères et des animaux affrontés; les tailloirs sont creusés de deux cavets garnis de chevrons. Un cordon de pointes de diamant contourne l'archivolte, dont la clef est surmontée d'une console mutilée.

Les arcs en plein cintre qui encadrent le portail sont à double bandeau; celui de droite a conservé une frise limitant un tympan nu et qui forme le prolongement des chapiteaux,

A la base de l'étage supérieur passe un cordon de rinceaux supportant sept arcatures sur colonnettes dont les chapiteaux et les tailloirs sont décorés d'oiseaux, de palmettes et de feuilles à quatre pétales. Un rang de boutons de fleurs couronne les voussures.

Sur un bandeau garni de damiers, s'ouvre une fenêtre encadrée d'un arc soutenu par des colonnettes : les tailloirs, ornés de losanges, se continuent sur le nu du mur. A droite de cette fenêtre, on remarque une petite figurine formant console.

Des contreforts à glacis épaulent les faces latérales ; quelques-uns, d'une section plus forte, ont été refaits. La corniche est moderne.

Sur la croisée, s'élève une tour dont la souche carrée passe au plan octogone au moyen de quatre glacis triangulaires surmontant les trompes. L'étage supérieur est ajouré, sur chaque face, d'une baie en plein cintre sur piédroits, encadrée par deux arcades géminées portées sur une colonne commune. Cette colonne se trouve, par conséquent, placée devant la baie qu'elle dissimule en partie, disposition assez singulière dont on peut voir un autre exemple à la tour centrale d'Aulnay-de-Saintonge. La flèche, de forme conique, est garnie d'imbrications triangulaires, la pointe en haut.

L'abside et les absidioles sont couvertes de toits de pierre reposant, pour l'abside seulement, sur une corniche soutenue par des masques.

André Rhein.

LA ROCHEFOUCAULD

CHATEAU

Le château de La Rochefoucauld est établi à l'extrémité d'un plateau rocheux, baigné, d'un côté, par la Tardoire qui le sépare de la ville, défendu de l'autre par les escarpements du rocher. Une première enceinte occupant approximativement l'emplacement des communs actuels protégeait le front le plus accessible.

C'est vers 1026, selon André Duchesne, que Foucauld II construisit sur cette « roche » si bien placée un château, pris et rasé en 1147 par le comte d'Angoulême, Guillaume Taillefer. Le château rebâti alors aurait lui-même subi de grandes modifications dues à Esmerin de La Rochefoucauld, vers le milieu du XIV° siècle. En tout cas, d'importants travaux semblent y avoir été faits au XV° siècle. C'est au début du siècle suivant que La Rochefoucauld prit son aspect actuel, lorsque François II, parrain de François Ier, et en faveur de qui la terre venait d'être érigée en comté, entreprit, tout en conservant les tours d'autrefois, de créer une somptueuse et vaste demeure bâtie dans un nouveau style. Au XVIII° siècle, une aile de ces dernières constructions fut la proie d'un incendie. On la remplaça par un corps de logis de moindre mérite artistique. Le château, qui, depuis la Révolution, avait souffert d'un long abandon, est maintenant l'objet d'une restauration complète.

Le plan du château décrit pour ainsi dire un pentagone, dont les quatre grands côtés correspondent à peu près aux quatre points cardinaux. Le cinquième côté forme, au sud-ouest, un pan coupé où s'ouvre la porte d'entrée, flanquée de deux tours, qui paraît remonter à la fin du XIIIe siècle. plutôt qu'aux travaux d'Esmerin de La Rochefoucauld.

Le front ouest comprend, près de cette porte, le donjon datant partiellement du XIIe siècle, et bâti sans doute après les ravages de Guillaume Taillefer, puis l'aile du XVIIIe siècle terminée par une tour cylindrique appartenant à l'époque gothique. Les fronts sud et est, séparés par une tour également gothique, sont l'œuvre de François de La Rochefoucauld. Une tour demi-cylindrique, datant aussi du XIIe siècle, flanque l'extrémité de l'aile de l'est; elle contient l'abside d'une très grande chapelle et, comme l'ont constaté MM. Godefroy et Bauhain, elle occupe l'emplacement d'une tour plus ancienne, qu'une courtine reliait à l'aile de l'ouest. Ces bâtiments ont été rasés et remplacés par une terrasse surplombant le faubourg qui s'étend au pied du château. Pendant le moyen âge, une poterne flanquée de tours conduisait à ce faubourg; MM. Godefroy et Bauhain en ont relevé les traces. Devant le front est, très en contrebas du sol de la cour intérieure, s'étendent aussi de belles terrasses que soutiennent des glacis, de très grandiose apparence, comme d'ailleurs tout l'ensemble du château.

Entrée. — La porte d'entrée, encadrée par un arc brisé, donne accès à un passage assez long conduisant à la cour intérieure. Elle est flanquée de tours cylindriques, de faible diamètre, dont les étages sont occupés par plusieurs salles superposées. Ces salles étaient couvertes de voûtes d'ogives à huit branches rayonnant autour d'une clef centrale que décore une rosace. Les ogives de ces voûtes partiellement effondrées sont chanfreinées et paraissent remonter à la fin du XIIIe siècle. A l'extérieur, ces deux tours ont été éclairées, à une époque postérieure, par quelques croisées de pierre. Elles présentent aussi des meurtrières de différentes formes, mais ne possèdent plus ni mâchicoulis, ni créneaux, sous leurs toitures coniques,

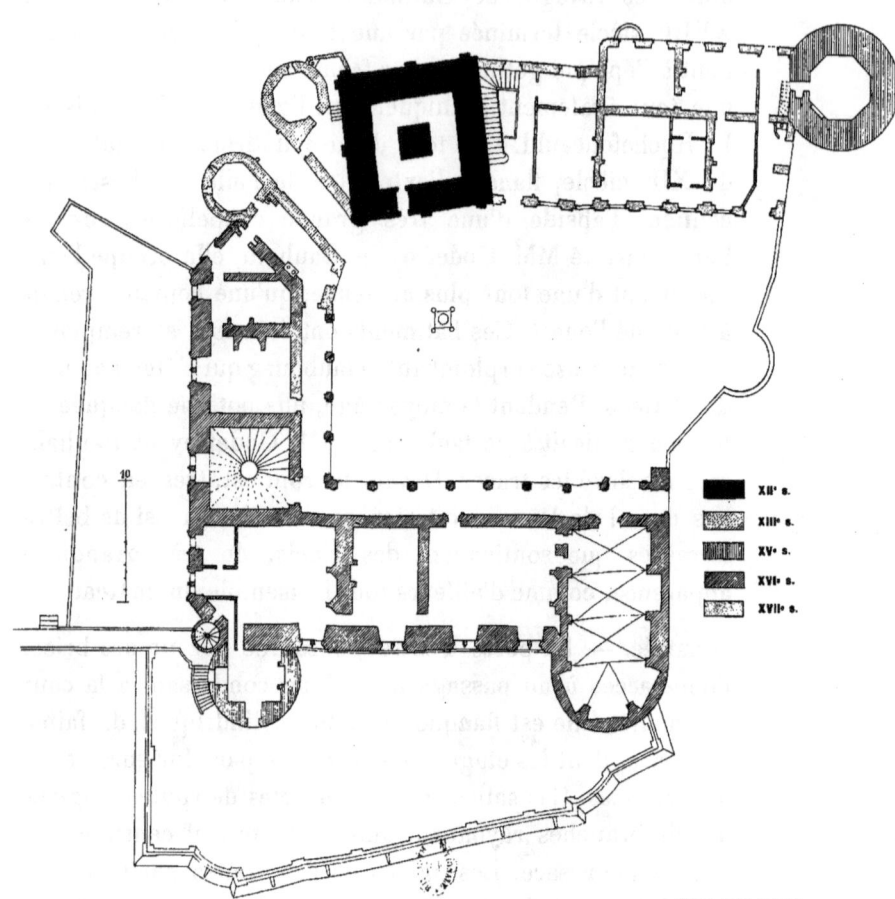

Plan du château de La Rochefoucauld.

Donjon. — Cette tour rectangulaire renferme quatre étages. La salle du rez-de-chaussée est occupée au centre par un gros pilier rectangulaire, couronné d'une imposte, qui reçoit les retombées de la voûte : ce sont quatre berceaux se sejoignant sur les diagonales du rectangle ; contre les murs latéraux, une moulure chanfreinée, semblable à l'imposte du pilier, indique également la naissance des berceaux. A l'origine, cette salle n'avait aucune ouverture sur l'extérieur ; elle communiquait avec le premier étage par une trappe pratiquée dans la voûte.

Les deux étages suivants sont couverts de planchers ; un escalier intérieur mène de l'un à l'autre. On y remarque des fenêtres assez grandes, avec bancs dans l'ébrasement, ainsi que de vastes cheminées ; la hotte repose sur un linteau et des piédroits dont les moulures indiquent le XVe siècle. D'ailleurs, ces deux étages, très remaniés, n'appartiennent pas entièrement à la construction primitive. La même observation s'applique au dernier étage, où l'on distingue encore les traces d'une cheminée et d'une voûte d'ogives. Cette voûte fut démontée vers 1830, car on craignait que son poids n'amenât la chute des parties hautes de la tour ; on appliqua alors le chaînage et les ancres visibles à l'extérieur.

Le donjon, bâti de moyen appareil, est flanqué aux angles de petits contreforts plats. Deux grands arcs de décharge, compris entre les contreforts d'angle et un troisième contrefort placé au milieu, se remarquent aux faces est et ouest : sans doute, les faces aujourd'hui cachées par les bâtiments en possédaient aussi. Cette disposition singulière qui date du XIIe siècle n'est pas unique en Angoumois ; on la retrouve au donjon de Marthon, non loin de La Rochefoucauld. Les mâchicoulis portent sur plusieurs encorbellements, leur linteau est orné d'arcs trilobés qui soutiennent eux-mêmes un parapet percé de quelques larges créneaux. Le long de la face sud, on remarque un conduit reposant sur deux encorbellements, à la hauteur du dernier étage et montant jusqu'au crénelage.

Les parties basses du donjon sont d'appareil petit et irrégulier, ou de blocage; les contreforts font chaînage; les parties hautes, au contraire, sont d'un bel appareil.

L'aile du XVIII° siècle est flanquée sur l'angle nord-ouest d'une tour cylindrique, dont l'intérieur contient une salle à chaque étage; les mâchicoulis et le crénelage sont identiques à ceux du donjon. Un cordon circulaire marque peut-être une reprise; la toiture est en poivrière. La tour placée entre les deux ailes du XVI° siècle appartient à la même construction que la précédente, mais le linteau des mâchicoulis n'est pas orné. Par contre, elle possède une jolie lucarne avec croisée de pierre, gâble fleuronné et pinacles.

A l'exception des parties qui viennent d'être mentionnées et du corps de logis placé au-dessus de la voûte d'entrée et qui paraît dater du XV° siècle, le reste des constructions, c'est-à-dire les deux ailes principales du sud et de l'est, appartient aux travaux exécutés par François de La Rochefoucauld et Anne de Polignac, sa femme.

Galeries. — Ces deux ailes, si larges qu'en soient les proportions, sont simples et, comme il était d'usage alors, les pièces se commanderaient, si des galeries extérieures n'assuraient le dégagement. Cette disposition, que l'on retrouve à Graves dans l'Aveyron, à Dampierre dans la Charente-Inférieure, comme le dit M. Palustre, et aussi dans une jolie maison de Nay, dans les Basses-Pyrénées, constitue la décoration et l'originalité de la vaste cour intérieure du château. Des trois étages de galeries, les deux premiers sont identiques : des pilastres ioniques portent des bandeaux formant entablement. Entre les pilastres, s'ouvrent de grandes baies en arc surbaissé qui reposent sur des pilastres appliqués contre les faces latérales des précédents. Des disques ornent les écoinçons et, sur les entablements, des moulures dessinent des losanges et des panneaux simulés. Au troisième étage, on a doublé le nombre des baies et, par conséquent, celui des pilastres intermédiaires. A chaque baie correspond une sorte de petit gâble composé d'un demi-cercle monté sur deux contre-courbes. Ce tympan est décoré d'une coquille. Des « candélabres » séparent les gâbles au droit des pilastres ; un autre candélabre surmonte chacun de ces gâbles. De grands crochets terminés en volute agrémentent les courbes des tympans. La répétition de ces divers motifs forme une décoration continue qui cache la base du comble.

M. Palustre, qui a éprouvé une « vive impression de surprise et d'admiration » à la vue de cette cour, a remarqué que l'architecte n'avait point l'idée des « ordres » antiques ; il s'est contenté de répéter partout des chapiteaux ioniques ; il en conclut que cet architecte, même s'il avait emprunté à l'Italie l'agencement des galeries, devait être français. Il cite le nom de Charles Viart, maître d'œuvre, qui s'est distingué à Blois et à Beaugency. D'ailleurs, on ne peut considérer attentivement, ajoute M. Palustre, le plus grand et le plus beau château de l'Angoumois sans songer immédiatement à ces édifices élevés depuis peu dans la région comprise entre Tours et Orléans. Il paraît même que les disques et les losanges décoratifs étaient peints en noir, réminiscence des placages d'ardoises de la région de la Loire.

Les deux premières galeries sont couvertes de fort beaux caissons de pierre, dont les moulures sont soutenues par de petites clefs pendantes. Un doubleau en anse de panier, qui correspond à chaque entre-colonnement, repose sur des culs-de-lampe décorés de personnages et de motifs les plus variés ; malheureusement, beaucoup d'entre eux ont été mutilés. L'architecte ayant songé, avant tout, à l'ordonnance de la façade et des galeries, n'a point prévu l'emplacement des portes ; en conséquence, l'encadrement de certaines d'entre elles se trouve coupé par le cul-de-lampe d'un doubleau. La dernière galerie n'a pour couverture que de simples dalles de pierre.

Parmi les portes les plus remarquables sont celles qui ouvrent sur l'escalier et sur la chapelle. La porte de l'escalier, au premier étage, comprend un arc en plein cintre porté sur des pilastres ornés de panneaux et de disques ; elle est encadrée d'une bordure rectangulaire, ce qui a produit deux écoinçons garnis de médaillons. Au-dessus, un couronnement important comprend également des disques et des panneaux entre une petite frise régulière et un rang de longs denticules.

Au rez-de-chaussée, l'arc de la porte est surbaissé ; deux rangs de claveaux portant des petits caissons et des rinceaux reposent sur quatre pilastres tout couverts d'arabesques. Deux larges pilastres et un entablement forment l'encadrement. Les pilastres sont montés sur des socles garnis de panneaux losangés ; ils sont décorés de cannelures et couronnés de chapiteaux ioniques. L'entablement, compris, ainsi que dans la porte précédente, entre une frise régulière et un rang de denticules, est chargé de trois médaillons avec bustes séparés par des cartouches et des rinceaux où se voyaient l'F et l'A, initiales des constructeurs de cette partie du château.

Chapelle. — La porte de la chapelle est d'une ordonnance tout à fait semblable. Seulement, les parties correspondant aux pilastres forment une sorte d'architrave en saillie ; elles sont décorées de deux personnages en buste. Deux autres bustes se détachent du fond de médaillons appliqués dans le reste de l'entablement. L'abbé Michon y voit les saints Pierre, Paul, Jacques et André.

Près de la chapelle, on remarque des arrachements qui indiquent que l'on avait projeté de continuer les galeries sur le côté aujourd'hui ouvert.

A l'intérieur, la chapelle, très haute de voûte, est aussi très vaste, car elle occupe non seulement toute la largeur de l'extrémité de l'aile de l'est, mais encore une tour très saillante. Elle comprend trois travées et un chevet en hémicycle, voûtés d'ogives avec liernes et tiercerons.

Dans le chevet, les fenêtres, garnies de remplages réguliers, sont pratiquées au fond de trois retraits rectangulaires. Une fenêtre, disposée de même, éclaire le mur nord de la nef, sous la seconde travée. Ces retraits s'ouvrent entre les colonnes minces et élancées, destinées à supporter les voûtes et dont les bases sont ornées de griffes. Les doubleaux sont décorés de caissons. Les clefs de voûte présentaient des blasons qui avaient été mutilés. La tribune occidentale est moderne.

La chapelle est bâtie sur une salle qui se trouve en sous-sol par rapport à la cour du château, mais qui est de niveau avec le plan des terrasses longeant la Tardoire. Il en est de même dans toute l'aile de l'est. Les salles de ce soubassement sont couvertes de belles voûtes. Les étages ont conservé peu de chose de leur décoration ancienne qui consistait en grands panneaux sur toile et en boiseries dont quelques fragments avaient échappé au pillage du château.

Escalier. — L'aile sud renferme plusieurs salles. L'escalier qui les sépare, œuvre tout à fait remarquable, est renfermé dans une cage rectangulaire qui part du sous-sol et monte jusqu'aux combles. Les marches contournent un gros noyau central qui ressemble à celui de l'escalier principal du château de Châteaudun. Les moulures, qui forment une spirale à hauteur d'appui et sous l'extrémité des marches, encadrent des panneaux de pierre.

L'extrémité la plus large des marches repose le long des murs de la cage sur une moulure analogue aux précédentes et qui est supportée par des arcs surbaissés plaqués contre les parois; ces arcs reposent sur de jolis culs-de-lampe variés.

« A son sommet, comme le dit l'abbé Michon, la colonne
« centrale s'élargit en moulures qui lui tiennent lieu de
« chapiteau et présentent huit têtes d'anges ailés, destinés à
« porter la naissance de huit nervures de la voûte. Ces
« nervures, rayonnant d'abord autour de la colonne, vont se
« rencontrer, à des clefs pendantes autrefois sculptées en
« armoiries, avec seize autres nervures qui partent, deux à
« deux, de huit consoles correspondantes placées sur la
« muraille ».

Le palier final est bordé d'une balustrade divisée en trois compartiments avec encadrements losangés et décorés de cartouches. Celui du milieu présente, en très fort relief, une figure d'homme à mi-corps, qu'à ses vêtements déchiquetés et garnis de grelots, on reconnaît visiblement pour être un « fou ». Néanmoins, on avait cru y voir le portrait de l'architecte ; on lui avait même donné un nom : « Antoine Fontan », conformément à un graffite écrit au pinceau dans un des cartouches voisins.

Façades extérieures. — L'élévation des deux ailes du XVI° siècle comprend, pour la raison indiquée, trois étages, sans compter celui des grandes lucarnes, dont l'encadrement coupe la base du comble. A la face est, trois étages de pilastres supportant des bandeaux marquent les étages. L'étage inférieur est plus élevé que les autres ; les fenêtres y sont rares et n'occupent ni toute la largeur, ni toute la hauteur d'un entre-colonnement. Aux deux étages suivants, au contraire, pilastres et bandeaux encadrent des croisées de pierre. Une corniche court au-dessus des fenêtres du dernier étage. Elle est composée d'une série de petits culs-de-lampe qui portent un garde-fou formé d'une suite de panneaux que décorent alternativement des F et des A, initiales de François de La Rochefoucauld et d'Anne de Polignac.

Les lucarnes, « au lieu d'être placées à l'aplomb du mur,

se dressent en arrière d'une étroite terrasse », disposition caractéristique que l'on retrouve aussi dans un certain nombre de châteaux des bords de la Loire. Comme cette terrasse présentait des inconvénients au point de vue de l'infiltration des eaux, on avait prolongé le versant du toit jusqu'au balcon lui-même, où des colonnettes soutenaient cet auvent adventice. Aujourd'hui, le toit a repris sa forme primitive : on peut donc admirer les lucarnes dans toute leur élévation.

Les lucarnes comprennent elles-mêmes deux étages. Le premier est une vaste croisée de pierre flanquée de deux pilastres qui portent un entablement. Sur cet entablement, repose une baie rectangulaire, assez allongée et de beaucoup moindres proportions ; elle est réunie par deux autres contre-courbes à l'entablement de l'étage inférieur, et surmontée elle-même d'une sorte de gâble formé de deux contre-courbes et d'une demi-lune avec coquille. De chaque côté de cette baie, deux pilastres dressés au droit des pilastres de la grande fenêtre, et deux autres supports en balustres, forment un écran ajouré qui porte un bandeau régnant avec la partie horizontale de l'encadrement de la petite baie déjà mentionnée.

Sur ce bandeau sont posés, de chaque côté, deux pinacles en forme de « candélabres ». Deux candélabres encore flanquent le gâble surmontant les petites baies ; trois autres enfin, de composition semblable, mais plus petits, accompagnent la coquille qui amortit ce gâble. Des rinceaux de pierre, s'enroulant de l'un à l'autre, étrésillonnent tous ces pinacles, dont l'ensemble forme un couronnement d'une grande richesse et d'une extrême légèreté.

La tour de la chapelle possède au niveau de son crénelage, qui se trouve interrompu, une lucarne de même style, mais plus simple, et dont le gâble rappelle de très près ceux qui courent au-dessus des petites arcades de la cour intérieure. Le crénelage porte sur des mâchicoulis décoratifs ;

car cette tour, ainsi qu'il a été dit, appartient à la reconstruction du XVIᵉ siècle. On s'en rend d'ailleurs parfaitement compte : du côté nord, on constate que la partie demi-cylindrique de la tour ne fait que continuer le mur qui ferme l'aile et qui est percé d'une fenêtre appartenant à la nef de la chapelle.

La façade sud, en ce qui concerne l'élévation, est semblable à la précédente. Seulement, l'étage inférieur est moins visible, parce qu'il est caché dans un fossé sec; puis de simples moulures horizontales ou verticales marquent les étages et encadrent les fenêtres, dont quelques-unes, assez étroites, ne possèdent qu'un meneau transversal. Le balcon, placé devant la terrasse des lucarnes, est plus riche encore. Si, comme le précédent, il comprend une suite de panneaux aux initiales F et A, il repose sur de petits arcs plein cintre décorés de coquilles dans le tympan et supportés par des culs-de-lampe des plus variés.

Cette façade n'est point sur la ligne qui rejoindrait les tours de l'entrée à celle de l'angle sud-est : elle est placée fort en avant et se rattache à ces deux tours par deux pans coupés. Cette disposition, « peut-être unique », provient du désir qu'avait l'architecte de ne pas projeter la cage de l'escalier en dehors de l'alignement de la façade. Néanmoins, l'existence de cet escalier se révèle, même à l'extérieur. D'abord, les deux fenêtres qui l'éclairent interrompent les cordons séparant les étages; elles ne sont point de niveau avec les croisées des appartements. En outre, le haut de l'escalier, comportant un étage de plus, forme un pavillon rectangulaire couvert d'un toit à quatre croupes : une croisée encadrée de pilastres y est percée et supporte une grande lucarne à double étage, absolument identique à celles de la façade orientale.

Les autres lucarnes de la façade correspondent aux fenêtres, de largeur inégale, mais de disposition invariable : la croisée, encadrée de moulures, est surmontée d'un gâble où s'ouvre une baie rectangulaire; les rampants du gâble sont figurés par deux paires de contre-courbes amorties par une coquille. Des « candélabres » réunis par des volutes ajourées flanquent les naissances des contre-courbes; trois autres petits candélabres se dressent sur la coquille finale.

On place habituellement la construction de ces deux grands corps de logis entre les années 1528 et 1538. M. Palustre a remarqué qu'à cette époque, les cuisines et les autres pièces de cet étage devaient être achevées, et que les travaux devaient même avoir été poussés jusqu'à la première galerie inclusivement: c'est, en effet, aussitôt après le mariage de François de La Rochefoucauld et d'Anne de Polignac qu'ils auraient été commencés, c'est-à-dire en 1519.

Les communs ont peu de caractère; cependant, la porte d'entrée se trouve dans un pavillon surmonté d'une haute toiture à quatre pans. Elle peut remonter au début du XVIIe siècle, ainsi qu'une échauguette en saillie sur cette ligne de bâtiments.

Il faut enfin signaler dans les cours du château un bassin provenant de Liancourt et un joli puits. La margelle est abritée par un édicule rectangulaire : quatre colonnes portent un entablement que couronne une toiture de pierre formée de quatre portions de sphère.

ÉGLISE PAROISSIALE

L'église de la ville de La Rochefoucauld appartient au très petit nombre d'édifices de l'Angoumois qui soient entièrement bâtis en style gothique. C'est un vaisseau rectangulaire long de cinq travées et voûté de croisées d'ogives. Les trois premières travées forment la nef; la quatrième est flanquée de deux chapelles carrées qu'on peut regarder comme des croisillons ; la cinquième, terminée par un mur plat, est occupée par le chœur. Au flanc nord de la première travée est accolé un gros clocher établi dans l'alignement de la façade. L'église date de la fin du XVI° siècle : elle fut gravement endommagée par les protestants.

Les supports consistent en faisceaux de trois colonnettes dont celle du milieu est ornée d'un filet; les chapiteaux sont décorés de feuillages ; les tailloirs sont polygonaux ; les voûtes ont été refaites au XVII° siècle, sur les arrachements anciens, semble-t-il. On y voit des clefs aux armes des La Rochefoucauld avec le collier du Saint-Esprit.

Les arcs qui s'ouvrent sur les croisillons sont un peu plus étroits que la travée formant carré de transept; ils montent un peu moins haut que les formerets de cette travée ; les deux angles de chaque piédroit sont ornés d'une colonnette engagée correspondant à la moulure torique qui occupe les arêtes des claveaux de l'arc. Les fenêtres sont divisées par un meneau central en deux arcs secondaires surmontés d'un quatre-feuilles. La fenêtre du chevet, très grande, ne compte pas moins de quatre meneaux. Le dessous du clocher, communiquant par un arc avec la nef, est couvert d'une voûte d'ogives que portent quatre colonnes ; on y voit deux liernes. Les croisillons, analogues à la nef, sont voûtés d'une croisée d'ogives.

A l'extérieur, la façade de l'église forme un massif rectangulaire, flanqué de trois gros contreforts : il comprend à la fois la souche du clocher et la façade proprement dite. La porte en tiers-point, remaniée en 1577, est dépourvue de tympan : l'archivolte, très mutilée, repose sur six colonnettes appliquées dans l'ébrasement. Au-dessus, une grande rose est bordée de moulures toriques ; le remplage a été restauré. Des contreforts terminés par un amortissement en bâtière flanquent les angles de la base du clocher. Sur la face occidentale, deux arcs en plein cintre, bandés entre les contreforts, portent une balustrade de quatre-feuilles faisant légèrement saillie sur celle qui correspond à la nef.

A ce niveau, commence le clocher proprement dit ; il comprend un premier étage rectangulaire dont les angles sont ornés d'une colonnette engagée ; une baie en tiers-point s'ouvre sur la face occidentale ; elle abrite un arc trilobé. Un bandeau couronne cet étage. Au-dessus s'élève une flèche qui repose sur un tambour octogone flanqué de quatre clochetons et ajouré par quatre baies en tiers-point dont les boudins reposent sur quatre colonnettes. Des colonnettes engagées garnissent les angles du tambour et des clochetons, percés de petites baies en forme de meurtrière et coiffés de flèches à crochets. La flèche principale, assez aiguë, est également hérissée de crochets. A sa base, au-dessus des quatre baies qui viennent d'être mentionnées, s'ouvre une fenêtre en tiers-point surmontée d'un quatre-feuilles ; les piédroits de l'encadrement, comme le gâble, sont ornés de crochets.

ÉGLISE DE SAINT-FLORENT

Cette église, aujourd'hui désaffectée et partiellement détruite, appartenait à un prieuré relevant de Saint-Florent de Saumur et qui avait été fondé, en 1060, par Guy et Aimar de La Rochefoucauld.

Elle comprenait une nef munie de collatéraux, un transept dont le carré était surmonté d'une coupole et un chœur avec abside. Seule la nef subsiste ; elle est voûtée en berceau plein cintre ; les collatéraux conservent des voûtes d'arêtes. Les piliers sont rectangulaires et flanqués de quatre colonnes ; les chapiteaux sont, pour la plupart, simplement galbés et couronnés de tailloirs très élevés.

La façade est divisée en trois parties correspondant à la nef et aux bas-côtés ; la porte en plein cintre ne présente qu'une seule voussure reposant sur des colonnes dont le fût est orné de cannelures, ce qui est rare en Angoumois. La fenêtre percée au-dessus est également accostée de deux colonnes. Une corniche à modillons régnait au-dessous d'un fronton dont le milieu était occupé par un clocher-arcade. Plusieurs des sculptures de cette église ont disparu depuis quelques années.

ÉGLISE SAINT-PIERRE

Cette église était située dans la « basse ville », dont l'enceinte s'étendait aux pieds du château. Elle n'était formée que d'une nef et d'une abside. Le chevet a malheureusement été abattu, il y a peu de temps, pour élargir la rue avoisinante; c'était cependant la partie la plus remarquable de ce petit édifice du XIIe siècle. Elle était décorée d'arcades et de colonnes-contreforts couronnées de demi-cônes tout couverts d'écailles. Un cordon d'étoiles entoure la partie cintrée des fenêtres de la nef.

CLOÎTRE ET ÉGLISE DES CARMES

Le couvent des Carmes, aujourd'hui transformé en collège, fut fondé en 1318 par Guy de La Rochefoucauld. A demi détruit par les calvinistes en 1552, il fut rétabli depuis; néanmoins, il avait gardé un très joli et très vaste cloître du XVe siècle encore intact, ainsi que l'église, moins bien conservée et datant de ce même siècle et du suivant.

Les galeries du cloître ne sont pas voûtées; la charpente en appentis repose sur les murs latéraux et sur des arcatures établies sur un bahut continu. Ces arcatures sont en tiers-point garni intérieurement d'un arc trilobé. Les supports consistent en un faisceau de colonnettes et de moulures prismatiques, couronnées par un tailloir rectangulaire. La nef de l'église et le collatéral sont voûtés d'ogives.

Non loin de ce cloître on peut signaler, dans la rue, une maison du XVI° siècle, de pierre avec décoration de pilastres Renaissance. L'Hôtel-Dieu, bâti le long de la Tardoire, et distingué par une petite flèche d'ardoises, possède des tableaux anciens et des vases de pharmacie remontant au début du XVII° siècle.

L. SERBAT.

BIBLIOGRAPHIE. — *Plans, coupes et élévations du château de La Rochefoucauld*, dans le *Recueil de la Commission des Monuments historiques*. — Godefroy (J.) et Bauhain (E.) : *Château de La Rochefoucauld en Angoumois. Notice historique, essai de restitution au XV° siècle;* Paris, 1893. — Michon (L'abbé) : *Statistique archéologique de la Charente*. — Sharpe : *A visit to the domed churches of Charente*. — Guérin-Boutaud et Georges : *L'église Saint-Pierre de La Rochefoucauld*.

POITIERS

Par M. André RHEIN.

Si le cadre, forcément restreint, assigné à cette notice ne peut contenir l'histoire complète de la capitale du Poitou, il nous paraît pourtant nécessaire d'en donner ici un résumé succinct.

Appelée *Limonum* sous les Gaulois, la ville était le chef-lieu de la peuplade des Pictons, dont elle prit le nom au IVe siècle. Sous la domination romaine, elle faisait partie de la province d'Aquitaine et elle acquit rapidement une importance attestée par les nombreux vestiges de l'antiquité découverts dans son sol.

Le siège de Poitiers, fondé dès l'introduction du christianisme en Gaule, fut occupé par d'illustres évêques, notamment par le grand docteur saint Hilaire, et, au VIe siècle, Venance Fortunat.

Le nom de Poitiers fut intimement mêlé aux fastes de la France dès son origine. C'est dans les environs de la ville, en un lieu qu'on identifie d'ordinaire avec le village de Vouillé, que Clovis défit et tua, en 507, Alaric, roi des Wisigoths. A la suite de cette victoire, le Poitou fit partie du royaume des Francs.

En 732, Charles Martel tailla en pièces, près de Poitiers, l'armée des Sarrasins et sauva ainsi l'Occident de l'invasion musulmane. Son fils, Pépin le Bref, conquit de nouveau le Poitou qui avait été pendant quelque temps rattaché à l'Aquitaine. Charlemagne fit de cette province un comté, dont un des titulaires, Adalbert, prit, en 990, le titre de duc d'Aquitaine.

Réunie au domaine royal par le mariage d'Éléonore avec Louis VII (1137), elle en fut bientôt séparée lors du divorce de cette princesse, en 1152, et passa, du fait du second mariage d'Éléonore, entre les mains d'Henri II, roi d'Angleterre. En 1203, Philippe Auguste la confisqua sur Jean sans Terre; mais sa possession ne lui fut confirmée que par le traité de 1259.

Le Poitou, donné en apanage à Alphonse, frère de saint Louis, en même temps que la Saintonge, l'Aunis, l'Auvergne et la Marche, fit retour à la couronne en 1271, à la mort de ce prince. Il fut de nouveau détaché en 1311 en faveur du second fils de Philippe le Bel, le futur Philippe le Bon; puis, en 1356, au bénéfice de Jean, fils de Jean le Bon.

Le 19 septembre de cette même année, la cruelle défaite de Poitiers amena la prise du roi par les Anglais, et le traité de Brétigny qui, en 1360, céda le Poitou à l'Angleterre. Charles V l'ayant reconquis, le restitua à son frère Jean, alors duc de Berry et d'Auvergne.

Cette province fut une de celles qui restèrent toujours fidèles à Charles VII et, pendant les premières années du règne de ce prince, Poitiers put être considéré, conjointement avec Bourges, comme la capitale de ses états. Il y établit son Parlement, et la Cour des aides s'y installa en 1425.

Au XVIe siècle, les guerres de religion eurent, pour la ville de Poitiers, des conséquences désastreuses : des bandes protestantes s'en emparèrent en 1562 et se livrèrent à un pillage éhonté. Les précieux trésors que renfermaient les églises furent presque entièrement anéantis. Sept ans plus tard, Coligny vint assiéger la place, mais la résistance héroïque des habitants, commandés par le comte de Lude et le duc Henri de Guise, sauva la ville après un investissement de six semaines et lui épargna ainsi de nouvelles épreuves.

Rattaché d'abord au gouvernement de l'Orléanais, le Poitou forma ensuite un gouvernement particulier.

C'est en 1542 que fut créée la généralité de Poitiers.

MONUMENTS ANTIQUES

Poitiers n'a conservé que des témoins insignifiants de ses monuments gallo-romains.

L'amphithéâtre, qu'on croit avoir été construit au IIe siècle, était l'un des plus considérables de la Gaule, car l'arène mesurait 72 mètres sur 47 et les murs atteignaient près de 28 mètres de hauteur. Utilisé comme carrière pendant tout le moyen âge, cet édifice, quoique dépouillé de ses parements, présentait encore, au milieu du XIXe siècle, un très réel intérêt; mais, en 1857, des spéculateurs en firent l'acquisition et procédèrent à sa démolition pour créer un quartier nouveau et un marché. On peut en voir encore plusieurs vestiges dans quelques cours de maisons de la rue Bourcani, qui a épousé la forme de son enceinte, comme la rue des Arènes.

Des fouilles, opérées en 1877 par le P. de La Croix, mirent au jour, à l'angle des rues Saint-Germain et de Bretonnerie, les substructions des thermes. D'autres recherches, dirigées par le même archéologue sur les hauteurs du faubourg de la Roche, amenèrent la découverte des restes d'un temple consacré à Mercure.

Trois aqueducs, convergeant vers Poitiers, amenaient en abondance dans la ville l'eau des sources environnantes. On n'en retrouve que de rares débris.

MONUMENTS RELIGIEUX

BAPTISTÈRE SAINT-JEAN

Le baptistère Saint-Jean est l'un des spécimens les plus intéressants de l'architecture chrétienne des premiers siècles que nous ayons conservés. Il fut regardé pendant longtemps comme un temple païen ou comme un monument funéraire, mais les fouilles opérées, à partir de 1890, par le P. de La Croix, ont permis de l'identifier avec l'ancien baptistère de la cathédrale.

Érigé en paroisse en 1638, ce petit édifice resta pourtant consacré à son usage primitif pour toute la ville jusqu'à sa désaffectation en 1791. Mis en vente sans résultat, il fut, grâce aux efforts de Dom Mazet, repris par l'État, qui en donna la jouissance aux hospices de Poitiers. Ceux-ci pourvurent fort mal à son entretien et se déchargèrent de leur usufruit en 1822 au profit de la fabrique de la cathédrale.

Dix ans plus tard, la municipalité ayant projeté de démolir le baptistère pour faciliter le percement de la rue qui relie le centre de la ville au Pont-Neuf, les pouvoirs publics se décidèrent à l'acquérir et à opérer les travaux indispensables à sa conservation, sur les instances de M. de Caumont.

Depuis 1886, la Société des Antiquaires de l'Ouest, qui en a obtenu la garde, a installé dans ce monument les intéressantes collections lapidaires qu'elle possède.

Les études consacrées par le P. de La Croix au baptistère Saint-Jean ont éclairé son histoire. Dans notre description, nous nous inspirerons des résultats acquis grâce aux recherches conduites avec une si judicieuse persévérance par le savant jésuite. Il nous paraît toutefois prudent d'émettre quelques réserves au sujet des dates attribuées à chacune des parties de l'édifice; car il semble téméraire de déterminer, avec autant de précision, l'âge des reprises si compliquées que ce monument a subies au cours des siècles.

Dans son état actuel, le baptistère se compose d'une salle rectangulaire, précédée, à l'ouest, d'un narthex à pans coupés et flanquée, à l'est, d'une abside polygonale, au nord et au sud de deux absides en hémicycle.

Le narthex, attribué au XIe siècle par le P. de La Croix, aurait été construit après le grand incendie qui ravagea la ville vers 1018, désastre dont il n'est peut-être pas impossible de reconnaître des traces dans le monument. Ses murs sont construits en petit appareil irrégulier, interrompu par des chaînes verticales de pierre et percé de baies à voussure nue.

Trois arcades du XIe siècle font communiquer le narthex avec la partie centrale ou *cella*. Cette salle, qui forme, du nord au sud, un rectangle, est le seul reste actuellement visible du baptistère primitif, que le savant archéologue attribue au IVe siècle, pour des motifs que nous exposerons tout à l'heure. Nous ne parlons ici que des parties basses des murs de la cella, car ses trois absides et la paroi limitée par la tablette surmontant les arcades des absides doivent être le résultat d'importants remaniements effectués au VIIe siècle. Les absidioles nord et sud sont ouvertes par un arc reposant sur des colonnes antiques; au-dessus, deux arcs en plein cintre, reliés par un arc en mitre et soutenus par des colonnettes à chapiteaux ornés de palmettes et de volutes, encadraient primitivement deux fenêtres qui furent transformées en oculi au XIIe siècle, afin de laisser un plus vaste champ à la décoration picturale dont on couvrit les murs à cette époque.

A l'est, l'arcade d'ouverture est comprise sous un arc retombant, avec deux plus petits qui l'encadrent, sur des colonnes antiques; toute cette disposition paraît bien remonter à l'origine de la construction. La partie supérieure est semblable à celle des deux autres côtés.

L'abside orientée à cinq pans fut voûtée, au XIII° siècle, d'un cul-de-four polygonal; elle est garnie, sur chaque face, de deux arcs sur colonnettes d'angle et une commune placée à l'intersection des pans latéraux. Elle est éclairée par une baie sur colonnettes, à laquelle on restitua, en 1856, son aspect primitif, qui avait été dénaturé au XV° siècle.

A l'extérieur, les murs du narthex, en petit appareil, sont couronnés d'une tablette, ornée ou non de rinceaux, que soutiennent des masques. Au-dessus de la porte, s'élève un petit clocher-arcade du XII° siècle. On remarque, le long des murs, les jambages d'une cheminée du XV° siècle, ayant appartenu à une maison accolée contre l'église.

La cella est construite en petit appareil assez irrégulier, jusqu'à un niveau légèrement supérieur à celui du toit des absidioles; au-dessus, l'appareil est de taille moyenne, régulière et allongée. Ses faces latérales ne sont plus ajourées que de deux oculi réservés, comme nous l'avons dit, dans la partie arquée des fenêtres. A la hauteur de l'imposte de ces baies, passe un cordon sur lequel reposent quatre pilastres dont les chapiteaux sont garnis de palmettes grossières traitées en méplat. Ces pilastres soutiennent un linteau à petits ressauts que surmonte un demi-oculus orné d'une croix pattée entre deux arcs en mitre encadrant chacun une rosace en terre cuite. Limité par une corniche portée sur consoles, le pignon est également décoré de deux arcs en mitre, renfermant aussi des plaques de céramique, et, au centre, d'un panneau rectangulaire à rosace, surmonté d'un troisième arc semblable aux précédents. Les rampants, refaits en grande partie, sont garnis d'une frise formée d'une marqueterie de pierres et de losanges de terre cuite et couronnés d'une corniche.

La face orientale est garnie de petits pilastres qui soutiennent le cordon en encadrant les oculi.

L'abside formant sanctuaire est de plan rectangulaire à l'extérieur. Ses murs sont ornés de deux corniches superposées, dont la plus élevée limite et forme encadrement au pignon, où se détache une plaque rectangulaire décorée d'une rosace et surmontée d'une mitre.

Les contreforts qui épaulent les angles nord-est et sud-est de la cella sont attribués aux refaçons du VIIe siècle et ceux du sanctuaire au XIIIe siècle.

Il nous faut maintenant rechercher, d'après les résultats des fouilles opérées, quelles ont été les dispositions successives du monument.

D'après le P. de La Croix, il se composait, au IVe siècle, de la vaste salle rectangulaire subsistant encore aujourd'hui dans ses parties basses. Celle-ci était précédée d'une autre salle de même plan et presque aussi vaste, dont les fondations ont été retrouvées. A l'ouest de cette dernière, s'étendait un porche formé de trois petites pièces; enfin, un long couloir au sud et des salles de dimensions diverses au nord et à l'est complétaient cet ensemble de constructions.

L'examen de l'appareil et des nombreux matériaux employés provenant d'édifices antérieurs, ont amené le P. de La Croix à cette conclusion que le baptistère devait avoir été élevé peu de temps après l'édit de 313 qui donna à la religion chrétienne la reconnaissance officielle.

Trois siècles plus tard, à l'époque mérovingienne, des transformations considérables auraient été effectuées. Toutes les salles adjacentes ayant été détruites, on ne conserva que la cella qui fut elle-même considérablement surélevée, éclairée directement et flanquée de trois absides.

Pour attribuer une date à ces travaux de reprise, le savant religieux s'est appuyé surtout, en dehors de considérations historiques très secondaires, sur le caractère des sculptures décoratives qui ornent les faces extérieures,

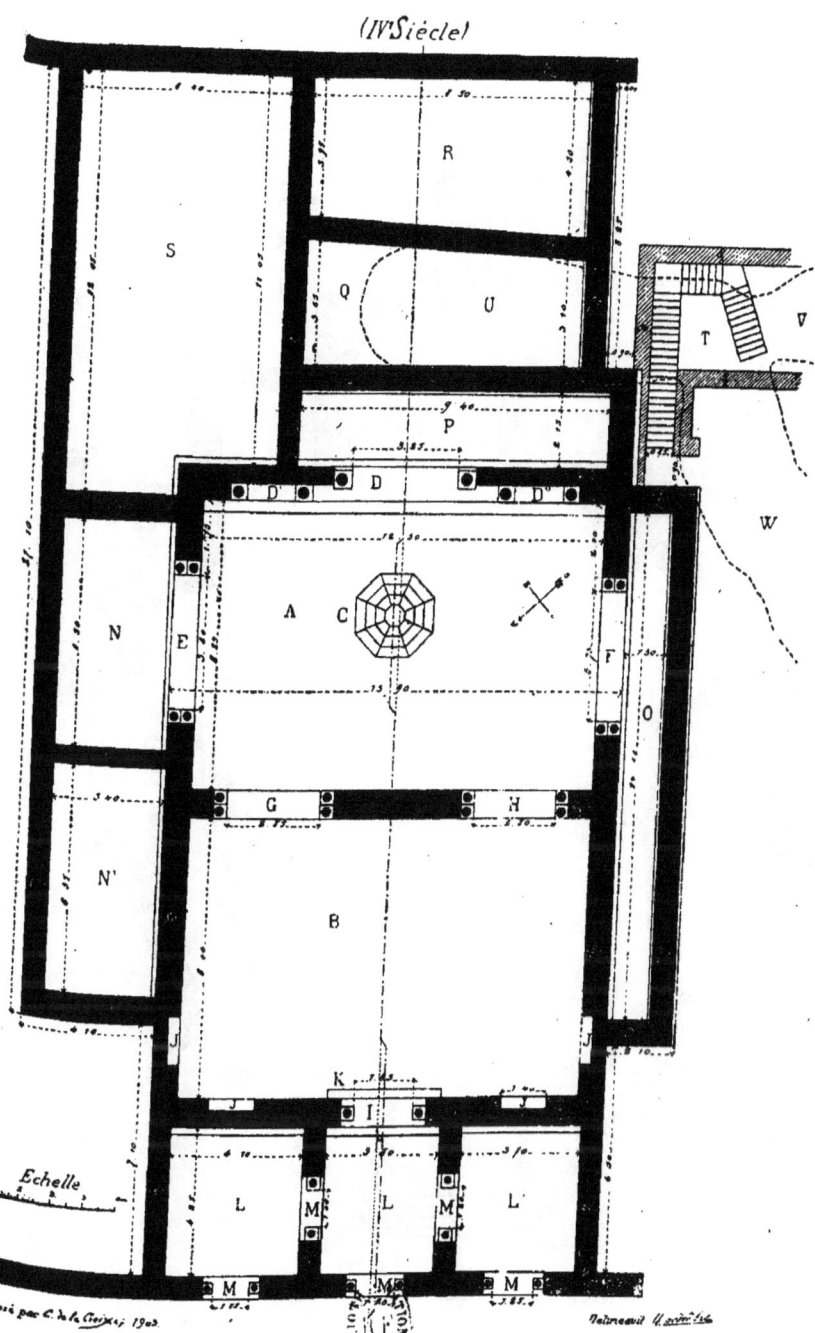

Plan du baptistère de Saint-Jean au IVᵉ siècle.

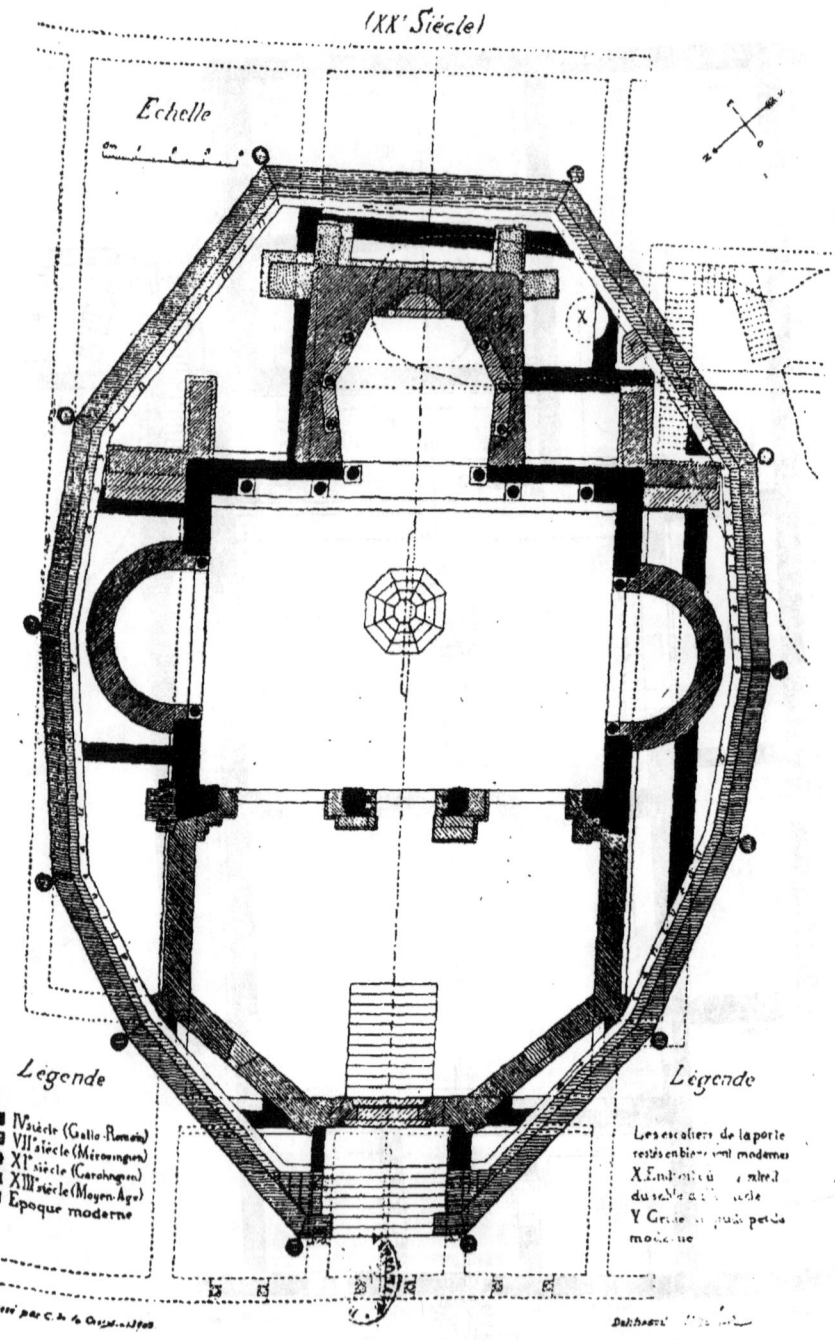

Plan actuel du baptistère de Saint-Jean.

Nous avons déjà signalé la construction, au XIe siècle, du narthex polygonal; au XIIe siècle, du clocher-arcade, et au XIIIe siècle, de la voûte qui couvre l'abside.

Au centre de la cella, se trouvait primitivement une piscine destinée aux baptêmes par immersion. Comblée au VIIe siècle, elle fut retrouvée, en 1803, par Siauve, alors commissaire de guerre en service à Poitiers. Elle se composait d'une cuve octogonale dans laquelle on descendait par des degrés placés sur les huit faces. Les eaux étaient amenées et rejetées par des tuyaux cylindriques de terre cuite. Par suite des changements apportés à l'époque carolingienne dans l'administration du baptême, la piscine fut remplacée par des fonts baptismaux qui disparurent à leur tour au XIe siècle. Ceux que l'on construisit à ce moment subsistèrent jusqu'en 1703, année où ils furent enlevés sur l'ordre de Mgr de la Poype de Vertrieu, sans doute à la demande du P. Grignon de Montfort qui les fit mutiler, croyant y reconnaître un monument païen. Les restes de ces fonts ont été replacés et complétés en plâtre par les soins du P. de La Croix.

Au moyen âge, tous les parements intérieurs avaient été recouverts de peintures, qu'une étude attentive a permis d'attribuer aux XIIe et XIIIe siècles; il en existe encore d'importants vestiges. Dans la cella sont représentés, à droite et à gauche de l'arcade orientale, les douze apôtres. Dans l'arcature angulaire du mur sud, on voit saint Maurice tenant, d'une main, une lance, de l'autre un bouclier; sur la partie droite du mur est, un cavalier, qu'une inscription nous apprend être Constantin, et qui serait l'origine de l'attribution donnée aux statues équestres figurant sur beaucoup de portails romans de l'école poitevine et saintongeaise. A la partie supérieure des trois murs règne une sorte de frise décorée d'une grecque interrompue par des médaillons sur lesquels se détachent des oiseaux. Enfin, des médaillons garnissent également l'arcade orientale et les murs de l'abside.

Le musée, réuni dans le baptistère par les soins de la Société des Antiquaires de l'Ouest, comprend un grand nombre de sarcophages mérovingiens et de pierres tombales de différentes époques; une table d'autel païen trouvée à Vouneuil-sur-Biard et transformée, à l'époque mérovingienne, pour l'usage du culte chrétien.

HYPOGÉE DES DUNES

Des fouilles opérées en 1878, par le P. de La Croix, sur le sommet de la colline des Dunes, amenèrent la découverte d'un hypogée chrétien. La mise au jour de ce monument unique dans notre pays suscita de nombreuses et ardentes polémiques. Une récente étude due à notre érudit confrère M. Léon Levillain semble présenter, sur un sujet si controversé, les plus satisfaisantes conclusions.

Construit au début du VIIIe siècle, au milieu d'un petit cimetière chrétien, par un abbé poitevin du nom de Mellébaude, cet oratoire devait être, dans l'esprit de son fondateur, le propre lieu de sa sépulture et le centre spirituel du cimetière enclavé lui-même dans une nécropole païenne.

Saccagé pour la première fois, du vivant même de Mellébaude, il fut restauré par ses soins, et, pour la nouvelle dédicace, on plaça sous l'autel les reliques de soixante-douze martyrs. Abandonné à une époque qu'on ne peut préciser, ce sanctuaire resta longtemps dans l'oubli, enfoui sous un énorme tas de pierres qui fit donner au champ dans lequel il se trouvait le nom de « Chiron-Martir ». Après l'avoir découvert, le P. de La Croix dut, pour le préserver de dégradations qui auraient amené sa ruine totale, le combler de nouveau; mais, en 1909, il put opérer le déblaiement définitif de ce précieux monument, protégé désormais contre les intempéries par un édicule de style dû à M. Formigé.

Nous nous bornerons à donner ici quelques indications sommaires, renvoyant pour plus amples détails à l'ouvrage du P. de La Croix (1) et à la notice, déjà citée, de M. Levillain (2).

On accède à la crypte par un escalier situé à l'ouest et désaxé vers le nord, dont les marches, divisées en deux volées, ont reçu une décoration de rinceaux et d'entrelacs en bas-relief. La porte d'entrée, encadrée par quatre jambages de pierres calcaires, était surmontée d'un linteau dont les fragments sont aujourd'hui déposés contre le mur du chevet; l'inscription qui y était gravée indiquait la destination de l'édifice. Les piédroits sont décorés de rinceaux et de rosaces et, vers l'intérieur, revêtus de pieuses sentences. Enfin, dans un long texte gravé sur le chambranle droit, Mellébaude relatait de nouveau quel avait été son but en fondant cet hypogée.

La crypte elle-même, divisée en deux parties par une marche, renfermait l'autel, dont on voit encore le massif de maçonnerie qui portait la table. A gauche, sous un arcosolium, une châsse de petites dimensions, transformée plus tard en sarcophage, est surmontée d'une inscription peinte, partiellement recouverte par une seconde. De ces deux textes, il ressort que la dédicace de l'hypogée eut lieu un 30 juillet et qu'il y eut ensuite, les 3 et 19 décembre, une déposition de reliques. Près de l'arcosolium, un cippe représente deux personnages crucifiés, probablement deux des martyrs dont les restes furent déposés en ce lieu. Après que le monument eut été saccagé et restauré, l'autel fut consacré une seconde fois un 13 novembre. C'est alors que

---

(1) La Croix (R. P. de): *Hypogée-Martyrium de Poitiers*, Paris, F. Didot, 1883, in-fol.

(2) Levillain (Léon): *La Memoria de l'abbé Mellébaude*, Poitiers, impr. G. Roy, 1912.

Mellébaude y réunit les reliques dont nous avons parlé plus haut.

Les trois panneaux sculptés en bas-relief qui ornaient le mur méridional doivent dater de cette restauration. Au centre, la croix du Christ est entourée des quatre évangélistes représentés par leurs symboles et de quatre archanges : Michel, Raphaël, Gabriel et Raguel. Le cadre qui entoure les personnages, les ailes et les vêtements ont reçu des incrustations de verre coloré.

Même après avoir été saccagé une seconde fois, ce sanctuaire attira pendant longtemps encore la vénération des fidèles désireux d'y reposer après leur mort et qui entamèrent les murs, au grand détriment de la solidité de l'édifice et sans souci des dispositions primitives, pour y placer d'énormes sarcophages.

A peu de distance de l'hypogée se dresse un dolmen qui porte le nom de « pierre levée », *petra levata, petra suspensa, petra soupaeze*. Il est formé d'une vaste table, mesurant 6 mètres sur 4^{m}50, portée sur trois pieds ; la table est brisée en deux morceaux depuis le XVIIIe siècle.

CATHÉDRALE SAINT-PIERRE

Histoire. — L'édifice actuel s'élève au lieu qu'occupait, d'après la tradition, la première église fondée par saint Martial, apôtre de l'Aquitaine. Elle remplace une cathédrale construite par le comte Guillaume V, à la suite du grand incendie de 1018, consacrée en octobre 1021 et détruite dans le cours du XIIe siècle pour une cause qui nous est restée inconnue.

Jean Bouchet, qui put, au XVIIe siècle, utiliser des documents aujourd'hui disparus, rapporte que la cathédrale actuelle fut commencée en 1166, sous le règne d'Éléonore de Guyenne et de son mari Henri II Plantagenet, roi d'Angleterre. Il ajoute que les travaux, poussés d'abord avec peu de vigueur, prirent une nouvelle activité sous Alphonse de Poitiers, frère de saint Louis. Le chœur était alors, depuis longtemps, utilisé pour le culte, car le maître-autel avait pu être consacré dès 1199.

Lorsque Alphonse mourut en 1271, les deux premières travées de la nef étaient encore inachevées, et la construction des tours était arrêtée au-dessus de leur deuxième étage. Les évêques Gautier de Bruges (1278-1301) et Arnaud d'Aux (1307-1312) donnèrent un nouvel essor aux travaux de la cathédrale, dont la dédicace put être enfin effectuée par l'évêque Bertrand de Maumont (1377-1385), le mardi 18 octobre 1379, fête de saint Luc.

En résumé, à l'exception des étages supérieurs de la façade, on peut dire que la construction de la cathédrale doit prendre place entre l'année 1166 et le dernier quart du XIII° siècle. Malgré certaines opinions récemment émises en sens contraire, l'analyse archéologique vient, du reste, comme nous le verrons tout à l'heure, confirmer d'une manière indiscutable les traditions dont Bouchet s'est fait l'écho.

Les tours furent continuées pendant le cours du XV° siècle; celle du nord ne fut même achevée qu'au début du XVI°.

Le monument ne put manquer de souffrir des troubles qui, à diverses reprises, ébranlèrent la ville. Pillé, avant même sa dédicace, par les Anglais du comte de Derby, en 1346, il fut de nouveau ravagé, en 1562, par les protestants ; sept ans plus tard, l'artillerie de Coligny lança des boulets dont on voit encore les traces sur le mur du chevet.

A la Révolution, les tombeaux furent profanés et dévastés, l'argenterie fut pillée et l'église transformée en salle de décade.

Rappelons enfin, qu'en 1422 eut lieu, dans la cathédrale, le couronnement de Charles VII.

Composé d'un immense vaisseau rectangulaire de huit travées accompagné de deux collatéraux presque aussi élevés, cet édifice est à la fois le plus ancien et le plus remarquable spécimen de cette classe de monuments où les procédés angevins furent appliqués sur une église à bas-côtés et à laquelle appartiennent les églises de Candes, de Cunault et du Puy-Notre-Dame, les chœurs d'Asnières et de Saint-Serge d'Angers et dont faisait également partie l'abbatiale de La Couronne. Cette disposition, qui prouve l'influence exercée par le style poitevin de l'époque romane, s'accorde parfaitement, du reste, avec la tendance qu'ont toujours eue les architectes de l'Anjou d'assurer à leurs voûtes un épaulement direct sans l'intermédiaire d'arcs-boutants.

Dans chaque collatéral, une chapelle forme croisillon et les trois nefs sont terminées par autant d'absidioles empâtées dans le chevet droit qui termine l'édifice.

Il est utile de signaler aussi le rétrécissement continu qui se produit de l'ouest à l'est en raison du manque de parallélisme, probablement intentionnel, des murs latéraux ; particularité qui existe également dans le chœur de Saint-Pierre de Saumur et dans un certain nombre d'autres édifices.

La règle, pleinement justifiée par ailleurs, consistant à commencer la description d'une église par la nef, doit, semble-t-il, souffrir ici une exception ; car, pour le monument qui nous occupe, la nef et le chœur ne faisant qu'un, il paraît plus rationnel de suivre l'ordre chronologique.

Chœur. — Les trois travées orientales, qui constituent le chœur, appartiennent, comme nous l'avons dit, à la fin du XIIe siècle. Les piles cruciformes, très élancées, sont flanquées de quatre colonnes engagées et de quatre hautes colonnettes d'angle ; elles reposent sur des bases, formées d'une gorge entre deux tores et portées elles-mêmes sur un socle octogone et un soubassement à angles abattus.

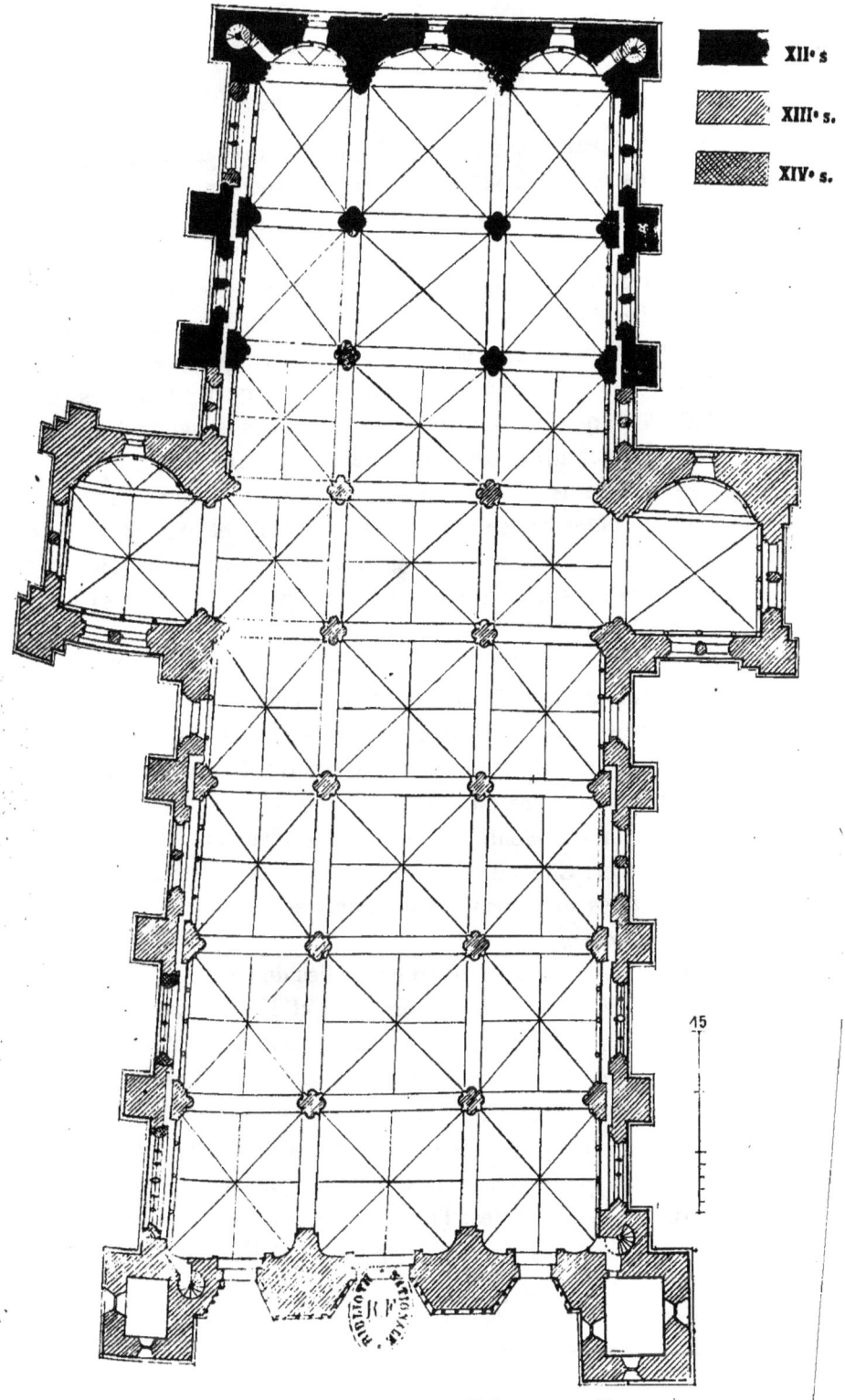

Plan de la cathédrale de Poitiers.

Les chapiteaux sont ornés de feuilles d'eau et de palmettes; des consoles garnies de feuillage soutiennent, comme à Sainte-Radégonde, les colonnes engagées du côté du vaisseau central.

Les arcades, en tiers-point, de profil rectangulaire, sont moulurées de boudins; le tore qui contourne leur archivolte sert de formeret aux voûtes, dont la première, construite seulement au XIIIe siècle, est soutenue par quatre branches d'ogives et quatre liernes. Suivant le procédé habituel en Anjou, les nervures, profilées d'un simple tore, font corps avec les voûtains. La clef est décorée d'un Christ bénissant. Les deux voûtes suivantes sont du XIIe siècle et présentent seulement quatre nervures à épannelage carré, moulurées de boudins. Les doubleaux et les arcades sont semblables et arrivent à la même hauteur.

Nef et bas-côtés. — La construction des cinq travées de la nef fut entreprise, de l'est à l'ouest, dans les dernières années du XIIe siècle, comme le prouve l'examen des socles supportant les quatrième et cinquième piles, dont la disposition est identique à celle précédemment décrite pour le chœur. Elle fut continuée dans le cours du XIIIe siècle, mais les deux travées occidentales ne datent que de la fin de ce même siècle.

Les piles sont de même plan que celles du chœur, mais, vers l'intérieur, les colonnes engagées et les colonnettes d'angle montent à un niveau supérieur à celui des supports des arcades et des collatéraux, par suite de la surélévation des voûtes qui dépassent de plus de cinq mètres celles du chœur. Les socles, moulurés d'une baguette et d'une doucine, sauf aux quatrième et cinquième piles, portent des bases formées de deux tores, l'un déprimé, l'autre aplati et débordant, séparés par une fine scotie; des griffes garnissent les angles. Les chapiteaux sont ornés de feuillage et de crochets d'une belle facture et surmontés de tailloirs moulurés de baguettes élégies par des cavets; au nord, quelques tailloirs sont décorés de feuilles. À la première pile, d'un style plus avancé, la scotie de la base a entièrement disparu, et les chapiteaux portent des feuilles détachées de la corbeille, qui se relèvent en couvrant en partie le tailloir formé d'une simple tablette.

Un mur nu occupe l'espace compris entre le cordon mouluré qui repose sur des consoles ornées de têtes au-dessus des arcades, et les formerets. Les voûtes sont du même type que la première du chœur, dont elles sont séparées par un doubleau plus bas, également surmonté d'un mur pour racheter la différence de niveau. Des têtes garnissent les points de jonction des liernes avec les doubleaux et les formerets, et des rosaces de feuillage décorent les clefs, à l'exception des troisième et cinquième qui sont ajourées d'un œil.

Les voûtes des collatéraux ont été lancées en même temps que celles des travées du vaisseau central qui leur correspondent; leur hauteur, égale dans toute la longueur de l'édifice, est sensiblement la même que celle du chœur; par conséquent, les voûtes des bas-côtés contigus à la nef sont à un niveau inférieur à la voûte principale. Les nervures, datant du XIIIe siècle, sont identiques à celles déjà décrites; pour les deux travées orientales, qui sont entièrement du XIIe siècle, elles présentent comme profil trois tores sur un dosseret. Des colonnes engagées reçoivent les doubleaux et des colonnettes, les ogives et les tores encadrant les doubleaux et les formerets, tandis que la voussure de ces derniers retombe sur des colonnettes placées à l'appui des fenêtres.

Au droit de chaque vaisseau, compris dans l'épaisseur du mur formant chevet, s'ouvre une absidiole peu profonde, garnie de quatre arcatures que surmonte une galerie passant devant une baie accompagnée de deux arcs aveugles. La voûte est portée sur deux nervures à épannelage carré, moulurées de boudins d'angle qui s'appuient contre l'arc de tête et retombent sur des colonnettes.

Les murs latéraux sont décorés, dans chaque travée, de quatre arcs en plein cintre soutenus par des colonnes; mais si, dans les travées accompagnant le chœur, le style des bases et des chapiteaux dénote une même campagne que celle du chœur lui-même, il n'en est pas ainsi dans celles qui encadrent la nef et dont le caractère est évidemment plus archaïque que celui des piles des travées correspondantes. Il y a donc tout lieu de croire qu'un temps assez notable s'est écoulé entre la construction des murs et celle des parties intérieures de la nef. Les bases sont, en effet, moulurées de deux tores, l'inférieur non débordant, séparés par une large scotie, et les chapiteaux ornés de feuilles d'acanthe, ce qui permet d'en reporter la date au début du XIIIe siècle. L'observation qui vient d'être faite peut également s'appliquer aux supports situés contre le mur, au revers de la façade, dont les chapiteaux sont d'un style plus avancé que ceux de la première pile nord et sud de la nef.

Au-dessus d'une tablette soutenue par des consoles à figurines très finement traitées et par de minces colonnettes reposant sur le tailloir des colonnes, le mur, en retrait, laisse, devant les fenêtres, un étroit passage pratiqué dans l'épaisseur des piles et muni, en 1780, d'une lourde balustrade qui le dénature d'une façon déplorable. Cette galerie, si répandue, dès l'époque romane, dans l'architecture à coupoles du sud-ouest, fut adoptée par l'école gothique de l'Anjou, où on la trouve dans les grandes églises à nef unique, comme à Saint-Maurice d'Angers, à Saint-Yrieix ou à La Couture du Mans; mais la cathédrale de Poitiers est le seul monument à bas-côtés de cette école qui la possède.

Dans les collatéraux du chœur, les fenêtres géminées en plein cintre du XIIe siècle ont été conservées aux deuxième et troisième travées sud et à la deuxième travée nord; les autres, refaites à la fin du XIII°, sont en tiers-point et garnies de remplages. Les baies qui éclairent les bas-côtés de la nef sont du début du XIII° siècle, géminées et portées sur colonnettes, mais celles des deux premières travées nord et sud et de la quatrième nord, divisées par trois ou par cinq meneaux qui soutiennent des arcs brisés et un remplage rayonnant, portent l'empreinte d'un style plus avancé.

A la hauteur de la cinquième travée, une chapelle rectangulaire fait saillie de part et d'autre sur les murs latéraux et forme croisillon : celle du nord dédiée à saint André, celle du sud aux saints Apôtres. Elles appartiennent toutes deux à la fin du XII° siècle et marquent le point où s'arrêta la première campagne. L'élévation est identique à celle des bas-côtés. Au nord, la voûte, du XIII° siècle, compte huit nervures formées d'un tore, tandis qu'au sud, les quatre branches carrées, moulurées de boudins d'angle, dénotent une époque plus ancienne. Une absidiole en segment de cercle, enclavée dans le mur oriental de chaque croisillon, présente une disposition en tout point semblable à celle des chapelles qui terminent les trois vaisseaux.

Mobilier. — La cathédrale possède de remarquables verrières de la fin du XII° et du XIII° siècle. La plus célèbre est celle qui décore la fenêtre de l'abside centrale ; elle représente la Crucifixion, la Résurrection et l'Ascension et, dans la partie inférieure, le martyre de saint Pierre. Attribué, par Mgr Barbier de Montault, au premier quart du XIII° siècle, ce vitrail paraît plutôt, en raison de sa facture archaïque, appartenir aux dernières années du siècle précédent. M. Mâle y reconnaît l'influence des verriers de l'école de Saint-Denis qui travaillèrent aussi, du reste, au Mans et à Angers.

Les vitraux encore subsistants dans les fenêtres latérales datent tous du XIII° siècle.

Au revers de la façade, une tribune établie en 1778 porte

un orgue construit une dizaine d'années plus tard par Clicquot et qui coûta 56.800 livres ; la menuiserie est l'œuvre de Faure, de Poitiers, qui a également construit la chaire devant laquelle sont placées, sur trois rangs, quarante stalles du début du XVIe siècle. Celles qui garnissent le chœur, au nombre de soixante-deux, remontent à la fin du XIIIe siècle et peuvent, par conséquent, être comptées parmi les plus anciennes que possède la France. Leurs appuis-main sont supportés par des colonnettes surmontées de chapiteaux à crochets et les miséricordes sont ornées de feuillage. Des figurines et des animaux décorent les tympans des arcatures qui garnissent les dossiers.

La plupart des autres accessoires ne sont pas antérieurs au XVIIIe siècle et proviennent d'un don de cent mille livres fait en 1770 par Louis XV. Dans les années qui suivirent cette libéralité, on refit les charpentes, les boiseries du sanctuaire, les autels des croisillons : c'est à ce moment que fut établie la balustrade des galeries. Le chœur fut clôturé de grilles et l'église tout entière reçut une couche de badigeon.

L'autel de la Vierge, placé dans l'abside centrale, provient de l'abbaye de la Trinité ; la grille qui le précède appartenait au monastère de Sainte-Croix.

Au nord de la dernière travée du chœur, une porte du XVe siècle, divisée en deux baies, donne accès dans une salle, de la même époque, couverte de quatre voûtes d'ogives. Elle servit depuis 1730 aux réunions du chapitre, qui se tenaient auparavant dans la cathédrale même ou dans un autre local et renferme des boiseries de 1735.

Façade. — La façade occidentale, avec les deux tours en hors-d'œuvre qui l'encadrent, présente un développement considérable. Elle est épaulée par deux hauts contreforts indiquant la division intérieure et couronnés de clochetons octogones refaits à l'époque moderne.

Trois portails donnent accès dans l'église ; le manque de liaison qui existe entre eux et les tours prouve qu'ils n'ont pas été bâtis en même temps que les clochers. Le style de leur décoration doit les faire dater de la fin du XIII⁰ siècle. Comme aux cathédrales de Bourges et de Bordeaux, au Puy-Notre-Dame et à Saint-Émilion, une galerie d'arcatures garnit les piédroits et contourne les contreforts : elle portait, à l'origine, des statues surmontées de dais.

Le tympan du portail central, consacré au Jugement dernier, est divisé en trois registres représentant la Résurrection des morts, la séparation des élus et des réprouvés et, au sommet, le Christ-Juge entouré de la Vierge, de saint Jean et d'anges portant les instruments de la Passion. Les quatre voussures sont décorées de statuettes d'apôtres, de prophètes et de saints. Les vantaux sont du XIV⁰ siècle.

Sur le tympan du portail latéral gauche, on voit la Dormition et le Couronnement de la Vierge. A droite, sont figurées diverses scènes de la vie de saint Pierre, patron de l'église. Les voussures sont, comme au portail principal, ornées de figurines. Des gâbles, garnis d'un quatre-feuilles et de deux trèfles aveugles inscrits dans des cercles, surmontent les portails secondaires. Celui qui couronne le portail central porte l'empreinte d'une restauration moderne.

Les parties hautes de la façade ne sont pas antérieures au XIV⁰ siècle et ont été fortement restaurées. Au centre, un rang d'arcatures porte un grand panneau rectangulaire encadrant une rose à remplage formé d'arcs tréflés rayonnants. Une galerie ajourée passe à la naissance du pignon percé d'une rose et muni de crochets sur ses rampants. Une grande baie en tiers-point, subdivisée en deux arcs et un cercle redenté, éclaire chacun des collatéraux. Elle est surmontée d'une étroite lucarne donnant dans les combles. Un faîte horizontal, suivant une habitude très fréquente dans l'école angevine, couronne les parties latérales de la façade.

Les deux tours qui débordent au nord et au sud sur l'alignement des murs, comme à la cathédrale de Rouen et dans quelques églises anglaises, telles que les cathédrales d'Ely et de Wells, font également saillie sur les portails; elles n'adhèrent donc au monument que par un angle.

La tour nord, qui portait au XVIe siècle, en raison de son couronnement, le nom de « tour neuve », est divisée en quatre étages d'époques différentes. Les deux inférieurs, constitués par la souche nue, simplement ajourée d'une étroite baie sur chaque face, et par le premier étage, décoré de hautes arcatures, sont du XIIIe siècle. Le suivant doit être attribué au XIVe; les arcatures qui le garnissent sont surmontées de gâbles. Enfin, l'étage supérieur, de plan octogone, porte les armoiries de l'évêque Pierre d'Amboise (1481-1505) et de Jean de la Trémoille, archevêque d'Auch, administrateur du diocèse à la mort de ce prélat. Chacun de ses pans est percé d'une large fenêtre et il est cantonné de pinacles surmontant les contreforts d'angle.

A l'intérieur, la voûte du rez-de-chaussée a été détruite en 1831 : il ne subsiste plus que les formerets et les sommiers des nervures, taillées en biseau, reposant sur des consoles ornées de grosses têtes. Les ogives du premier étage, moulurées d'un tore à filet, sont soutenues par de petits personnages. Cette voûte, comme celle qui la surmonte et qui est de même profil, paraît dater du XIVe siècle. La tour renferme deux cloches fondues, en 1727, pour l'abbaye de Nouaillé, et apportées à Poitiers au début du XIXe siècle.

La tour, située au sud, compte, au-dessus de la souche, deux étages, dont la décoration et le style sont, à peu de chose près, les mêmes qu'à la tour nord. Quatre clochetons marquent la naissance d'un étage octogone qui fut démoli, avec la coupole de bois qui le surmontait, à la suite du violent ouragan du 6 janvier 1809.

La salle basse possède une voûte dont les nervures chanfreinées retombent, avec les formerets, sur des colonnes surmontées de chapiteaux à crochets. La voûte du premier étage, dont les nervures sont moulurées d'un simple tore, est soutenue par des colonnes à chapiteaux semblables. Enfin, au second étage, les sommiers, seuls conservés, présentent comme profil un tore en amande reposant sur des colonnes dont les chapiteaux, décorés de crochets fleuris, débordent d'une mince tablette formant tailloir. Des arcs à quatre ressauts, bandés dans les angles, étaient destinés à supporter l'étage octogone. Cette tour renferme le bourdon, placé en 1734 par l'évêque Fondras de Courcenay.

Extérieur. — Les faces latérales, ajourées de baies de différentes époques, géminées ou à remplage, sont épaulées par de puissants contreforts qui portent, appliquée contre leur partie supérieure, une petite colonne soutenue en encorbellement. A la quatrième travée nord, s'ouvre la porte Saint-Michel, qui rappelle beaucoup, par sa décoration, le portail méridional de l'église de Candes : elle est également restée inachevée. Ses voussures en plein cintre, simplement épannelées, sont formées de quarts de boudins ; elles retombent sur des colonnettes et des tailloirs, dont quelques-uns ont été sculptés. On y remarque, à gauche, l'Adoration des Mages et la Fuite en Égypte ; à droite, l'Annonciation, la Visitation et la Nativité. Au sud, la porte Saint-Jean présente un tympan entamé, comme celui du Dorat, par deux arcades jumelles dont le trumeau central n'a jamais été placé.

Les croisillons sont ajourés de baies en tiers-point qu'encadrent des arcs portés sur colonnettes, qui peuvent être attribuées à une date rapprochée de l'an 1200.

La première travée du chœur est percée d'une porte dite « porte Sainte-Croix ou de l'Évêché ». Ses deux voussures nues reposent sur des colonnettes d'angle, les tailloirs et l'archivolte sont ornés des dentelures arrondies si fréquentes dans l'art décoratif angevin. Les fenêtres géminées primitives qui se voient encore dans quelques travées sont moulurées d'un boudin continu.

Un vaste chevet rectangulaire, embrassant la largeur des trois nefs, termine la cathédrale vers l'orient. L'absence presque complète de toute décoration donne à ce mur immense un cachet d'imposante sévérité. Des cordons horizontaux le divisent en trois étages; la partie inférieure est absolument nue; au-dessus, trois baies en plein cintre, encadrées par des arcs que soutiennent des colonnettes, éclairent les absidioles noyées dans le mur. Deux colonnes portées sur des consoles décorées de monstres et surmontées d'un glacis forment contreforts au niveau de la retombée des voûtes. L'étage supérieur est garni d'un rang de neuf arcs dont trois sont ajourés de baies éclairant les combles et se termine, comme un grand nombre de façades gothiques de l'école, par un faîte horizontal. Toutefois, un petit pignon limite le toit principal et est orné de trois arcs destinés à encadrer des statues restées dans le bloc depuis la construction de l'édifice.

Aux angles du troisième étage, se dressent des tourelles octogones à colonnettes d'angle surmontées de flèches; celle du sud, dite de « la Madeleine ou de Prime », renfermait une cloche.

La charpente de l'église a été reconstruite à la fin du XVIIIe siècle, à l'exception de celle qui surmonte les trois dernières travées et date du XVe siècle.

Sur le transept s'élevait une flèche qui fut détruite en 1769.

ÉGLISE SAINTE-RADÉGONDE

Sur l'emplacement de l'église actuelle, située, à cette époque, en dehors des murs de la ville, Radégonde, femme de Clotaire Ier, retirée au monastère de Sainte-Croix, avait fait construire un sanctuaire, dédié à Notre-Dame, où elle établit un collège de clercs.

Après que le corps de la sainte y eut été déposé en 587 par Grégoire de Tours, l'église fut placée sous le vocable de sa fondatrice.

Ce monument, dont la crypte renfermait le tombeau de Pépin, roi d'Aquitaine, mort en 838, fut réédifié, peu d'années après, par Louis le Pieux. Incendié par l'armée de Lothaire en mai 955, puis le 18 octobre 1083, il fut de nouveau reconstruit et consacré le 18 octobre 1099, jour de la fête de saint Luc. L'abside avec sa crypte et son déambulatoire, ainsi que l'étage inférieur de la tour, datent de cette époque.

Intérieur. — La nef, dont la construction fut effectuée de l'est à l'ouest, pendant le cours du XIIIe siècle et les premières années du XIVe siècle, se compose d'un large vaisseau de quatre travées, sans collatéraux, et prend place dans cette classe de monuments dont la cathédrale d'Angers est le prototype.

Les deux travées orientales et la moitié de la suivante vers la façade, qu'on peut dater de la première moitié du XIIIe siècle, sont garnies d'arcatures en plein cintre portées sur des colonnes dont les bases sont munies de griffes. Les chapiteaux, à feuilles recourbées, sont surmontés de hauts tailloirs moulurés ou bien ornés de dents de scie et de demi-disques. De courtes colonnettes reposant sur ces tailloirs et une série de petites figurines soutiennent, comme dans les collatéraux de la cathédrale, la galerie qui passe sous l'appui des fenêtres en plein cintre et géminées, dont les colonnettes sont surmontées de chapiteaux garnis de feuilles et d'oiseaux. Les fenêtres de la quatrième travée, qui fut construite en premier lieu, sont plus étroites. A la suite de cette travée, on remarque les amorces d'une cinquième, restée heureusement à l'état de projet, car sa construction aurait entraîné la disparition du chœur.

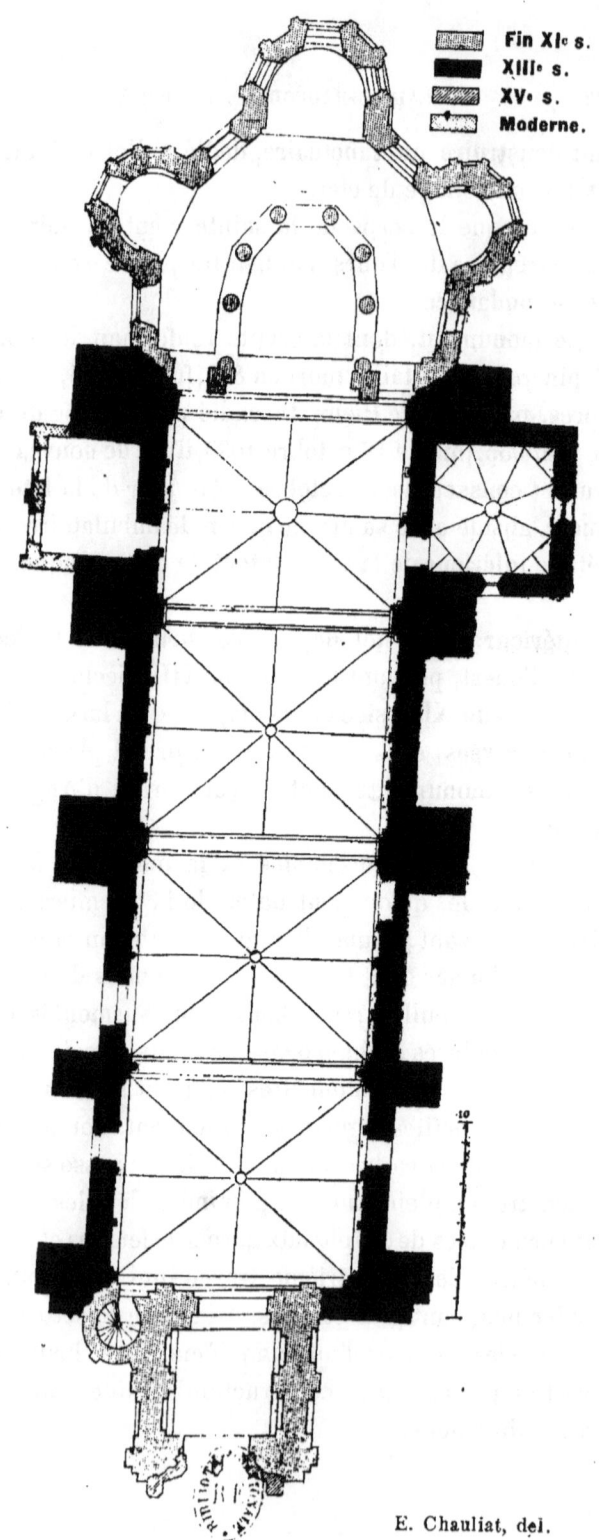

Plan de Sainte-Radégonde de Poitiers.

La première travée occidentale et la partie de la seconde, qui lui fait suite, appartiennent, pour le côté nord, à la seconde moitié, et pour la paroi méridionale à la fin du XIIIe siècle ou au début du siècle suivant. Toutefois, les nouveaux architectes respectèrent, dans leurs grandes lignes, les dispositions primitives. Au nord, la seule différence consiste dans la décoration des chapiteaux ornés de crochets fleuris ; contre le mur sud, les arcs, surbaissés et brisés, reposent sur des colonnettes dont les bases, munies de griffes, n'ont plus de scotie, et les chapiteaux, à feuilles retroussées, sont couronnés de minces tailloirs.

La galerie, accusée par un cordon de baguettes et de cavets, n'est soutenue que par de nombreuses consoles diversement décorées, sans l'adjonction des petites colonnettes que nous avons vues précédemment.

Dans les deux premières travées, de grandes baies en tiers-point sont divisées en arcs tréflés et polylobés ; celles de la seconde travée sont légèrement plus basses que dans la première.

Au revers de la façade, un passage règne au-dessus de trois arcs du XIVe siècle, portés sur des piédroits couronnés de chapiteaux. Les deux arcs latéraux sont en plein cintre ; l'arc central, en tiers-point, encadre l'arcade du XIe siècle qui s'ouvre sous le porche.

Entre les travées, des piles à ressauts sont flanquées : d'une colonne engagée, portée en encorbellement et destinée à recevoir le doubleau, de deux colonnes, partant de fond, pour les ogives, et de deux autres colonnes, reposant au niveau de la galerie, pour les formerets ; disposition identique à celle décrite dans la cathédrale.

Les voûtes surhaussées sont établies sur quatre branches d'ogives et quatre liernes. Les nervures des deux travées orientales présentent, comme profil, un mince boudin engagé dans un dosseret. Les doubleaux rectangulaires à boudins d'angle sont doublés d'un second tore. La clef de la troisième travée porte un médaillon, celle de la quatrième est percée d'un œil.

Les voûtes des deux travées de l'ouest datent du début du XIV° siècle. Leur doubleau commun est mouluré d'un filet entre quatre boudins en amande séparés par des cavets. A la première travée, dont les voûtains latéraux sont plus fortement inclinés qu'à la suivante en raison de la moindre élévation des formerets, les nervures sont formées d'un tore en amande entre deux baguettes. On retrouve le même profil à la travée suivante, mais les moulures sont dégagées par des gorges. Les formerets sont garnis, à leur clef, d'une figurine masquant la retombée des liernes. Les clefs de ces deux voûtes sont décorées de couronnes de feuillage.

Comme nous l'avons dit plus haut, le chœur, de la fin du XI° siècle, mais dont le sol a été surélevé au XV° siècle pour faciliter l'accès de la crypte, est conservé dans son état primitif. Bien plus étroit et moins élevé sous voûte que la nef, il est encadré par une arcade en plein cintre portée sur piédroits; un pilastre en saillie vers la nef était destiné à recevoir les arcs des croisillons. De chaque côté, une arcade plus petite, surmontée d'une fenêtre, donne accès dans le déambulatoire. Le plan polygonal du chevet est assez rare à l'époque romane; mais il se rencontre pourtant quelquefois, surtout dans la région poitevine qui en fournit des exemples remarquables, tels que les absides de Montierneuf et de Saint-Savin et le chœur de Gargilesse (Indre).

Sept arcades en plein cintre s'ouvrent sur le déambulatoire; un cordon en biseau contourne leur archivolte. Elles reposent sur des piles cylindriques, d'une forte section, dont les bases sont cerclées de deux cavets. La décoration de monstres affrontés, de volutes et de scènes qui orne les chapiteaux rappelle, par son style, celle des piles de Saint-Pierre de Chauvigny, de Saint-Savin et de Saint-Genou. Les tailloirs présentent un filet et une doucine. Sept fenêtres, encadrées de colonnettes à chapiteaux garnis de rinceaux, ajourent l'abside sous le cul-de-four polygonal.

Le déambulatoire qui se trouve, depuis le XV⁰ siècle, en contre-bas du sanctuaire compte cinq travées et est couvert d'un berceau, sans doubleaux, à grandes pénétrations; ses trois chapelles rayonnantes en hémicycle sont éclairées chacune par trois baies et voûtées en cul-de-four. La chapelle centrale est un peu plus large que les deux autres. Les travées qui séparent ces chapelles sont ajourées par une fenêtre sous une lunette aveugle.

La crypte, qui renferme le tombeau de sainte Radégonde et dont l'escalier central du XIII⁰ siècle fut remanié au XIX⁰ siècle. est située sous l'abside et le déambulatoire. Les murs de la partie centrale sont garnis d'arcatures sur colonnes à chapiteaux grossièrement sculptés; l'étroite galerie semi-circulaire qui la contourne est couverte de berceaux transversaux, séparés par des portions de berceau annulaire, et s'ouvre dans trois absidioles. Vers l'ouest, les deux portions de la voûte se relèvent à l'endroit où aboutissaient les escaliers primitifs aujourd'hui détruits. Au centre, est placé le sarcophage en marbre de la sainte, mais l'état primitif de la crypte a subi d'importantes modifications à l'époque moderne.

Le tombeau fut ouvert, le 28 mai 1412, en présence de Jean, duc de Berry, qui projetait d'emporter le chef dans la chapelle de son palais de Bourges ; il n'exécuta pas ce dessein et prit seulement l'anneau placé au doigt de Radégonde. Les calvinistes brûlèrent le corps en 1562 ; mais on en conserva pourtant quelques fragments. Devant le sarcophage, on voit la statue de la sainte représentée par Nicolas Legendre, sous les traits d'Anne d'Autriche et offerte par cette princesse en reconnaissance de la guérison de son fils, Louis XIV. La châsse actuelle date de 1854.

Contre le mur méridional de la nef, est placé, sous un enfeu du XIV⁰ siècle, le groupe dit du Pas-de-Dieu, transféré en

1793 du monastère de Sainte-Croix à l'église Sainte-Radégonde. Les deux statues du XVIII° siècle, dont il se compose, rappellent l'apparition du Christ à la sainte, le 3 août 590.

Plusieurs fenêtres conservent des restes importants de vitraux du XIV° siècle : Alphonse de Poitiers († 1271) légua cent sous poitevins pour ces verrières, qui ne furent exécutées qu'une cinquantaine d'années plus tard.

Sur les voûtes de l'abside, des peintures de la même époque représentant un Christ de Majesté entre les quatre animaux symboliques, la Vierge-Mère, des saints, etc., ont été restaurées d'une façon défectueuse en 1849.

Au sud de la dernière travée de la nef, une sacristie rectangulaire, construite vers le milieu du XIII° siècle, et par conséquent un peu plus jeune que la travée, rappelle, par la disposition de sa voûte, le porche de Saint-Florent-lès-Saumur, la chapelle Sainte-Catherine de Fontevrault et la troisième travée de la nef de l'église de Fontaine-en-Sologne (Loir-et-Cher).

Quatre arcs, bandés dans les angles et remplissant le rôle de formerets, limitent de petites voûtes triangulaires, divisées en deux voûtains portés sur une branche qui vient aboutir à la clef de l'arc et donnent ainsi le plan octogone à la voûte centrale, à compartiments très inclinés et portés sur huit nervures moulurées d'un tore.

La clef principale est ornée d'un médaillon où est représenté un Christ bénissant; celles des quatre arcs d'angle portent les symboles des Évangélistes. Les ogives et les formerets reposent sur de courtes colonnettes soutenues par des têtes formant consoles.

La porte, qui, de la sacristie, donne accès dans l'église, est en plein cintre et est soutenue par des piédroits et des colonnes d'angle à chapiteaux garnis de feuilles formant crochets.

Extérieur. — La façade est précédée d'un parvis en contrebas qui a reçu sa disposition actuelle au XV° siècle et est entouré de parapets interrompus par des escaliers. Elle est constituée par un clocher-porche dont le rez-de-chaussée et le premier étage semblent contemporains du chœur, tandis que les parties hautes appartiennent au XII° siècle. Le portail actuel a été ajouté au XV° siècle ; son archivolte en tiers-point se compose de plusieurs voussures ornées de rinceaux et de figurines que séparent des moulures continues à bases prismatiques. Une décoration d'entrelacs ajourés masque en partie la voussure supérieure, dont le cordon finement sculpté, orné de crochets, est surmonté d'une accolade : le fleuron s'arrête au niveau d'une balustrade à remplage flamboyant ajouré. De chaque côté du portail, est placé un contrefort interrompu, dans sa partie centrale, par une niche vide et qui s'élève, flanqué de pinacles, jusqu'au niveau du balcon. Les écoinçons laissés libres entre l'archivolte et les contreforts sont garnis de l'écu de France soutenu par des anges. Au-dessus des deux portes géminées, séparées par un trumeau, un tympan élevé est décoré de cinq niches à dais qui abritent des statues.

Le rez-de-chaussée a conservé sur les faces latérales sa disposition primitive ; il est épaulé par des contreforts peu saillants, placés aux angles et au centre de chaque face, qui se continuent jusqu'au faîte du premier étage, et est percé de baies à plusieurs voussures.

Au premier étage, les contreforts montent jusqu'à la corniche, garnie de billettes et soutenue par des modillons, qui marque le niveau où s'arrête la construction du XI° siècle. Les fenêtres, à double voussure, portées sur piédroits, sont couronnées d'un cordon de billettes.

Les étages supérieurs, l'un carré, l'autre octogone, sont du XII° siècle. Le premier est flanqué, aux angles, de fortes colonnes, et, sur les faces, de trois colonnes de plus faible diamètre qui portent la corniche reposant également sur des modillons. Il est garni de quatre arcs dont les deux centraux sont percés de baies et les deux extrêmes encadrent un parement imbriqué. Huit colonnes d'angle épaulent l'étage octogone, dont les baies, encadrées par des colonnettes, sont recoupées par deux petites arcades. Le mur en appareil réticulé surmontant les baies est terminé par une corniche portée sur des modillons divers et sur les contreforts-colonnes cerclés par les tailloirs des colonnettes.

Dans l'angle compris entre le côté nord de la tour et la nef, se trouve une tourelle d'escalier cylindrique, dont la souche, contemporaine de celle du clocher, est flanquée de contreforts rectangulaires et couronnée, à un niveau qui correspond à peu près au tiers des fenêtres du premier étage de la tour, par une frise décorée de billettes et de demi-cercles que surmonte une tablette sur modillons séparés par des cartouches. Il paraît utile de faire remarquer que le contrefort rectangulaire, en partie noyé dans la grosse culée de la nef, se prolonge, un peu au-dessus de la tablette, contre l'étage intermédiaire ; ce qui indique manifestement une modification dans les projets primitifs et une reprise postérieure des travaux. Le premier étage, épaulé par des contreforts-colonnes, s'arrête à la même hauteur que la partie primitive du clocher-porche et porte un lanterneau cylindrique du XIIe siècle, ajouré de baies doublées sur colonnettes.

La voûte qui couvre le porche est en berceau ; sa naissance est marquée par un cordon en biseau. Les murs latéraux sont garnis d'arcs doubles encadrant des baies : celles comprises dans le second arc nord et sud ont été bouchées par un mur où l'on a encastré deux bas-reliefs du XIIe siècle représentant le Christ bénissant et la Vierge. La porte donnant accès dans la nef compte deux voussures portées sur des piédroits. La salle située au premier étage de la tour possède une voûte en berceau transversal ; les fenêtres à plusieurs voussures qui l'éclairent sont simplement moulurées d'un biseau à l'imposte.

Les faces latérales de la nef, percées de grandes baies à remplage, sont épaulées par de puissants contreforts ; les deux premiers, qui datent du XIV⁰ siècle, ont un couronnement en bâtière. Dans la première travée, s'ouvre, de part et d'autre, un petit portail soutenu par des colonnettes et encadré par un cordon de feuillage qui retombe sur des consoles à figurines. Le portail méridional est tréflé et muni d'un tympan nu ; celui du sud n'en possède pas.

L'abside, dépourvue de toute décoration, est flanquée de contreforts.

NOTRE-DAME-LA-GRANDE

L'église Notre-Dame-la-Grande est loin d'être le plus vaste et le plus remarquable spécimen du style roman poitevin ; elle est néanmoins considérée comme le monument-type de l'architecture propre à cette école.

Intérieur. — La nef, dont on doit placer la construction dans la première moitié du XII⁰ siècle, a été revêtue, au milieu du XIX⁰ siècle, de peintures du plus déplorable effet et qui en rendent plus difficile l'étude archéologique ; elle compte huit travées et ne possède pas d'éclairage direct. Sa voûte en berceau sur doubleaux paraît avoir subi un certain tassement, malgré le secours des collatéraux élevés qui l'épaulent. Les piles présentent le plan carré, sauf celles des deux premières travées, barlongues dans le sens de l'axe de l'église, ce qui indiquerait une campagne différente, probablement postérieure. Elles sont cantonnées de quatre colonnes surmontées de chapiteaux garnis de feuilles plates et de volutes ; les tailloirs sont en biseau et les astragales, assez massifs, présentent une section presque rectangulaire, assez répandue dans la région au début de l'époque romane. Seuls, les chapiteaux des colonnes hautes, destinés à recevoir les doubleaux, sont décorés, plus richement, d'entrelacs ou de rinceaux et leurs tailloirs se continuent en cordon à la naissance de la voûte.

Les bas-côtés, très étroits, sont couverts de voûtes d'arêtes retombant sur les angles des pilastres où sont engagées les colonnes qui supportent les doubleaux. Des baies percées dans les bas-côtés constituaient l'unique éclairage de l'église ; la paroi méridionale a été conservée intacte ; au nord, le mur a été défoncé au XVIe siècle pour établir des chapelles ; la quatrième travée reste, de ce côté, le seul témoin de la disposition primitive. Les chapelles latérales possèdent des voûtes d'ogives ou à caissons et rappellent, d'après Léon Palustre, celles du chœur de Notre-Dame de Fontenay-le-Comte.

La travée située sous la tour est encadrée par des piles plus puissantes que celles de la nef et se trouve, par conséquent, plus étroite que les travées précédentes. Les piles de l'ouest sont octogones et flanquées de quatre colonnes ; celles de l'est, à nombreux ressauts et paraissant plus anciennes, sont également accompagnées de colonnes dont les chapiteaux portent une décoration de palmettes, de rinceaux et d'animaux fantastiques. Les doubleaux, qui comptent deux voussures, retombent sur de courts pilastres portés par les chapiteaux qui, contrairement à la disposition adoptée dans la nef, se trouvent au même niveau que ceux des arcades surmontées, au nord et au sud, d'une étroite baie. Une coupole octogone barlongue, portée sur des trompes, est percée, à son sommet, d'un œil et, vers l'est, de deux fenêtres en pénétration. Au droit de cette travée, les bas-côtés sont plus étroits par suite de la saillie des piles.

L'abside en hémicycle allongé, surmontée d'un cul-de-four, est déviée vers le nord et sensiblement antérieure à la nef ; elle serait, à quelques années près, contemporaine de

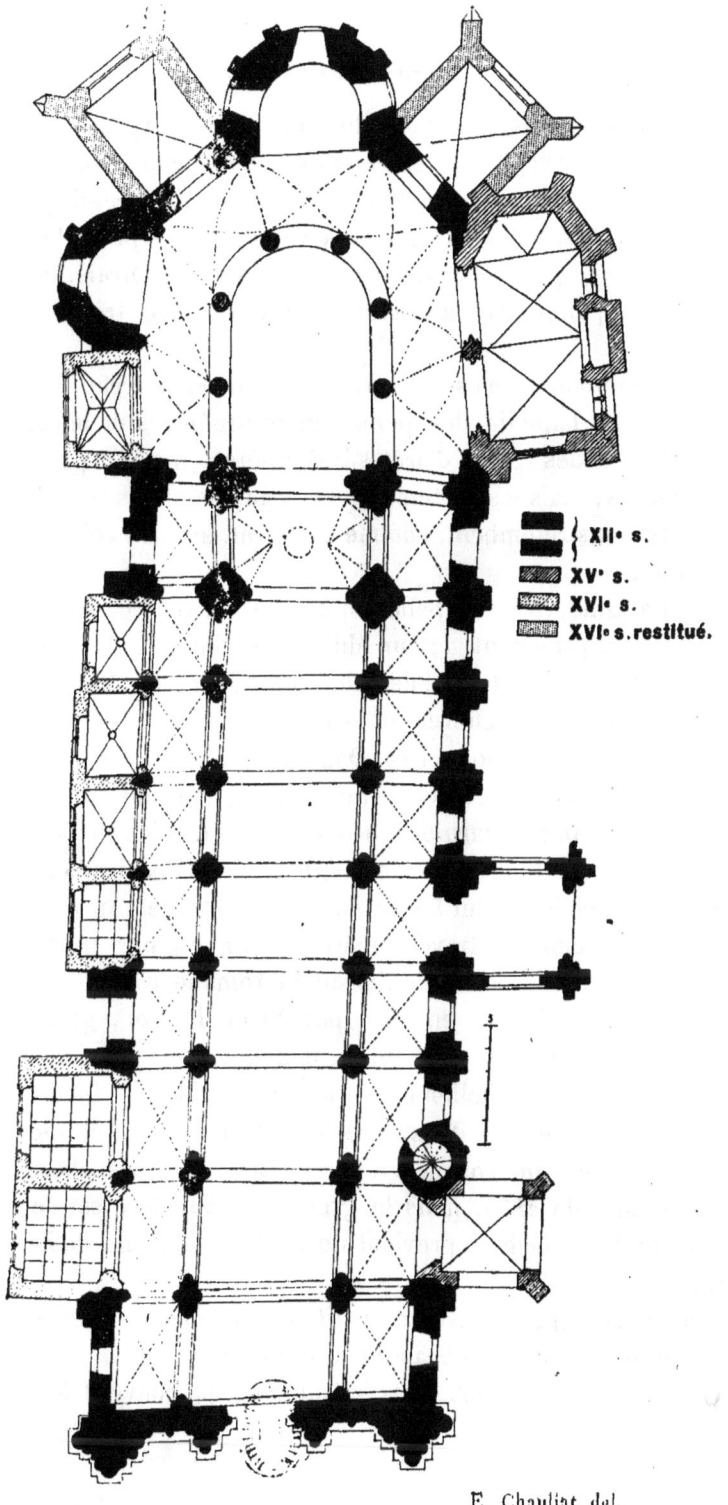

Plan de Notre-Dame-la-Grande à Poitiers.

celle de Sainte-Radégonde. Elle communique avec le déambulatoire par sept arcades en cintre légèrement surhaussé. Les piles cylindriques reposent sur des bases formées de plusieurs cavets, montées sur des socles de même plan; leurs chapiteaux, garnis d'une cavité à console centrale, sont ornés de palmettes d'un style assez lourd, mais très décoratif.

Le déambulatoire est couvert d'une voûte en berceau annulaire dans laquelle des pénétrations profondes et biaises constituent des voûtes d'arêtes irrégulières. Il n'y a pas de doubleaux, mais les sections du berceau comprises entre les pénétrations retombent, comme au Dorat, sur des colonnes engagées.

A l'origine, trois chapelles en hémicycle, voûtées en cul-de-four, rayonnaient autour du déambulatoire. La chapelle située au sud a été démolie, celle du nord défigurée, mais l'absidiole du chevet est restée intacte avec ses trois baies portées sur colonnettes. Dans la première travée nord, une chapelle du XVIe siècle est couverte d'une voûte à liernes et tiercerons et garnie d'une clef pendante. Une chapelle semblable est située du même côté entre les deux absidioles primitives; celle qui lui faisait face a été détruite. Au droit des deux premières travées méridionales, et, par conséquent, sur l'emplacement de l'absidiole romane, s'étend une vaste chapelle fondée en 1475 par Yvon du Fou, grand sénéchal de Poitou, et sa femme; dédiée autrefois à sainte Anne et placée actuellement sous le vocable du Saint-Sépulcre, elle compte deux travées voûtées d'ogives et une abside à trois pans couverte d'une voûte à deux branches. L'autel date de 1859, mais le groupe du Sépulcre est de la fin du XVe siècle et provient de l'église abbatiale de la Trinité.

Sous le chœur se trouve une petite crypte voûtée en berceau, où est placé le tombeau du cardinal Pie.

On a retrouvé, en 1852, sous le badigeon qui couvrait les

voûtes, des peintures du XIIe siècle, actuellement bien effacées, représentant un Christ glorieux entre les quatre animaux, les restes d'un Jugement dernier et, à l'abside, une Vierge tenant l'Enfant, peinte probablement à la fin du XIIe siècle, sur un Christ de Majesté plus ancien.

Il faut encore signaler une statue de la Vierge, du XVIe siècle, connue sous le nom de Notre-Dame-des-Clefs, en souvenir du miracle qui sauva Poitiers d'une attaque des Anglais en 1202, et deux lutrins en cuivre, l'un acquis par le chapitre pour la somme de 800 livres, suivant marché passé, le 15 février 1696, avec les sieurs Gasse, fondeurs à Paris, l'autre daté de 1743 et signé de Charles-Pierre Hévain.

Extérieur. — La façade est, sans contredit, l'élément principal de la réputation dont jouit Notre-Dame-la-Grande, car elle donne une idée bien complète du génie décoratif qui caractérise l'école régionale. Néanmoins, suivant une très judicieuse remarque de notre confrère M. Berthelé, loin d'être conforme au type purement poitevin, elle se rattacherait plutôt au style de la Saintonge : dans cette dernière province, en effet, la multiplication des arcatures est de règle générale, tandis que, d'ordinaire, en Poitou, trois arcs seulement garnissent le premier étage comme le rez-de-chaussée. Construite en dernier lieu, après le chœur et la nef, cette façade ne paraît pas antérieure au milieu du XIIe siècle ; et c'est, du reste, à cette époque que M. André Michel l'attribue d'après le caractère de sa décoration (1).

Le portail, en plein cintre et sans tympan, compte quatre voussures dont chaque claveau est sculpté : les motifs ornementaux, très stylisés et se répétant, sont constitués par des monstres affrontés, des palmettes, des petits personnages accroupis entourés de rinceaux. Les colonnes recevant les

---

(1) *Histoire de l'art*, t. I, 2e partie, p. 654.

retombées sont appareillées avec le mur et surmontées de chapiteaux ornés avec autant de recherche. Une colonne commune reçoit, de part et d'autre, les voussures supérieures du portail et de chacun des arcs qui l'encadrent. Ces arcs, doublés et légèrement brisés, présentent une décoration analogue à celle que nous venons d'indiquer et sont subdivisés en deux arcatures secondaires en plein cintre, dont le tympan, limité par un cordon de palmettes continuant les tailloirs, est garni par un animal ou un poisson en bas-relief.

Toute la paroi comprise entre les archivoltes est entièrement occupée par une suite de scènes traitées avec beaucoup de vie, et qui seraient la représentation iconographique d'une leçon tirée d'un sermon de saint Augustin, et dont il était donné lecture aux matines de Noël. On y voit, de gauche à droite, Adam et Ève ; Nabuchodonosor ; Moïse, Jérémie, Isaïe et Daniel ; l'Annonciation ; la Visitation ; la Nativité. Une frise, formée de masques et de palmettes, couronne cette intéressante composition. Une corniche de petites arcatures portées sur des modillons et contenant des figurines ou des rosaces, souligne l'étage supérieur, dont le centre est ajouré d'une grande baie à deux voussures : l'extérieure décorée de rinceaux et portée sur des colonnes d'angle, l'intérieure formée de coussinets. Deux rangs d'arcatures accompagnent cette baie de chaque côté : celles du premier rang, au nombre de huit, reposant sur des colonnettes communes, abritent des statues assises. Le second rang n'en compte que six, plus grandes, supportées par des colonnettes jumelles et servant de niches à des personnages debout. Une corniche semblable à celle déjà signalée contourne l'archivolte de la fenêtre et règne à la base du pignon divisé en deux parties superposées; l'inférieure, formée d'un appareil en disques, est limitée par des rampants interrompus par un ressaut vertical flanqué d'un petit fût qui supporte les angles de la partie supérieure, appareillée

19

en losanges et encadrée par un cordon continu. Une niche en auréole, dont le pourtour décoré est garni de modillons, occupe, comme à Châtel-Montagne, le centre du pignon et contient une statue de la Vierge.

Les angles de la façade, amortis par un cavet que garnissent des motifs divers, apparaissent entre deux faisceaux de trois colonnes servant de contreforts, sur lesquels repose la souche d'un lanternon cylindrique. Les baies qui ajourent ce clocheton retombent sur des piles formées de colonnes se pénétrant; une corniche semblable à celles de la façade supporte la flèche conique couverte d'imbrications la pointe en haut.

Les murs latéraux de la nef sont garnis de grands arcs de décharge en plein cintre, ou très légèrement brisés dans les travées occidentales, qui encadrent les fenêtres, souvent désaxées, et retombent sur des piédroits doublés d'un contrefort à glacis. Jusqu'à l'appui des fenêtres, la partie inférieure du mur, en petit appareil irrégulier mêlé de tuileaux, pourrait appartenir à une construction plus ancienne.

A l'exception de la première et de la quatrième travée, toutes celles du côté nord sont masquées par les chapelles ajoutées au XVIe siècle, de hauteurs différentes et surmontées de pignons.

Devant la porte percée dans la deuxième travée méridionale, s'élève un porche du XVe siècle voûté d'ogives et ouvert par une arcade en anse de panier. La face du pignon, garni de crochets, est ornée de trois niches en accolade. Les arcades en tiers-point qui ajouraient les côtés du porche ont été bouchées. A l'angle oriental s'élève une tourelle d'escalier cylindrique du XIIe siècle, flanquée de minces contreforts et surmontée d'une flèche.

La cinquième travée du même côté possède un portail du XIIe siècle, dont la voussure intérieure est nue et l'extérieure ornée de trois rangs de rouleaux, décoration qu'on retrouve à une fenêtre de la tour nord de Saint-Hilaire et à

Civray (1). Cette porte est abritée sous un porche de la même époque, percé, sur chaque face, d'une arcade doublée, dont l'arc supérieur est mouluré d'un boudin et de deux cavets, comme à Saint-Porchaire et à Notre-Dame de Château-Landon. Les colonnes qui reçoivent les retombées ont des bases creusées de deux cavets sur socles ronds et des chapiteaux ornés de rinceaux. De la voûte d'arêtes qui couvrait ce porche, il ne subsiste que les sommiers.

La grande chapelle du XVe siècle, construite au sud du chœur, est surmontée d'un pignon à rampants garnis de crochets et couronné d'un fleuron.

La chapelle de l'abside, en moyen appareil très régulier, est épaulée, entre chaque fenêtre, par deux contreforts.

Au-dessus de la coupole centrale s'élève une tour dont la souche est garnie, sur les faces est et ouest, de deux arcs nus en partie masqués par les toits de la nef et du chœur; ceux de l'est sont surmontés d'un arc commun dont la clef est soutenue par une colonne. Les faces nord et sud sont ornées de deux arcatures sur colonnettes. Une tablette sur modillons passe à l'appui du second étage percé de deux baies en plein cintre, portées sur colonnettes. Une seconde tablette couronne cet étage surmonté d'un glacis qui est destiné à faire passer du plan carré au plan circulaire l'étage supérieur, sorte de lanternon ajouré de douze arcades réunies par groupes de deux, sur colonnes communes et engagées. Entre chaque groupe, une colonne-contrefort monte jusqu'à la tablette qui passe sous la flèche imbriquée.

Un cloître de la seconde moitié du XIIe siècle s'étendait au nord de l'église. Avant 1860, date où fut achevée sa démolition, il comptait encore neuf arcades de la galerie

---

(1) Dehio et von Bezold: *Die Kirchliche Baukunst des Abendlandes*, Abendlandes, pl. 332, fig. 3.

orientale et huit de la galerie méridionale, qui reposaient sur des colonnes jumelles. Le pilier situé à l'angle sud-est avait été reconstruit au XV⁰ siècle.

SAINT-JEAN DE MONTIERNEUF

Histoire. — L'abbaye de Saint-Jean, dite de Montierneuf *(Monasterium Novum),* pour la distinguer de l'abbaye de Saint-Cyprien, fut fondée, vers 1078, par Guillaume, duc d'Aquitaine et comte de Poitou, à la suite d'un pèlerinage qu'il avait fait à Rome. Unie presque aussitôt à la Congrégation de Cluny, elle devint chef-lieu d'une de ses provinces. Guillaume lui accorda, dès l'origine, de nombreux privilèges et l'exemption de la juridiction des comtes : une bulle du 3 avril 1081 l'exempta également de l'autorité des évêques.

L'installation de Guy, ancien prieur de Cluny, comme premier abbé, accompagné de dix-huit religieux, eut lieu le 28 janvier 1082 ; ce fut un moine-architecte nommé Ponce, cité dans un acte vers 1080, qui entreprit la construction du monastère (1).

Guillaume étant mort à Chizé le 24 septembre 1086, fut inhumé dans la salle capitulaire.

L'abbaye jouit d'une grande prospérité jusqu'au XIV⁰ siècle, qui vit son apogée ; mais le régime de la commende amena sa décadence. Les soldats huguenots de Sainte-Gemme ayant incendié l'église en 1562 et saccagé le monastère, les religieux vécurent dispersés jusqu'à la reconstruction des lieux réguliers, en 1713.

A ce moment, l'abbé Pierre d'Hauteville tenta d'introduire dans l'abbaye la réforme de Saint-Maur ; mais ses essais échouèrent. Les moines durent se séparer de nou-

---

(1) Mortet (Victor) : *Recueil de textes,* p. 254, n° LXXXII.

veau en 1787 et, en 1789, le régiment d'Agenais prit possession du monastère. Transformée en écurie, puis en magasin à fourrage, l'église ne fut rendue au culte qu'en 1822, après une restauration complète, mais déplorable, entreprise, en 1817, aux frais du duc de Berry sur la demande du préfet Du Hamel.

Sur l'emplacement des bâtiments conventuels, s'élève aujourd'hui une caserne.

Intérieur. — L'église abbatiale, de très vastes proportions, serait l'un des plus remarquables édifices religieux du Poitou, si elle n'avait subi d'importantes mutilations. Sa construction, qui fut exécutée de l'est à l'ouest, peut être attribuée en partie à la fin du XIe siècle et les travaux devaient être assez avancés en 1087, lorsque le corps du duc Guillaume y fut transféré de la salle capitulaire. Le pape Urbain II fit la dédicace de l'église sous le vocable de Notre-Dame, de saint Jean l'Évangéliste et de saint André le 22 janvier 1096 (*XI Kal. febr.*), comme le prouve une inscription placée primitivement derrière le maître-autel, mais transportée, vers 1711, dans le bas-côté nord par l'abbé Pierre d'Hauteville.

Il n'existe plus, à l'heure actuelle, que huit travées sur les onze que comptait primitivement la nef. La voûte s'étant écroulée en 1643, l'abbé Pierre Rousseau de la Parisière dut en effet entreprendre des travaux considérables et sacrifier les trois premières travées.

Les piles présentent une variété du plan en quatre-feuilles, si commun en Poitou; elles sont formées de quatre colonnes engagées reliées entre elles par des segments de fûts. Les chapiteaux ne datent que du XVIIe siècle, de même que les arcades, à l'exception, peut-être, des deux dernières à double voussure nue. La voûte en berceau actuelle fut construite par Pierre Rousseau à cinq mètres plus bas que le berceau primitif; elle est inclinée dans les deux dernières travées, afin de rejoindre l'arc de la croisée.

Les bas-côtés, très larges pour la région, sont couverts de voûtes d'arêtes qui paraissent avoir été refaites ou, du moins, fortement restaurées sous le même abbé ; les doubleaux retombent sur des colonnes engagées dans un dosseret et sur des chapiteaux datant du XVIIe siècle. Les fenêtres, encore intactes, présentent deux voussures portées sur quatre colonnettes d'angle dont les bases sont ornées de rinceaux ou moulurées de deux tores sur le même plan, séparés par une gorge, les chapiteaux garnis de feuilles plates et les tailloirs profilés en biseau. C'est dans le mur de la huitième travée nord qu'on encastra l'inscription relatée plus haut.

Les piles de la croisée, qui rappellent les piles occidentales de la travée située sous la coupole de Notre-Dame-la-Grande, sont formées d'un massif octogone dont les pans orientés sont entièrement occupés par une colonne et deux colonnettes ; les chapiteaux ont été retaillés au XVIIe siècle. Les grands arcs doublés portent une coupole octogone sur trompes, très restaurée.

Les croisillons comptent trois travées ; la voûte en berceau est sectionnée par deux doubleaux que soutiennent : le premier, des colonnes engagées ; le second, des consoles. Dans la deuxième travée, le mur occidental est garni de trois arcs dont les deux extrêmes encadrent des fenêtres. Le fond des croisillons est également occupé par des arcs ajourés de baies. A l'est, sous le second doubleau, s'ouvre une absidiole en hémicycle décorée de cinq arcatures sur colonnettes, que surmonte un second rang de trois arcatures encadrant des fenêtres. Une voûte en cul-de-four couvre cette absidiole.

Le chœur est formé de deux travées droites et d'une abside à cinq pans. Seules, les parties basses sont primitives, mais elles eurent beaucoup à souffrir des travaux effectués en 1817. Quant à l'étage supérieur, il fut entière-

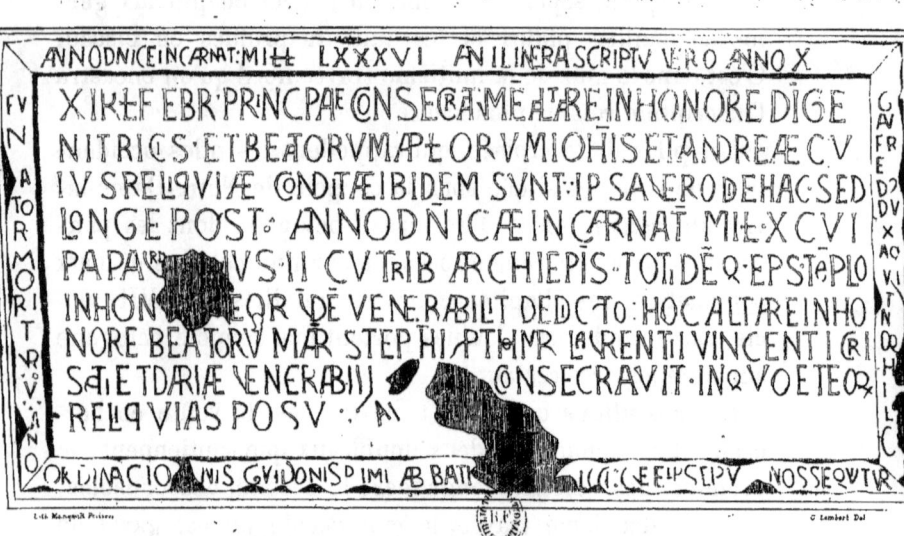

Dédicace de l'église de Montierneuf (1096).

ment reconstruit au XIVe siècle, puis restauré, de 1668 à 1672, par l'abbé René Rousseau de la Parisière, neveu de Pierre.

La première pile, cantonnée de quatre colonnes, a été modifiée sous le gouvernement de cet abbé, la deuxième est en quatre-feuilles, les suivantes sont cylindriques ; mais les chapiteaux, décorés d'oves, et les arcades, creusées d'un cavet, n'ont plus aucun intérêt archéologique.

Les travées droites sont éclairées, sur chaque face, par deux hautes baies, l'abside, par trois fenêtres percées dans de larges pans qui alternent avec des pans plus étroits. Ces fenêtres, munies d'un remplage à colonnettes surmontées de chapiteaux ornés de crochets fleuris et de petits tailloirs circulaires, ont fait donner à cette partie de l'édifice le nom de « Lanterne ».

Deux voûtes barlongues et une voûte trapézoïdale à quatre branches couvrent le chœur. Les nervures et les doubleaux, moulurés de deux tores élégis par des cavets, retombent, ainsi que les formerets, sur des consoles décorées de têtes de feuilles. Toutes les clefs sont armoriées.

Le déambulatoire compte deux travées droites et cinq tournantes. Il est éclairé par des baies semblables à celles des bas-côtés de la nef, mais percées à un niveau plus bas. Les voûtes d'arêtes, du XVIIe siècle, et les doubleaux sont supportés par des colonnes du XIIe siècle, dont les chapiteaux ont été refaits. Des formerets primitifs, à arêtes nues, reposent sur des piédroits à imposte moulurée.

Les travées droites sont garnies chacune de deux arcatures de dimensions variables, portées sur des colonnes dont les chapiteaux ont reçu une décoration d'animaux affrontés, de volutes et de rinceaux ; les tailloirs, abattus en biseau, n'ont de saillie que vers la retombée.

Trois arcatures semblables sont appliquées contre les murs des travées qui séparent les chapelles rayonnantes en hémicycle, dont les fenêtres s'ouvrent entre des colonnettes. La chapelle centrale est un peu plus large que les autres, comme à Saint-Savin.

Dans la première travée du bas-côté sud, s'élève le tombeau de Guillaume, fondateur du monastère, inhumé d'abord, comme nous l'avons dit, dans la salle du chapitre, puis déposé dans la nef, sous un édicule que le moine Martin, chroniqueur de l'abbaye, avait recouvert d'inscriptions, et qui fut détruit en 1643 par l'effondrement de la voûte. Le monument qui le remplaça disparut à son tour à l'époque de la Révolution; mais, les ossements ayant été mis au jour le 8 juillet 1822, Mgr de Bouillé les déposa dans le tombeau actuel, placé d'abord au milieu de la nef, et transporté ensuite dans le lieu où on le voit aujourd'hui.

Extérieur. — La façade se compose d'un mur sans caractère datant du XVIIe siècle, élevé à l'emplacement compris entre les troisième et quatrième travées primitives.

Les murs latéraux, percés de baies à deux voussures, sont couronnés d'une corniche sur modillons et épaulés par des contreforts à ressauts, amortis par des glacis sur leurs trois faces. Des baies semblables éclairent les croisillons, dont le fond possède un contrefort central, et le pignon est limité par une corniche horizontale.

Les absidioles sont munies de contreforts-colonnes.

Sur la croisée, s'élevait une tour du XIIe siècle, qui s'écroula en même temps qu'une partie de la nef, mais dont il subsiste encore la face orientale qui permet d'en connaître la disposition. Elle se composait de deux étages : l'un carré, le second polygonal. Les deux étages du pan subsistant de l'étage inférieur sont aujourd'hui presque entièrement masqués par le toit du chœur. L'étage polygonal, percé de baies étroites et soutenu aux angles par des colonnes, était accosté de quatre clochetons, dont deux sont restés debout. Ces clochetons, de plan circulaire, sont ajourés de baies sur colonnes et surmontés d'une petite flèche conique.

Le déambulatoire et ses trois chapelles sont munis de contreforts à ressauts accompagnés, comme à Saint-Hilaire, d'une colonne engagée et de deux d'angle. Les fenêtres des chapelles reposent sur des piédroits, celles du déambulatoire sur des colonnettes. Une corniche soutenue par des modillons couronne le déambulatoire et les chapelles.

La partie haute du chœur, percée de grandes baies à remplage, est épaulée par des arcs-boutants simples : les armes de l'abbé Pierre Rousseau et la date de 1668, qui se remarquent sur deux culées, témoignent d'une restauration.

SAINT-PORCHAIRE

Cette église fut fondée, vers la fin du VIe siècle, par saint Porchaire, abbé de Saint-Hilaire-le-Grand, qui y fut enterré. Un caveau, découvert il y a quelques années devant le maître-autel, contenait ses ossements renfermés dans un sarcophage en pierre, sur lequel on lisait : IN HOC TUMULO REQUIESCIT S̄C̄S PORCHARIUS.

A l'exception de son remarquable clocher-porche de l'époque romane, l'église date entièrement du XVIe siècle. Elle se compose de deux nefs jumelles de quatre travées, d'égale hauteur, terminées l'une et l'autre par un chevet plat. Les voûtes d'ogives qui les couvrent et les doubleaux en anse de panier retombent en pénétration sur des colonnes cylindriques. L'espace compris entre les piles engagées dans les murs latéraux est occupé par de vastes niches rectangulaires, voûtées d'ogives ou de berceaux transversaux, qui forment chapelles. Au-dessus des arcades, sont percées des baies à remplage flamboyant.

La tour présente à peu près l'aspect de celle de Sainte-Radégonde. M. Berthelé la compare également aux clochers de Saint-Savin, de Saint-Maixent et de Pamproux. Elle devait être démolie en 1843, mais fut heureusement sauvée, grâce aux efforts de la Société des Antiquaires de l'Ouest.

Son étage inférieur appartient à la fin du XIe siècle ou aux premières années du siècle suivant. Le portail, de même disposition que celui qui s'ouvre au sud de Notre-Dame-la-Grande, compte deux voussures, dont la supérieure est moulurée d'un tore surmonté de deux cavets; un cordon de damiers contourne l'archivolte. Les deux colonnes tangentes, engagées dans chaque piédroit, ont des chapiteaux historiés représentant, à droite, Daniel, au centre d'une gloire, dans la fosse aux lions, avec l'inscription : « HIC DANIEL DOMINO VINCIT COETUM LEONINUM », et des monstres attachés par des cordes sortant d'une tête placée à l'angle de la corbeille; à gauche, deux lions (LEONES), séparés par un arbre stylisé et deux oiseaux buvant dans un calice. Les tailloirs sont en biseau dégagé par un onglet. Au-dessus du portail, un bas-relief mutilé figure le Christ et les quatre animaux. Une corniche d'arcs sur modillons ornés de masques et d'animaux et séparés par des ornements divers, limite l'étage inférieur, flanqué aux angles de contreforts plats.

Les parties hautes, d'une époque un peu postérieure, sont en retrait et les contreforts simples ne correspondent pas à ceux du rez-de-chaussée; en outre, un contrefort central divise chaque face. Il faut signaler le même repentir dans le clocher de Beaulieu-les-Loches et dans l'une des tours de façade de la cathédrale de Chartres et de la collégiale de Mantes. Au premier étage, deux arcs à double voussure, l'une portée sur piédroits, l'autre sur colonnes à chapiteaux nus, encadrent une étroite embrasure. Les arcs sont couronnés d'un cordon de damiers et leurs écoinçons ornés d'un appareil en épi; ils sont surmontés chacun de deux arcatures dont l'archivolte est garnie de billettes et qui reposent sur une colonnette commune. Au niveau de l'appui de ces arcatures, des têtes d'animaux se détachent des contreforts placés à l'ouest. Une seconde corniche, formée de petits arcs, comme dans la plupart des églises du Poitou, règne à la base de l'étage supérieur qui paraît appartenir à une troisième campagne. Il est flanqué aux angles et sur les faces de hauts contreforts-colonnes et ajouré par deux baies subdivisées chacune par deux arcades qui retombent sur des colonnes. Les chapiteaux sont garnis d'entrelacs, de feuilles d'eau et de volutes; un cordon de billettes passe autour de l'archivolte. Notons le caractère poitevin de ces arcs dont l'ouverture est très étroite relativement au diamètre de leurs supports. Au-dessous du toit en pavillon, une tablette repose sur des modillons et sur les chapiteaux des contreforts-colonnes.

L'étage inférieur du clocher, formant porche, est couvert d'une voûte en berceau dont la naissance est indiquée par un biseau. Contre les murs, deux arcs nus reposent sur des piédroits garnis, à l'imposte, d'un cordon de damiers et sur une courte colonne commune dont la base est formée d'un simple glacis; le chapiteau, à corbeille nue, possède des volutes d'angle et le tailloir présente le même profil que ceux de l'arcade extérieure. Un escalier couvert d'un berceau hélicoïdal sur couchis conduit au premier étage, voûté d'un berceau transversal.

SAINT-HILAIRE-LE-GRAND

Histoire. — Saint Hilaire, qui mourut en 368, fut enterré dans la chapelle bâtie par ses soins et consacrée à saint Jean et à saint Paul, mais il faut arriver au VIe siècle pour trouver la preuve certaine de l'existence d'une basilique sur l'emplacement de l'édifice actuel. En effet, Grégoire de Tours raconte que Clovis vit un globe lumineux sortir de l'église la veille de la bataille de Vouillé, en 507, et fait mention du tombeau de saint Thaumastis, qui se trouvait en dehors du monument. Dévastée par les Sarrasins en 732, incendiée par les Normands en 863, la basilique était en ruines à la fin du IXe siècle, quand les chanoines emportèrent au Puy-en-Velay les reliques de saint Hilaire.

Les dons généreux d'Emma, reine d'Angleterre, qui épousa Canut le Grand en 1017, permirent au chapitre d'entreprendre la construction d'une nouvelle église qui fut consacrée le 1er novembre 1049. Elle était l'œuvre d'un architecte anglais nommé Gautier Coorland, dont la famille se fixa près de Civray, mais il n'en reste plus aujourd'hui que le clocher nord et les croisillons du transept. Agrandie par des bas-côtés avant la fin du XIe siècle, voûtée au XIIe siècle par un architecte qui reconstruisit le rond-point, l'église de Saint-Hilaire fut flanquée de chapelles latérales au nord dès le XIVe siècle et d'un portail flamboyant élevé par le trésorier Robert Poitevin au milieu du XVe siècle, comme l'indique un plan daté de 1762 et conservé aux archives de la Vienne.

Le pillage de l'église par les huguenots, le 26 mai 1562, et les batteries installées par les habitants de Poitiers autour de l'église pendant le siège de 1569 firent éprouver de grands dommages au monument, car le devis des réparations dressé en 1577 par Philippe Garraudet, maçon, Jean Orgier, charpentier, et deux couvreurs, se monte à 8.426 livres. Le 22 janvier 1590, les étages supérieurs du clocher nord s'écroulèrent. Au XVIIIe siècle, les chanoines firent exhausser le sol de la nef et baisser le dallage du chœur. Transformée en écurie pendant la Révolution et démolie en partie, l'église fut rendue au culte en 1808, mais elle fut amputée de la façade et des premières travées de la nef. La restauration, commencée en 1855 par M. Joly-Leterme, se continua de 1869 à 1875 pour aboutir à la reconstruction partielle de la nef, dont la dernière travée double était seule restée intacte.

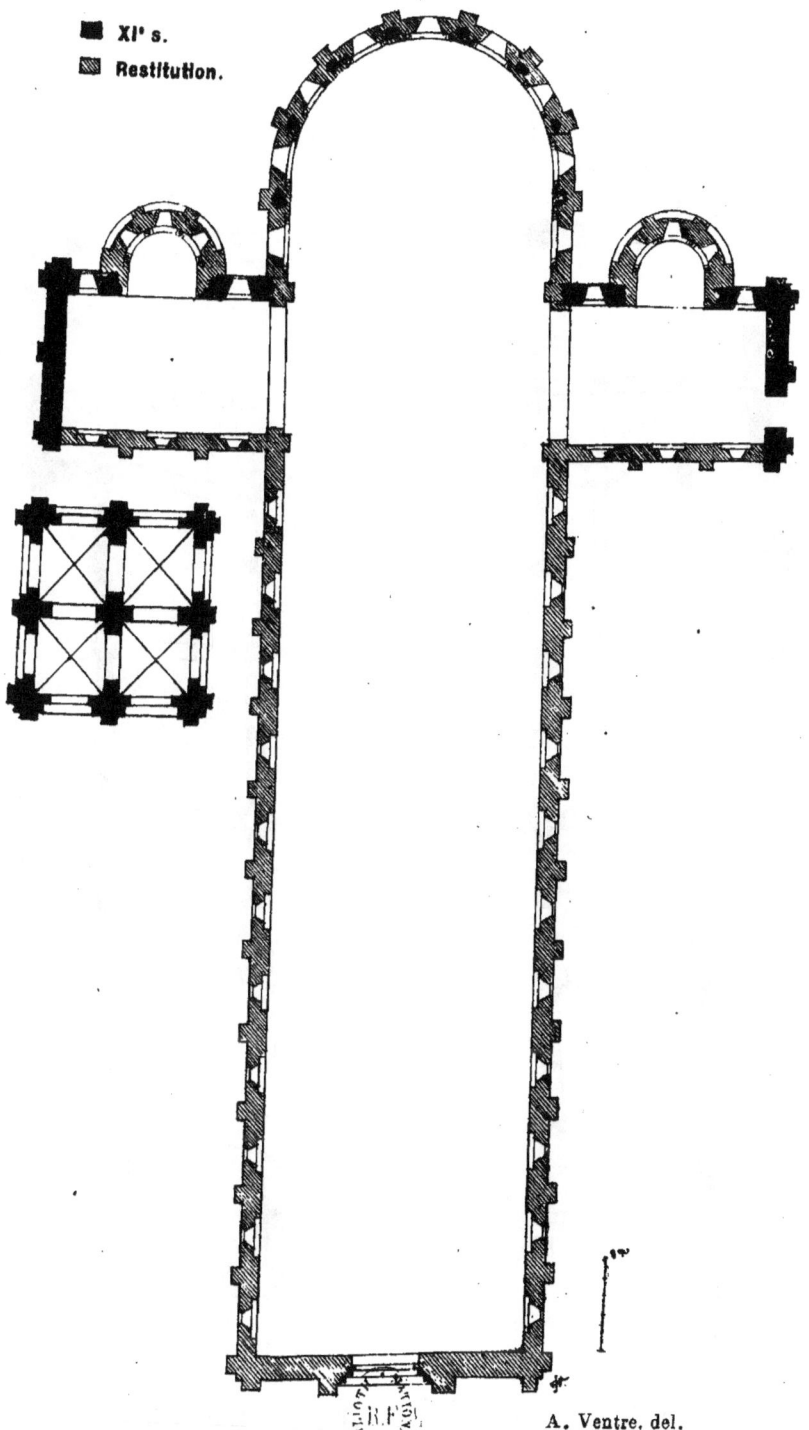

Plan de Saint-Hilaire vers 1049.

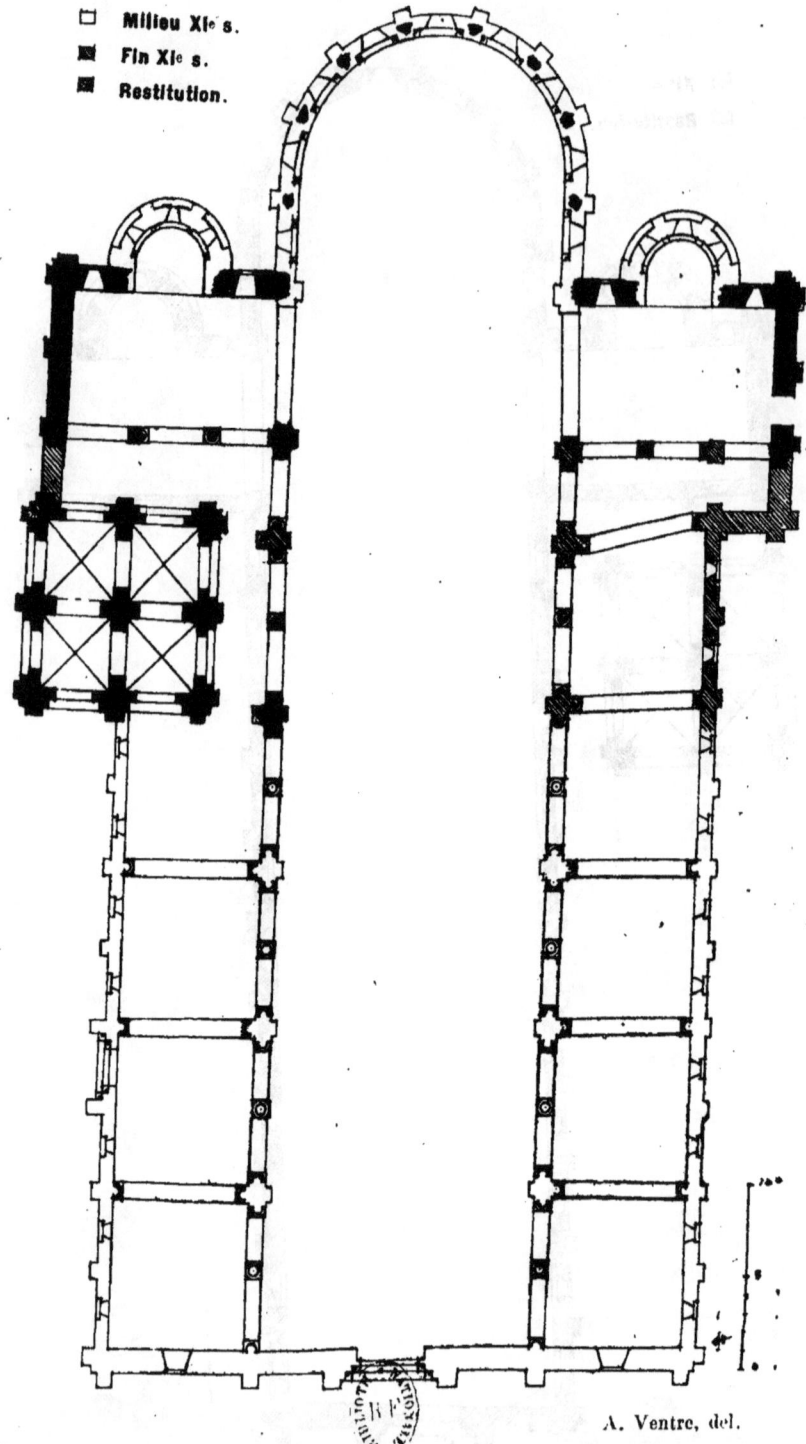

Plan de Saint-Hilaire à la fin du XIᵉ siècle.

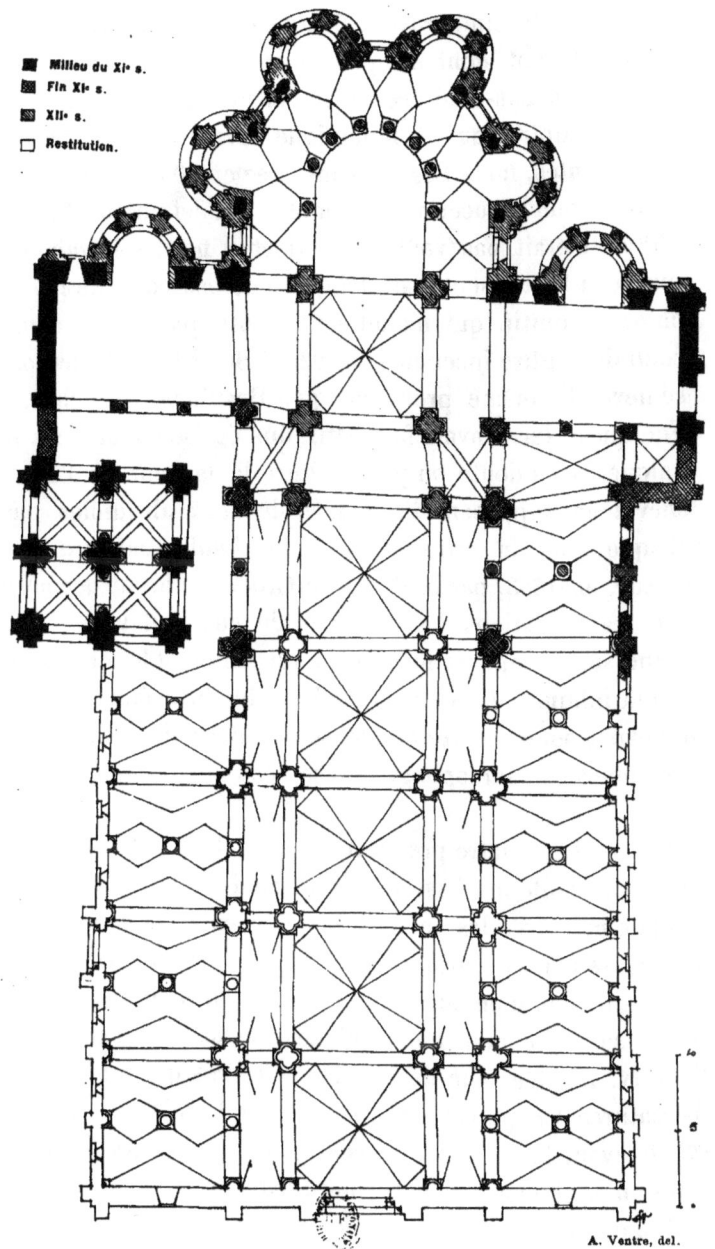

Plan de Saint-Hilaire au XIIe siècle.

Plan. — Au XII° siècle, le plan de l'église se composait d'une nef de cinq travées flanquée de triples collatéraux, d'un transept dont chaque croisillon renferme une absidiole et un bas-côté occidental, et un chœur entouré d'un déambulatoire qui communique avec quatre chapelles rayonnantes, mais l'église consacrée en 1049 présentait des dispositions beaucoup plus simples. Sa nef unique, large de 15^{m}45, n'était pas voûtée : le clocher nord s'élevait hors œuvre et le transept était dépourvu de bas-côté. Le plan du chœur primitif, qui n'était sans doute pas voûté, comme celui de l'église incendiée en 1026, à Saint-Benoit-sur-Loire, soulève le même problème qu'à Beaulieu-les-Loches, où Foulques Nerra avait fait bâtir une église abbatiale à nef unique. Sans doute on peut réduire la largeur de l'ancien chevet en supposant l'existence de deux absidioles dans chaque bras du transept, mais les fouilles faites dans le chœur, en 1883, par le P. de La Croix, ne firent découvrir que les fondations des colonnes du déambulatoire et un grand sarcophage gallo-romain, qui contenait le corps d'une femme inhumée dans un cercueil de plomb. La fausse crypte, qui existe sous le carré du transept, renfermait aussi dans sa maçonnerie un sarcophage creusé dans une borne milliaire.

Nef. — Les quatre premières travées de la nef et la partie correspondante des bas-côtés sont modernes, mais dans la cinquième travée les anciens arrachements des trompes et des petits pans prouvaient que les coupoles du XII° siècle avaient le plan d'un octogone irrégulier. Il est impossible de les considérer comme une réplique de celles de la cathédrale du Puy, montées sur des tambours carrés qui sont garnis d'arcatures. Ce qui est certain, c'est que le vaisseau central, rebâti avant la fin du XI° siècle quand on ajouta les bas-côtés en englobant le clocher nord dans œuvre, était recouvert d'un lambris. Ses grandes arcades en plein cintre, encore intactes près du transept et formées de deux rouleaux sans moulures, retombaient de chaque côté sur une pile flanquée de deux colonnes, et au centre sur une colonne isolée. C'est l'un des plus anciens exemples d'alternance visibles en France, car la nef de l'abbatiale de Jumièges, qui en présente un autre, ne fut consacrée qu'en 1067. Les fenêtres en plein cintre primitives s'ouvrent entre deux colonnettes.

Vers 1130, suivant l'auteur d'un manuscrit des miracles de saint Hilaire, publié par Dom Chamard, le chapitre résolut de substituer des voûtes au plafond de bois. L'architecte chargé de ce travail était un Poitevin, comme le prouve le plan des piles en forme de quatre-feuilles qu'il planta en avant des piles fortes pour soutenir les doubleaux destinés à porter les coupoles et pour transformer en carré le plan rectangulaire des travées doubles, mais il fallait empêcher ces hautes piles de se déverser. Le maître de l'œuvre prit donc soin de lancer à mi-hauteur un arc en plein cintre qui joue le rôle d'étrésillon et qui retombe d'un côté sur le chapiteau d'une colonne du pilier quadrilobé et de l'autre sur un tailloir incrusté dans la pile du XIe siècle. Deux colonnes jumelles, relancées dans les murs gouttereaux, soutiennent un second arc en plein cintre qui précède le doubleau engagé sous la pénétration de la petite voûte en berceau. Ainsi, la poussée des coupoles se trouvait contrebutée par les voûtes d'un étroit bas-côté poitevin. A Beaulieu-les-Loches et à Nouaillé, près de Poitiers, des architectes romans adoptèrent un système de division analogue pour voûter après coup une large nef unique, en rétrécissant le vaisseau central par des bas-côtés.

Un autre remaniement, exécuté pendant la même campagne, eut pour objet de renforcer les murs en petit appareil de la nef, à l'intérieur, par un arc en plein cintre en saillie au-dessus des arcades jumelles. Ce placage forme un ressaut accusé par un rang de billettes qui sert de point d'appui aux colonnettes des deux arcatures en plein cintre enca-

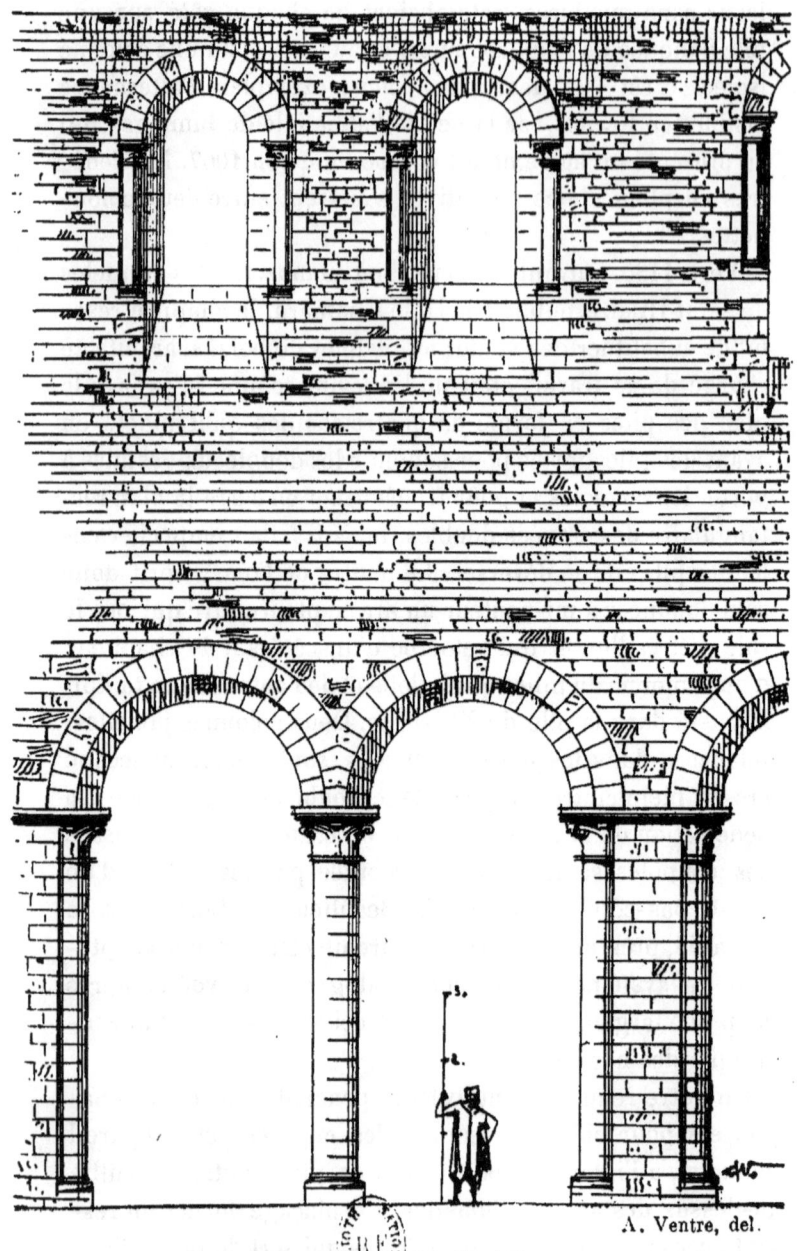

Saint-Hilaire de Poitiers.
État primitif d'une travée double.

Saint-Hilaire de Poitiers.
Travée double modifiée au XIIe siècle.

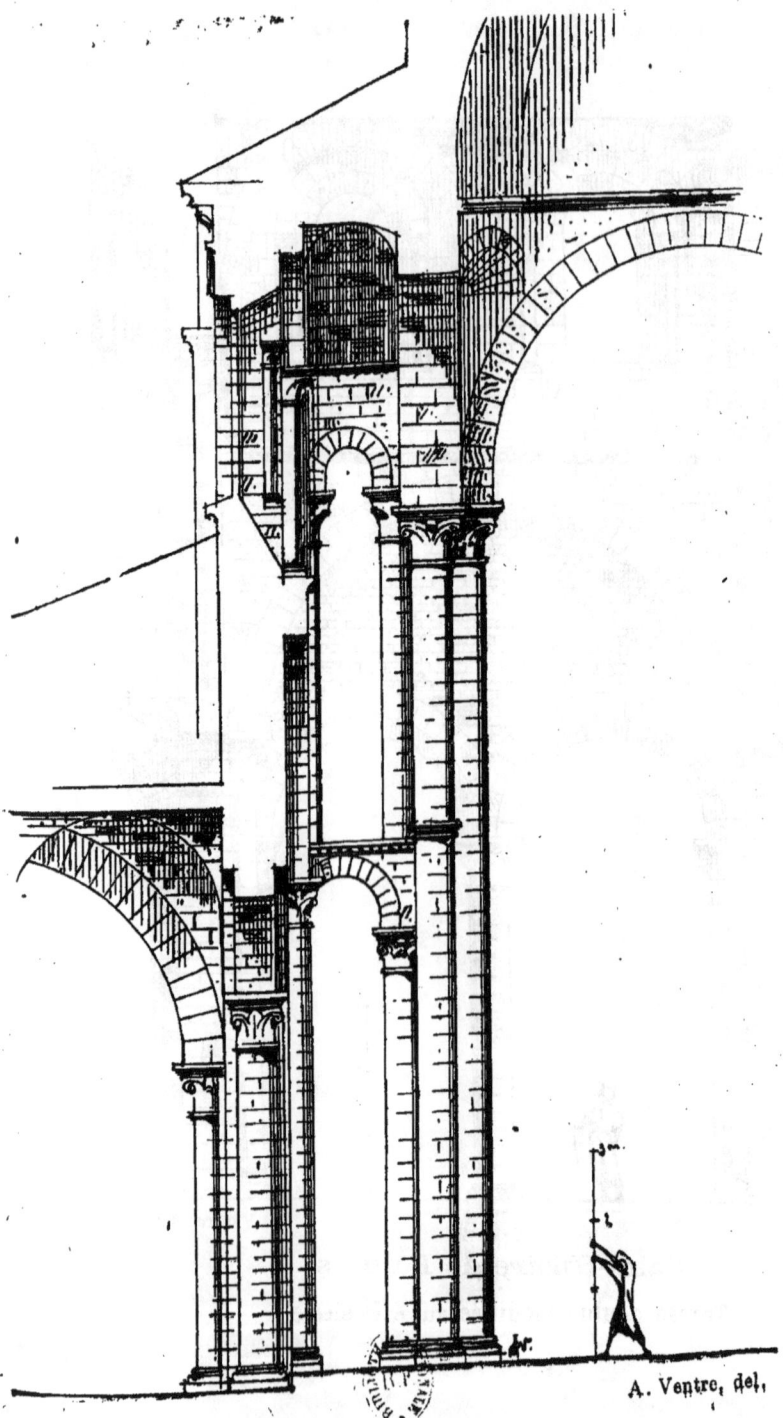

Saint-Hilaire de Poitiers.
Coupe sur le faux bas-côté.

Saint-Hilaire de Poitiers.
Dernière travée de la nef.

drant les fenêtres hautes et aux colonnes jumelles qui correspondent au doubleau supérieur du petit bas-côté.

La travée simple, recouverte d'un berceau transversal, qui précède le carré du transept, est plantée obliquement et les chapiteaux supérieurs de ses piles à quatre colonnes sont placés plus haut que les autres. Le second architecte a obtenu ainsi une croisée moins large que la nef, mais comment expliquer le rôle de la colonne engagée à l'ouest dans les piles d'angle occidentales, car elle ne porte qu'un pilastre qui reçoit la retombée d'un arc en plein cintre surhaussé? Son chapiteau, orné de lions affrontés, est une œuvre du XIIe siècle et se trouve engagé à 4^{m}50 seulement au-dessus du sol dans la pile ajoutée pour faciliter le voûtement de l'église. A mon avis, ces colonnes étaient destinées à recevoir un arc qui devait étrésillonner les deux dernières piles de la nef, comme les doubleaux du petit bas-côté, mais ce parti fut abandonné. Il faut signaler aussi un repentir dans la pile précédente, du côté nord de la nef. Le diamètre de l'une de ses colonnes est plus fort dans la partie haute que dans la partie basse et le raccord est dissimulé par une bague. Enfin, la voûte du petit collatéral de la dernière travée est renforcée par une nervure diagonale bandée après coup sous la voûte d'arêtes.

On distingue encore dans la dernière travée de la nef des peintures du XIIe siècle qui représentent des évêques et des saints. On lit sous un personnage: QVINTIANVS EP̄S.

Bas-côtés. — Les bas-côtés doubles, ajoutés vers la fin du XIe siècle et séparés par une file de colonnes, ont été presque entièrement reconstruits, à l'exception des dernières travées. A l'origine, ces galeries étaient surmontées d'un plafond de bois, mais l'architecte qui monta les coupoles de la nef se décida à les recouvrir de voûtes d'arêtes très irrégulières. Ces voûtes ressemblent plutôt à des berceaux, où viennent pénétrer des lunettes, comme dans la voûte annulaire d'un déambulatoire roman au droit des fenêtres et des chapelles. Dans le bas-côté nord, où le rez-de-chaussée de l'ancien clocher isolé se trouva dès lors englobé, les voûtes d'arêtes viennent se coller contre la face occidentale de la tour, et l'architecte fut obligé de couper l'un des contreforts. Pour voûter l'espace entre la dernière travée double de la nef et le clocher, il fit reposer une voûte en berceau, d'un côté, sur le bandeau qui passe sous le premier étage, et de l'autre, sur une tablette soutenue par des modillons.

Dans le bas-côté sud, les dernières travées ont une largeur normale, mais il est facile de constater que les retombées des voûtes viennent masquer le second rang de claveaux des grandes arcades, parce que l'angle du dosseret n'avait pas été disposé à l'origine pour remplir cette fonction. Pour expliquer le rôle des colonnes engagées au revers des anciennes piles, il faut supposer l'existence d'arcs-diaphragmes qui portaient le lambris. La déviation du doubleau qui donne accès dans le croisillon sud s'explique par l'addition du bas-côté occidental du transept qui força l'architecte à placer une colonne au point de rencontre. L'une des deux arcatures appliquées après coup contre le mur extérieur de la dernière travée encadre une petite rose à huit lobes, du XIVe siècle. Dans l'une des premières travées on voit le couvercle bombé d'un sarcophage en marbre blanc qui aurait contenu le corps de sainte Abre, fille de saint Hilaire. La décoration de ses panneaux, encadrés par des bandeaux qui se recoupent, rappelle celle des tombes mérovingiennes des cimetières du Poitou, fouillés par le P. de La Croix.

Les anciens chapiteaux de la nef et des bas-côtés sont garnis de volutes d'angle, de larges feuilles, de lions affrontés. Il faut signaler un type anormal où une petite colonnette centrale reçoit les tiges des volutes sur chaque face de la corbeille, et surtout dans le bas-côté nord, contre le clocher, le chapiteau qui représente la mort de saint Hilaire,

Saint-Hilaire de Poitiers.
Chapiteau de la nef.

A. Ventre, del.

dont l'âme est enlevée au ciel par des anges. Sur un curieux chapiteau roman, provenant de Saint-Hilaire et conservé au musée lapidaire, un artiste a figuré la Concorde et la Discorde, sous les traits de deux hommes qui se battent à coup de hache, et que leurs femmes s'efforcent de séparer. Dans le bas-côté sud, quatre chiens se mordent la queue autour d'une base, comme à Airvault.

Transept. — Au XIe siècle, le transept n'était pas voûté, mais le carré était circonscrit entre de grands arcs en plein cintre dont les pilastres sont encore intacts à l'entrée des croisillons. Comme les quatre piliers poitevins qui supportent la coupole octogone sur trompes sont en dedans de l'alignement des anciennes travées de la nef, il est certain que cette voûte n'est pas antérieure au XIIe siècle. Les piles d'angle sont donc une addition qui permit d'obtenir un espace carré dans un rectangle plus ancien. En 1762, les chanoines firent remblayer la croisée pour reporter l'autel sous la coupole et l'escalier qui se trouvait en avant du chœur fut supprimé.

La preuve du lambris primitif des croisillons se déduit, comme à Beaulieu-les-Loches, de l'existence de peintures romanes visibles sous le comble, c'est-à-dire au-dessus de la voûte en berceau actuelle qui fut établie au XIIe siècle au-dessus d'une série de modillons romans et réparée en 1577. Ce remaniement entraîna le remplissage des anciennes fenêtres hautes du XIe siècle et l'addition de contreforts extérieurs. L'enduit ne permet pas de voir l'appareil en blocage et la taille maladroite des pierres qui forment l'encadrement de ces larges baies. Les absidioles en cul-de-four, ornées d'arcatures et éclairées par trois fenêtres en plein cintre, ont été trop restaurées.

Le bas-côté occidental, que l'architecte Gautier Coorland n'avait pas prévu, est encore intact. J'ai développé toutes les preuves de cette addition au plan primitif, qui remonte à la fin du XI° siècle, dans mon étude archéologique de 1904. En montant l'escalier moderne du clocher, on voit un grand arc de décharge incrusté après coup dans le mur occidental du croisillon nord pour faciliter le percement inférieur des trois arcades qui retombent sur une colonne isolée et sur une colonne engagée dans une pile. Au-dessus de la première arcade de ce bas-côté lambrissé, s'ouvrent deux baies géminées destinées à aérer le comble : leur archivolte en plein cintre s'appuie sur trois colonnettes. Plus loin, près de l'angle nord-ouest du transept, on voit une petite porte en plein cintre qui devait faciliter l'accès du clocher, à l'origine, au moyen d'une passerelle et d'une échelle. Je ne crois pas qu'elle implique l'existence d'une tribune de fond, comme dans les églises normandes, car ses voûtes ou son plancher seraient venus couper les fenêtres romanes qui s'ouvrent sous la grande rose du XVI° siècle.

Dans le croisillon sud, le bas-côté occidental est maladroitement voûté d'arêtes : ses arcades en plein cintre et sa fausse tribune présentent les mêmes dispositions que dans l'autre bras du transept. La liaison extérieure de la maçonnerie d'angle au point de rencontre de ce bas-côté et du collatéral sud de la nef permet d'affirmer que ces galeries furent bâties pendant la même campagne. Les chapiteaux du transept ressemblent à ceux de la nef, mais sur la pile sud-ouest de la croisée, il faut signaler la Nativité et la Fuite en Égypte sculptées sur une corbeille.

Chœur. — Reconstruit au XII° siècle, le chœur est recouvert d'une voûte en berceau qui précède le cul-de-four de l'hémicycle : l'imposte est accusée par une moulure en biseau. Les deux premières travées sont plus larges que celles du chevet, comme dans la plupart des églises romanes, mais en surhaussant les arcs en plein cintre de l'abside, l'architecte a fait arriver toutes les clefs au même niveau. Huit colonnes assez hautes correspondent aux retombées des arcades sans moulures, qui ne sont pas surmontées de fenêtres : les volutes de leurs chapiteaux et leurs bases ressemblent à celles des piles de la croisée. Il faut en conclure qu'elles appartiennent à la même période et que l'alignement des nouvelles piles de la nef, du carré du transept et du chœur fut calculé par le même architecte.

Le déambulatoire est recouvert de voûtes d'arêtes irrégulières qui retombent sur deux colonnettes en avant de l'archivolte des fenêtres percées entre les quatre chapelles. Les fûts qui encadrent quelques baies du rond-point sont galbés, mais cette particularité n'indique pas un remploi, et on en a signalé beaucoup d'exemples au XIIe siècle. L'étude de tout le chevet de l'église soulève de véritables problèmes que des sondages pourraient seuls élucider. Le mur primitif semble avoir été coupé au niveau des fenêtres et il n'est pas douteux que l'abside fut l'objet d'un rhabillage extérieur au XIIe siècle, comme celle de l'église abbatiale de Montierneuf, mais l'existence antérieure des chapelles rayonnantes voûtées en cul-de-four n'est pas certaine. En tout cas, les prétendues influences auvergnates qui se seraient exercées dans cette partie de l'église à cause du nombre pair des chapelles, sont nées de l'imagination de plusieurs archéologues et de la présence des modillons à copeaux qui se retrouvent aussi bien en Anjou, en Berri, voire même à Saint-Georges de Boscherville. Les fondations et le grand rayon de l'ancien chœur ont pu imposer le tracé actuel au second architecte, qui aurait obtenu des espaces trop larges entre trois chapelles. Trois baies en plein cintre, encadrées par des arcatures qui retombent sur des colonnettes, s'ouvrent dans chacune des chapelles. Les chapiteaux, ornés de feuillages plus découpés que dans la nef, sont surmontés de tailloirs en biseau.

Extérieur. — La façade moderne et l'extérieur des premières travées de la nef et des bas-côtés n'offrent aucun intérêt, mais les fenêtres hautes, voisines du transept, ont conservé leur cordon à double biseau qui borde des écoinçons de petit appareil réticulé, dont l'usage s'est conservé dans le Poitou et dans l'Anjou à l'époque romane.

Clocher. — L'architecte Gautier Coorland avait planté un clocher-porche dans l'angle de la nef et du croisillon nord. Cette tour isolée, comme les clochers de Vendôme et de Saint-Aubin d'Angers, mesurait 11^{m}60 de côté, et les arcades en plein cintre du rez-de-chaussée s'ouvraient sur l'extérieur, comme à Lesterps et à Saint-Benoît-sur-Loire, mais elles ont été murées et la salle basse sert aujourd'hui de sacristie. Des claveaux plats, non doublés, retombent sur les piles d'angle cruciformes, dont les pilastres extérieurs jouent le rôle de contreforts.

Une pile centrale, également cruciforme à l'origine, soutenait les quatre voûtes d'arêtes primitives, mais au XIIe siècle on y substitua des croisées d'ogives au moyen d'une reprise en sous-œuvre. Il fallut donc modifier le plan des supports, en remplissant de maçonnerie leurs angles rentrants et en appliquant des colonnes sur les dosserets. Les doubleaux furent remplacés par des arcs en plein cintre à deux rangs de claveaux, et non pas renforcés par un rouleau inférieur, comme on pourrait le croire, car le second rouleau retombe en bascule sur les chapiteaux. Ces travaux furent exécutés par des appareilleurs maladroits, qui ne savaient pas tailler la clef cruciforme d'une croisée d'ogives, comme dans les porches de Moissac et de Saint-Victor de Marseille. Le profil carré des nervures est très lourd, mais les chapiteaux relancés dans les piles sont plus élégants. Leur corbeille, divisée en deux zones, est garnie de palmettes, de volutes, de petits masques : deux lions sculptés en méplat dévorent des animaux. Les tailloirs du XIIe siècle, ornés de cannelures verticales, d'un cavet et d'une baguette, se distinguent de ceux du XIe siècle, décorés de billettes, encore visibles sur les piles extérieures.

Le premier étage, dont la moitié occidentale n'existe plus depuis que le sommet de la tour s'est effondré, en 1590, était voûté d'arêtes, mais les colonnettes d'angle de la pile centrale ont été ajoutées au XIIe siècle. Les anciennes baies en plein cintre, très étroites, furent encadrées à la même époque par de grandes arcatures moulurées, de la même forme, qui s'appuient sur deux colonnettes. L'architecte accusa le niveau du premier étage en relançant une corniche ornée de palmettes et de torsades qui porte sur d'élégants modillons à copeaux. Au nord, on voit encore une belle arcature, dont les claveaux sont découpés en petits cylindres, comme dans le porche sud de Notre-Dame-la-Grande. A l'angle nord-est, un massif relancé sert de point d'appui à une colonnette qui soutient une niche en cul-de-four, flanquée de deux petits fûts galbés. La partie supérieure de la tour est une œuvre du XVIe siècle.

Croisillons et chevet. — Le bras nord du transept a été plus ou moins remanié, mais dans le pignon, il faut signaler deux bas-reliefs romans qui ont été moulés et étudiés par le P. de La Croix. Le premier représente deux personnages qui portent un chandelier et une châsse et qui sont placés sous des arcatures ornées d'entrelacs, dont les colonnettes sont galbées. Le second, d'un style moins archaïque, figure un homme et une femme nimbés; cette dernière tient un rouleau de parchemin et reçoit un livre présenté par le premier personnage. Ces fragments proviennent peut-être d'un autel. Au revers du mur de fond du croisillon sud, un enfeu renferme le tombeau roman, orné de rinceaux, d'un bienfaiteur du chapitre nommé Constantin. Les absidioles du transept, rhabillées dans le même style que les chapelles rayonnantes, sont épaulées par quatre colonnes engagées dans un dosseret: leurs fenêtres sont encadrées par un cordon biseauté.

Les contreforts des chapelles rayonnantes forment des groupes de trois colonnes, comme dans les chevets de plusieurs églises du Poitou. Ces fûts sont posés sur un bahut saillant accusé par le bandeau mouluré qui relie les bases à double tore. Leurs chapiteaux, garnis de palmettes, de feuillages et d'animaux affrontés, arrivent sous la corniche ; on lit le nom d'VGO MONEDERIVS gravé sur une corbeille dans la chapelle du sud-est. L'inscription de Gunter et d'Hugo, qui vivaient à la fin du Xe siècle, étudiée par notre confrère M. Berthelé et incrustée dans la chapelle nord-est, doit être regardée comme un remploi.

Les fenêtres en plein cintre qui s'ouvrent dans le déambulatoire entre les chapelles méritent d'attirer l'attention, car elles s'ouvrent dans un parement collé sur l'abside primitive. Celle de l'axe fut encadrée, vers le milieu du XIIe siècle, par une archivolte garnie d'un tore, de deux gorges et d'un cordon mouluré, mais il fallut entailler deux colonnes-contreforts pour disposer ses deux colonnettes après coup. Des lions et des monstres sont sculptés en méplat entre les têtes d'animaux à long cou qui se profilent sur les modillons de la corniche. Le chapiteau d'une colonne-contrefort de la première chapelle du nord cache la tête d'un lion. J'y vois la preuve du remploi de certains motifs d'ornementation taillés dans une cuvette rectangulaire.

Au-dessus du déambulatoire, l'abside est revêtue d'un appareil réticulé moderne et la cage carrée qui englobe la coupole centrale du transept ressemble à la souche d'un clocher, mais la tour du nord devait suffire à toutes les nécessités de la sonnerie.

E. Lefèvre-Pontalis.

Bibliographie. — Redet : *Documents pour l'histoire de l'église Saint-Hilaire,* dans les *Mémoires de la Soc. des Ant. de l'Ouest,*

t. XIV et XIX. — Longuemar (de) : *Essai historique sur l'église collégiale de Saint-Hilaire-le-Grand*, Ibid., t. XXIII, p. 363. — Aubert (Édouard) : *Le clocher de Saint-Hilaire*, dans les *Mémoires de la Soc. des Ant. de France*, 5e série, t. II, p. 45. — Berthelé : *L'inscription de Gunter et d'Hugo*, dans le *Carnet d'un antiquaire poitevin*, p. 304. — La Bouralière (de) : *Notice historique et archéologique sur l'église de Saint-Hilaire-le-Grand*, dans les *Paysages et Monuments du Poitou.* — E. Lefèvre-Pontalis : *Saint-Hilaire de Poitiers. Étude archéologique*, dans le *Congrès archéologique de Poitiers*, 1904, p. 361. — La Croix (Le P. de): *Trois bas-reliefs religieux de Poitiers*, dans le même volume, p. 214.

SAINT-HILAIRE-DE-LA-CELLE

L'église Saint-Hilaire-de-la-Celle a été élevée sur l'emplacement d'une *cella* dans laquelle l'illustre évêque de Poitiers venait parfois se retirer et où il mourut en 367 (al. 368). Son corps y fut déposé avant d'être définitivement inhumé à Saint-Hilaire-le-Grand. Le P. de La Croix a découvert, il y a quelques années, les fondations de ce tombeau.

L'église actuelle date de la seconde moitié du XIIe siècle ; elle sert de chapelle à la communauté des Carmélites. Il ne subsiste plus que les murs latéraux de la nef, qui était dépourvue de bas-côtés et couverte d'une voûte en berceau dont on voit encore les amorces.

Le transept est, par contre, resté dans un excellent état de conservation. A la croisée, les piles de l'ouest sont flanquées de colonnes engagées, à bases attiques, surmontées de chapiteaux ornés de palmettes et de volutes ; celles de l'est ont des colonnes engagées et d'angle. Les arcs à double voussure décrivent une courbe en tiers-point.

Au-dessus d'un cordon mouluré d'un filet et d'un cavet, soutenu, aux angles, par des têtes, quatre trompes encadrées de colonnettes, qui reposent sur des consoles également décorées de têtes, portent une coupole octogone. Ses huit nervures, profilées d'un tore engagé dans des claveaux plats, rayonnent autour d'un œil. Les pans orientés de la coupole sont ajourés par des baies en cintre brisé.

Les croisillons sont voûtés en berceau brisé et éclairés par deux fenêtres à l'ouest et par une seule au fond. Une arcade en cintre brisé donne accès dans une absidiole orientée, en hémicycle allongé et voûtée en cul-de-four à joints verticaux. L'abside, de même plan, sert de chœur aux religieuses.

Cette église possède un bas-relief célèbre du XII° siècle, connu sous le nom de Tombeau de saint Hilaire. Ce morceau de sculpture, probablement débris d'un cénotaphe, mesure 2^{m}26 de long sur 0^{m}98 de haut. Il a été mutilé par les Protestants, qui brisèrent la plupart des figures. Saint Hilaire, en costume épiscopal, est couché dans un sarcophage entouré de treize personnages, dont l'un, représentant un ange, reçoit l'âme du défunt.

A l'extérieur, il faut signaler la tour centrale décorée, sur chaque face, de quatre arcatures brisées soutenues par une pile centrale et des colonnes communes.

SAINT-GERMAIN

L'église Saint-Germain, transformée en salle de réunions, comprend une nef de trois travées, datant du XV° siècle, flanquée au nord d'un collatéral, et une abside de la seconde moitié du XII° siècle.

La nef est couverte de voûtes d'ogives à quatre branches dont les nervures pénètrent dans les colonnes engagées qui sont soutenues par des consoles décorées de rinceaux de feuillage. Sur la clef de la deuxième travée, on remarque une statue de saint Germain; sur celle de la troisième, un ange portant l'écu de France.

Des arcades à moulures prismatiques donnent accès dans le bas-côté, dont les voûtes sont semblables à celles de la nef, mais établies à un niveau un peu inférieur.

Dans la seconde travée de la nef, le mur méridional est percé d'une arcade en anse de panier, décorée dans le style de la Renaissance, qui s'ouvre dans une chapelle du XVIe siècle éclairée par une fenêtre à remplage sans redents.

Une arcade du XVe siècle fait communiquer la travée suivante avec l'étage inférieur de la tour. Cette travée, du XIIIe siècle, conserve une voûte angevine à quatre branches d'ogives et quatre liernes moulurées d'un tore sur dosseret faisant retour dans les voûtains. Des chapiteaux-consoles ornés de crochets et soutenus par des têtes reçoivent les retombées. La clef est ornée d'un buste et des figurines garnissent la jonction des liernes avec les formerets. Les murs sont ajourés par des baies en plein cintre sans moulures.

L'abside est encadrée par un arc légèrement brisé porté sur des colonnes à chapiteaux décorés de feuilles et de volutes; un des tailloirs est garni de trois rangs de dents de scie, les autres présentent un biseau nu. Son hémicycle, voûté en cul-de-four, est éclairé par une baie agrandie postérieurement.

L'absidiole qui termine le bas-côté est également en hémicycle et date du début du XIIIe siècle. L'arcade qui l'encadre, masquée en partie par un arc du XVe siècle, est en plein cintre et repose sur des colonnes surmontées de chapiteaux à crochets et de tailloirs en doucine. Les baies sont semblables à celles du rez-de-chaussée de la tour. La voûte se compose d'une sorte de cul-de-four appareillé perpendiculairement au cordon qui passe à sa naissance et porté sur trois nervures, profilées d'un simple tore, qui s'appuient sur l'arc de tête et retombent sur des consoles frustes.

A l'extérieur, les seules parties qui présentent quelque intérêt sont : la tour, du XIIIe siècle, située au sud de la nef, percée de deux baies en tiers-point, et l'abside, du XIIe siècle, épaulée par quatre contreforts-colonnes dont les chapiteaux, ornés de feuilles et de volutes, arrivent au niveau des modillons de la corniche.

PALAIS DES COMTES

Le palais des comtes de Poitiers, aujourd'hui Palais de Justice, s'élève au-dessus de l'enceinte gallo-romaine. Après avoir été palais royal sous les Carolingiens, il fut reconstruit au moyen âge et restauré par Jean de Berry après l'incendie allumé, en 1346, par les troupes anglaises.

La grande salle et le donjon, appelé communément « tour Maubergeon », ont seuls été conservés.

La salle, dont l'axe est dirigé du nord au sud, date du début du XIIIe siècle et est inspirée de l'art angevin ; le mur qui la termine vers le sud a été reconstruit sous le gouvernement de Jean de Berry. La partie inférieure de la face occidentale est percée de plusieurs portes en plein cintre ; au-dessus, un cordon mouluré règne sous l'appui de vingt-quatre arcatures en cintre légèrement brisé, portées sur des colonnettes que soutiennent des têtes. Une arcature, de trois en trois, encadre une fenêtre, dont l'archivolte est seule ajourée et qui repose aussi sur des colonnettes. Les chapiteaux sont ornés de feuilles se repliant en volutes et les tailloirs formés de deux tablettes superposées. Un chapiteau sur trois est accompagné d'une tête-console restée sans emploi. La paroi orientale paraît un peu moins ancienne que la précédente. Elle est garnie, au niveau du sol, de seize arcatures en plein cintre, portées sur de hautes colonnettes communes. Les bases, cerclées d'une scotie entre deux tores, sont munies de griffes constituées par une sorte de membrane qui se replie sur le tore inférieur, particularité qui se rencontre assez fréquemment dans les monuments influencés par l'art angevin. Les chapiteaux, garnis de crochets, sont surmontés de hauts tailloirs moulurés d'un filet et d'une doucine. Un second rang de huit arcs garnit la partie supérieure du mur ; ces arcs reposent sur des colonnettes soutenues en encorbellement par des têtes placées sur les tailloirs des colonnettes inférieures et encadrent des fenêtres nues dont l'appui est accusé par un cordon.

Le mur nord présente la même disposition que celui de l'est et appartient à la même campagne ; il est orné de six arcatures inférieures surmontées de trois arcs, dont deux sont ajourés.

La paroi qui termine la salle au sud a été reconstruite, comme nous l'avons dit, à la fin du XIVe siècle. Elle est entièrement occupée par un avant-corps empiétant sur les arcatures voisines et contenant trois vastes cheminées dont l'architecte s'est fort habilement servi pour augmenter l'effet décoratif de sa construction. Élevés sur un terre-plein auquel on accède par des degrés, les trois âtres sont compris entre des jambages accompagnés de colonnes que surmontent des figurines couchées tenant les armoiries de Jean de Berry *(semé de France, à la bordure engrêlée de gueules)* et de sa femme, Jeanne d'Auvergne *(parti de Berry et d'Auvergne, d'or, au gonfanon de gueules frangé de sinople)*. Un rinceau de feuilles frisées passe à la base du manteau commun sur lequel des anges et des séraphins soutiennent trois écus qui portaient les armes de France et celles de Jean de Berry et de Jeanne d'Auvergne. Ces écus, martelés à la Révolution, furent refaits en 1860, sans souci de la place qu'ils occupaient à l'origine. De chaque côté, le parement nu est percé d'une porte donnant accès dans un escalier à vis. Le balcon qui couronne la partie basse est garni d'une balustrade ajourée datant de 1860. Il présente, au-dessus des piédroits, quatre saillies en hémicycle dont les extrêmes sont soutenues par des colonnes partant de fond et les intermédiaires par des sections de fûts reposant sur des statuettes. Ce balcon règne à l'appui d'une immense claire-voie soutenue par d'élégants pinacles et garnie d'un remplage flamboyant qui dissimule les trois coffres placés derrière le vitrage.

Toute la partie supérieure est également ajourée par des baies tréflées. Les pinacles intermédiaires soutiennent quatre statues où l'on a voulu reconnaître Charles V, la reine Jeanne de Bourbon, Jean de Berry et l'une des deux femmes de ce dernier, Jeanne d'Armagnac ou Jeanne d'Auvergne. Les sculpteurs Jean de Huy, Hennequin le Flamand et Hennequin de Bruges ont collaboré à ces œuvres, sans qu'il soit possible de déterminer leur part respective.

Les escaliers, compris, de part et d'autre, dans une tourelle polygonale ajourée, conduisent à un étroit réduit, muni d'une cheminée, d'où la vue s'étend dans la salle tout entière. La charpente qui couvre cette vaste nef a été refaite au siècle dernier.

A l'extérieur, la face orientale est percée d'une porte en plein cintre sans tympan, encadrée par trois voussures moulurées retombant sur des colonnes en délit, dont les bases présentent deux tores, l'inférieur très aplati, séparés par une fine scotie. Les chapiteaux à crochets sont surmontés de tailloirs en doucine ornée de fleurs.

Le chevet est divisé verticalement par quatre étroits contreforts couronnés de pinacles.

L'étage inférieur est nu et limité par un glacis ; au-dessus, la claire-voie est, en grande partie, masquée par les cages d'escaliers et les coffres des cheminées amortis par des gâbles à crochets.

Les contreforts d'angle portent chacun une échauguette cylindrique où se trouve enclavée la partie supérieure des escaliers qui conduisent à la base du pignon, dont les rampants, ornés de crochets, sont munis, au revers, de degrés permettant de les gravir jusqu'au faîte,

Des fouilles, pratiquées au sud de la grande salle, ont mis au jour d'importants restes de murailles antiques dont la partie basse, formée d'assises de grand appareil, est surmontée d'une paroi en petit appareil régulier. A l'est, d'autres murs en petit appareil, de l'époque romane, ont été découverts par le P. de La Croix.

Donjon. — Connu sous le nom de tour Maubergeon, il a été reconstruit par le duc Jean de Berry sur des fondations anciennes. C'est un logis carré, flanqué de quatre tours d'angle, qui présente l'aspect d'une forteresse, bien qu'il ne possède, en réalité, aucune valeur défensive. Il comptait primitivement trois étages voûtés, dont un en sous-sol ; l'étage supérieur a été rasé à mi-hauteur. L'étage intermédiaire, qui formait le logis principal, renferme dans sa partie centrale une salle couverte de huit voûtes d'ogives dont les nervures et les doubleaux, moulurés d'un tore à filet, retombent en pénétration sur des piles octogones. Le remplage des fenêtres se compose de deux rangs d'arcs tréflés surmontés d'un quatre-feuilles. Un écu aux armes du Poitou décore le manteau de la cheminée.

Les pans coupés établis aux angles de la salle sont percés de portes donnant accès dans des petites pièces hexagonales comprises à l'intérieur des tours cylindriques et couvertes de voûtes à six branches d'ogives : les nervures, moulurées d'une baguette entre deux cavets, retombent sur des consoles à figurines. Les clefs sont ornées des armoiries de Jean de Berry.

Le donjon est épaulé, à l'extérieur, par des contreforts présentant un angle saillant et surmontés de quatorze statues.

MAISONS ANCIENNES

Poitiers renferme un certain nombre de maisons qui méritent d'être citées.

Rue de la Prévôté, au n° 1, on voit une maison du XIIIe siècle très défigurée. Au rez-de-chaussée s'ouvre une arcade surbaissée et au premier étage des fenêtres rectangulaires encadrées par des colonnettes octogones à chapiteaux garnis de crochets sont surmontées d'un linteau où se détache un trèfle.

Hôtel Fumée. — Ce bel hôtel, du début du XVIe siècle, situé 8, rue de la Prévôté, a été longtemps regardé comme le siège de la prévôté de Poitiers; mais il a été reconnu depuis comme l'habitation particulière de François Fumée, qui le fit construire sans doute à l'occasion de son mariage avec Catherine Aubert, en 1504. Cité dans un acte de 1514, il devait être terminé depuis peu à cette époque.

La façade, de forme très irrégulière, est encore d'une conception purement gothique et ne présente aucun détail dénotant l'apparition du style de la Renaissance. Elle comprend un corps de logis central, légèrement en retrait entre deux pavillons, percé d'une porte en anse de panier, dont l'archivolte décrit une accolade. Des fenêtres à meneaux éclairent les deux étages couronnés d'un rang de mâchicoulis décoratifs. Les pavillons latéraux présentent des angles arrondis, terminés par des échauguettes crénelées et couvertes de flèches d'ardoises. Leurs faces sont ajourées par des baies à gâbles qui, à l'étage supérieur, dépassent le niveau du toit et sont garnies de remplages flamboyants entre des pinacles.

La porte donne accès, par un passage couvert de trois voûtes d'ogives, dans une cour carrée entourée de bâtiments assez bien conservés : à droite règne une de ces galeries si répandues dans les logis de cette époque. Autour de ses quatre piles cylindriques s'enroulent en spirales des nervures prismatiques.

Hôtel Berthelot. — L'hôtel Berthelot (24, rue de la Prévôté), fut commencé en 1529 par René Berthelot, élu, cette même année, maire de Poitiers. Sur un pan coupé, on remarque une belle porte surmontée de trois fenêtres à meneaux.

Maison des Trois-Clous. — La maison dite des Trois-Clous, 16, Grand'Rue, compte trois étages éclairés par des fenêtres à moulures et son pignon est couronné d'un fleuron.

Logis de la Grande-Barre. — Sis au 3 *bis* de la rue de l'Arceau, il date des XVe et XVIe siècles, et occupe les deux côtés d'une petite cour séparée de la rue par un mur dans lequel s'ouvre une porte en anse de panier avec gâble en accolade.

Doyenné de Saint-Hilaire. — Le doyenné de Saint-Hilaire-le-Grand fut élevé par Geoffroy d'Estissac. qui fut nommé doyen en 1504, devint évêque de Maillezais en 1517 et mourut en 1542. C'est une construction tout imprégnée de l'art de la Renaissance.

Maison de Jean Beauce. — La maison que ce riche marchand poitevin fit élever en 1554 paraît être le spécimen le plus remarquable de l'architecture civile de la Renaissance que possède la ville. Au milieu de la façade est appliquée une tourelle d'escalier qu'éclairent des fenêtres disposées suivant le mouvement des degrés. L'angle gauche est percé de fenêtres s'ouvrant sur les deux faces et brisées d'équerre, disposition aussi peu satisfaisante pour la raison que pour le goût.

Hôtel d'Elbène. — La maison sise au 9 de la rue du Marché fut longtemps regardée comme ayant appartenu à Diane de Poitiers, mais L. Palustre a montré que le monogramme qui servait de base à cette attribution était en réalité formé des initiales de Julien d'Elbène et de sa femme, Catherine Tornabuoni. Les sceptres qui figurent sur la maison appartiennent aux armoiries de la famille d'Elbène.

On peut encore signaler : à l'angle de la rue des Basses-Treilles et de la rue Gambetta, une maison du XVIe siècle avec tourelle; 5, rue Gambetta, une autre, de la même époque, dont les fenêtres sont ornées de figurines; à l'extrémité de la rue Sainte-Croix, un portail du XVe siècle; 15, rue de la Prévôté, une maison Renaissance; rue de la Celle, une maison, datée de 1615, ajourée de fenêtres en plein cintre sur colonnettes; plan de l'Étoile, une maison avec pignon orné de crochets relevés; 8, rue Flageole, un autre logis dont les fenêtres en accolade et redentées sont également décorées de feuillages frisés.

Le Prieuré d'Aquitaine, siège d'un des trois Grands-Prieurés de la langue de France, fut agrandi, en 1667, par Gilbert de Vieilbourg. Il en subsiste une porte monumentale surmontée d'une inscription.

LYCÉE

Le lycée, ancien collège des Jésuites, placé sous le vocable de sainte Marthe, fut fondé, en 1605, par Henri IV. Le buste du roi est placé sur le pavillon qui s'élève au centre de la façade, d'un beau caractère.

La chapelle, appelée le Jésus, dont la première pierre fut posée, en 1608, par le président de Traversay, fut achevée en 1610. Elle se compose d'une seule nef de cinq travées, couverte, comme celle de La Flèche, de voûtes d'ogives à liernes dont la forme surhaussée dénote une tardive survivance du style angevin. Les doubleaux, les ogives et les formerets retombent sur des pilastres cannelés surmontés de chapiteaux ioniques, ainsi que sur des colonnes d'angle.

Au revers de la façade existe une vaste tribune faisant retour dans les deux premières travées. De chaque côté s'ouvrent de courtes chapelles, couvertes en berceau, comme à Saint-Porchaire. La chaire, du XVIIe siècle, provient de l'abbaye de Nouaillé. Le chœur, de plan rectangulaire, est décoré avec une grande richesse. Le mur de fond est entièrement occupé par un vaste retable dû à la générosité de Charlotte-Flandrine de Nassau, abbesse de Sainte-Croix, qui confia aux Jésuites la direction de sa communauté. Au centre, se trouve un tableau, figurant la Présentation au Temple, signé Louis Finson de Bruges, 1615. Le tabernacle est un beau travail, du genre Boulle, en écaille incrustée de cuivre et d'étain.

A l'extérieur, deux tours s'élèvent de chaque côté du chœur.

La sacristie est décorée de superbes boiseries de chêne et de tableaux retraçant les principales scènes de la vie du Christ.

REMPARTS

A l'époque gallo-romaine, Poitiers était entouré d'une enceinte de 2.600 mètres de circuit; démantelée par Waïfre, elle fut réparée par Pépin.

L'enceinte du moyen âge, élevée sous Éléonore de Guyenne, fut remise en état par Alphonse de Poitiers. Jean de Berry la fit reconstruire en 1375; les tours, encore visibles près du Pont Achard et de la Porte de Paris, appartiennent à cette dernière époque.

Il ne subsiste aucune des six portes qui donnaient accès dans la ville.

Le château s'élevait au confluent de la Boivre et du Clain ; il avait été construit, de 1370 à 1378, par Jean de Berry. Déjà ruiné au commencement du XVIIIᵉ siècle, il fut entièrement détruit en 1726 par l'intendant Lenain, qui fit disposer une promenade sur son emplacement. On en trouve quelques vestiges insignifiants près du pont de Rochereuil. Une des miniatures des Très-Riches Heures de Jean de Berry le représente avec son enceinte triangulaire garnie de trois tours.

COLLECTIONS PUBLIQUES

Archives. — Les archives départementales, installées dans les bâtiments de la Préfecture, possèdent plusieurs séries de documents anciens fort remarquables, parmi lesquelles il faut citer les fonds des chapitres et des abbayes de Poitiers, des abbayes de Fontenay-le-Comte et de Nouaillé et celui du Grand-Prieuré d'Aquitaine.

Bibliothèque. — En dehors des volumes imprimés, la bibliothèque municipale renferme un certain nombre de manuscrits du plus haut intérêt, entre autres, un évangéliaire de la fin du VIIIᵉ siècle et les célèbres copies, effectuées par le bénédictin Dom Fontaneau, qui sont d'une si grande utilité pour l'histoire du Poitou.

Musée municipal. — Parmi les collections contenues dans le musée installé à l'Hôtel de Ville, une mention spéciale doit être faite de la statue antique de Minerve découverte à Poitiers en 1902.

Musée de la Société des Antiquaires de l'Ouest (1). — Cette société a installé son musée, depuis 1877, passage

---

(1) Ledain (B.) : *Musée de la Société des Antiquaires de l'Ouest, Catalogue de la galerie lapidaire*; Poitiers, impr. Tolmer, 1884, in-8º.

des Grandes-Écoles, dans plusieurs salles de l'ancienne Université de Poitiers qui avaient été transformées postérieurement en chapelle de l'Échevinage. Ces constructions, élevées vers le milieu du XVe siècle, sont couvertes de voûtes d'ogives moulurées d'un tore à filet sur consoles. Il convient de citer : plusieurs inscriptions antiques; des stèles; l'autel de Buxerolles; des chapiteaux du XIIe siècle provenant de Saint-Hilaire; quatre tympans du XIIe siècle ayant appartenu à l'église de Nanteuil-en-Vallée (Charente); des sculptures de la Renaissance trouvées au château de Bonnivet; des pierres tombales. La salle du premier étage est réservée aux objets préhistoriques, aux poteries, etc.

La Société possède en outre, depuis 1886, un second musée installé rue de la Préfecture, n° 9, dont l'entrée est constituée par le beau portail élevé en 1671 devant l'église des Augustins.

BIBLIOGRAPHIE.—Auber (L'abbé) : *Histoire de la cathédrale de Poitiers;* Poitiers et Paris, 1849, 2 vol. in-8°. — Barbier de Montault : *Le vitrail de la Crucifixion à la cathédrale de Poitiers*, dans le *Bulletin Monumental*, t. LI, 1885, p. 17-45 et 141-168; — *Le martyrium de Poitiers : compte-rendu des fouilles et de l'ouvrage du P. de La Croix;* Poitiers, 1885, in-8°; — *Documents sur la question du martyrium de Poitiers;* Poitiers, 1886, in-8°; — *La cathédrale de Poitiers*, dans la *Revue de l'Art chrétien*, 1892, p. 389. — Berthelé (Joseph) : *Recherches pour servir à l'histoire des arts en Poitou*, 1889, in-8°. — Chamard (Dom Fr.) : *L'hypogée des Dunes à Poitiers*, dans la *Revue du Monde catholique*, t. XXIII, 1884, p. 828-849. — Chergé (Ch. de) : *Dissertation sur la façade de Notre-Dame de Poitiers*, dans le *Bulletin Monumental*, t. IX, 1843, p. 435-444; — *Guide du voyageur à Poitiers*, 3e édition; Poitiers, 1872, in-12. — [Didron] : *Stalles de la cathédrale de Poitiers*, dans les *Annales archéologiques*, t. II, 1845, p. 49-52. — Fillon (B.) : *Notice sur les vitraux de Sainte-Radégonde*, dans les *Mémoires de la Soc. des Antiq. de l'Ouest* [t. XI], 1844; Poitiers, 1845, p. 483-496. — Guilhermy (de) : Notes manuscrites, t. XIII, Bibl. nat., nouv. acq. fr. 6106, fol. 1-158.

— La Bouralière (A. de) : *Guide archéologique du Congrès de Poitiers*, dans le *Congrès archéologique de France*, t. LXX; Poitiers, 1903, p. 1-44. — La Croix (P. de): *Hypogée-Martyrium de Poitiers;* Paris, 1883, in-fol.;'— *Étude sommaire du baptistère Saint-Jean de Poitiers;* Poitiers, 1903, in-8°. — Lecointre-Dupont : *L'hypogée des Dunes de Poitiers;* Poitiers, 1889, in-8°. — Ledain (B.) : *Dissertation sur le temple Saint-Jean*, dans le *Bulletin de la Soc. des Antiq. de l'Ouest*, t. XIII, 1872, p. 296-306; — *Mémoire sur l'enceinte gallo-romaine de Poitiers*, dans le *Bulletin Monumental*, 1873-1874, p. 223-237, 439-463; 1875, p. 83-87. — Levillain (Léon) : *Une visite à l'hypogée des Dunes à Poitiers;* Poitiers, 1911, in-12. — Mérimée (P.): *Le temple Saint-Jean à Poitiers*, s. d., gr. in-fol.— Ramé (A.) : *Observations sur le vitrail de la Crucifixion à la cathédrale de Poitiers*, dans le *Bulletin Monumental*, t. LI, p. 365-378. — Robuchon (Jules) : *Paysages et monuments du Poitou*, t. I; Poitiers, Paris, 1890, in-fol. (Notices par J.-L. de La Masonnière, B. Ledain. A.-F. Lièvre, E. Espérandieu, A. de La Bouralière, J. Berthelé, A. Bonvallet, X. Barbier de Montault, L. Babinet, C. de La Ménardière, L. Palustre, etc.)

SEPTIÈME EXCURSION

CHARROUX

ABBAYE

L'abbaye de Charroux, fondée sous le règne de Charlemagne par Roger, comte de Limoges, et Euphrasie, jouit bientôt d'une grande célébrité qu'elle conserva pendant tout le moyen âge: plusieurs conciles s'y réunirent. La richesse de ses possessions, qui s'étendaient jusqu'en Angleterre, permit aux religieux de construire à plusieurs reprises des églises de plus en plus importantes. Dès 1017, nous apprend Adhémar de Chabannes, l'abbé Geoffroy jetait les fondements d'une basilique plus considérable que la précédente; elle fut consacrée en 1028. Néanmoins, certains textes parlent d'une autre consécration qui aurait été présidée par le pape saint Léon IX, en 1047, et cette même année, au dire de la chronique de Maillezais, le monastère, partageant le sort de la ville, fut détruit par le feu. En 1095, le pape Urbain II procède à une nouvelle dédicace. En 1136, le monastère est incendié et reconstruit encore une fois. La magnifique église qui existait à cette époque fut brûlée par les protestants et, depuis lors, ne put se relever de ses ruines; aujourd'hui, il n'en subsiste que le centre d'une rotonde de proportions grandioses.

Le plan ci-joint fera mieux comprendre les dispositions si originales de cet admirable monument; il est l'œuvre de M. Formigé, qui a corrigé les nombreuses inexactitudes d'un plan plus ancien reproduit par Dehio.

L'église était précédée d'une façade avec tours et porche en avant, partie qui datait vraisemblablement de la fin du XIII° siècle. La nef, très longue, était flanquée de collatéraux. Elle aboutissait, non à un transept, mais à une très vaste rotonde, composée d'une partie centrale et de trois collatéraux annulaires. A l'orient, le chœur s'ouvrait sur le dernier collatéral et se terminait par un chevet arrondi et un déambulatoire qui communiquait avec cinq absidioles égales.

Il est probable que tout cet ensemble n'avait pas été bâti d'un seul jet. De même qu'à Saint-Savin, la nef possédait des colonnes cylindriques et des piliers composés de quatre colonnes de même diamètre, donnant en plan un quatrefeuilles : ce type de support se retrouvait dans la partie centrale de la rotonde, comme on peut le voir aujourd'hui encore, car de toute cette grande église, il ne subsiste plus que des fragments de maçonneries ayant appartenu à la façade, le mur de l'une des absidioles et surtout le centre de cette belle rotonde, comparable et même supérieure à celle de Saint-Bénigne de Dijon, qui ne comptait que deux collatéraux.

Le plan des piles ne permet pas de lui attribuer une date antérieure au XII° siècle. Si tant est que la rotonde de Neuvy-Saint-Sépulcre ait été élevée en 1045, aussitôt après la fondation de cette église, ce qui paraît douteux, il ne semble pas que l'on puisse attribuer la rotonde de Charroux à une époque antérieure à la consécration de 1096. Il y a même lieu de croire qu'elle n'est guère beaucoup plus vieille que l'absidiole subsistante, car le style des fenêtres de cette chapelle dénote clairement le XII° siècle, peut-être même fut-elle réédifiée après l'incendie de 1136.

Quoi qu'il en soit, cette rotonde, soutenue par huit piliers, comprend deux étages d'arcs en plein cintre, un étage de fenêtres, surmonté d'une coupole octogone, et enfin, un

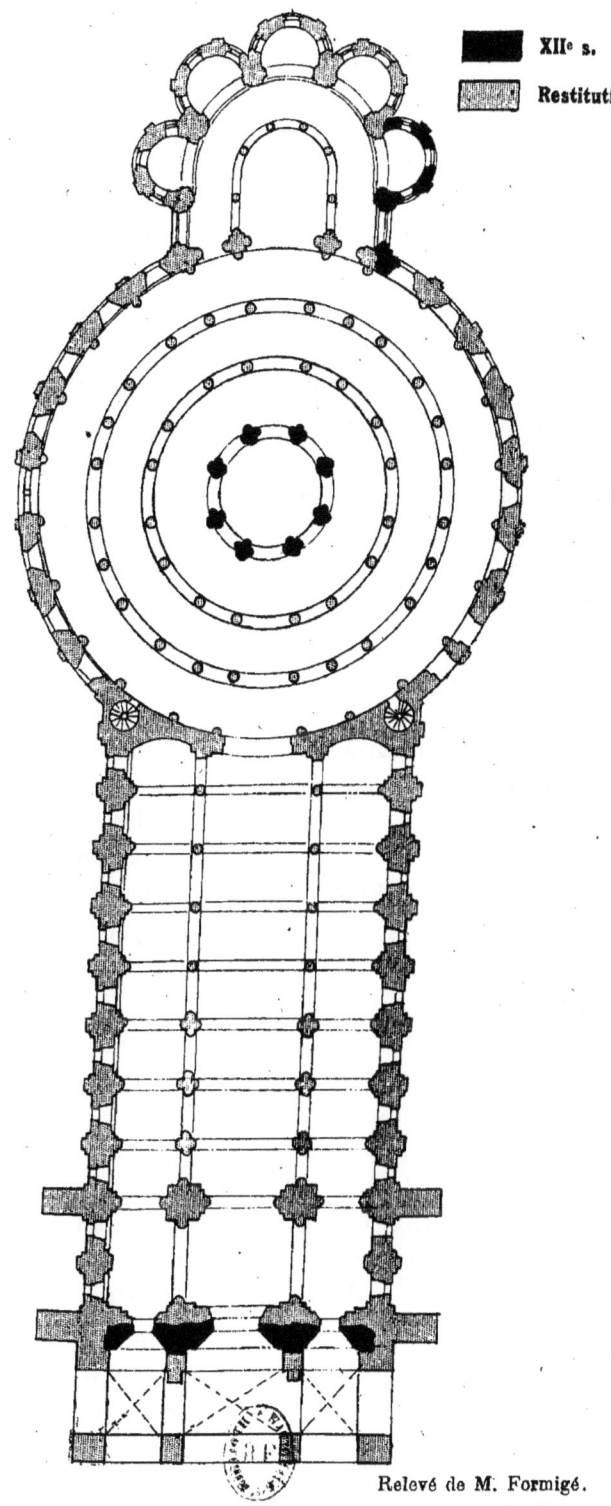

Relevé de M. Formigé.

Plan de l'église abbatiale de Charroux.

couronnement de date postérieure, en retrait sur le reste de la construction.

La base de ces piliers, d'un type si poitevin, est profondément enterrée, car le sol a été très remonté : une fouille a permis de retrouver le niveau primitif ; une sorte de puits, auprès d'un des piliers, permet de s'en rendre compte.

Des quatre colonnes qui composent le pilier, l'une, tournée vers l'intérieur, monte jusqu'au haut de la construction recevoir les arcs qui soutiennent la coupole ; les colonnes latérales portent les arcs du rez-de-chaussée ; ils sont en plein cintre ; leurs claveaux, nus et assez étroits, sont bordés de billettes. Un bandeau décoré d'un onglet et d'un cavet règne au-dessus de ces arcs ; il porte des colonnes dont le fût est à l'aplomb des colonnes qui viennent d'être mentionnées et qui ne comportent point de base, car elles continuent à faire partie de la pile quadrilobée. Ces colonnes reçoivent un arc en plein cintre qui, du côté interne, ne présente qu'un seul rang de claveaux établi à l'aplomb des parois de l'octogone. Du côté externe, au contraire, cet arc, qui de plus présente la particularité d'être composé de deux rouleaux de claveaux de même épaisseur, est lui-même encadré par un autre arc en plein cintre qui correspond à la quatrième colonne de chaque pile, tournée vers le premier collatéral annulaire.

Les arcs du rez-de-chaussée, en effet, ne constituent pas un véritable étage ; ils ne correspondent à aucune tribune. Ce sont seulement des étrésillons entre les piles, très élevées par elles-mêmes et, en outre, chargées de maçonneries très pesantes. Le premier collatéral annulaire était d'une hauteur égale à celle des deux arcs superposés ; il était couvert d'une voûte en berceau dont les arrachements se distinguent encore au-dessus d'un bandeau qui règne sur l'extrados des arcs du second étage. Le berceau comprend huit segments parallèles aux côtés de l'octogone, mais il n'était renforcé d'aucun doubleau. Il est facile de concevoir l'effet grandiose que pouvait produire ce collatéral si élevé, doublé d'autres bas-côtés d'élévation décroissante.

A l'intérieur de la rotonde, les fenêtres sont très longues, parce que le glacis suit une pente extrêmement rapide; elles ne possèdent pas d'encadrement. Le bandeau qui court au-dessus des arcs du dernier étage marque la naissance d'une coupole octogone faite de blocage.

A l'extérieur, le premier berceau devait être couvert d'une toiture en appentis; on voit encore les traces d'un solin qui était situé au niveau des fenêtres. Celles-ci, beaucoup moins longues de ce côté, n'ont pas non plus d'encadrement; leur archivolte est bordée d'une moulure qui se continue en cordon sur les pans de l'octogone; chacun de ces pans, dans le reste de l'élévation, est orné de deux longues arcatures en plein cintre sur pilastres munis d'une imposte.

Contre les angles de l'octogone, des colonnes-contreforts portent de petits encorbellements cylindriques qui doivent dater de l'époque où l'on a refait le couronnement octogone en retrait qui est percé de huit petites baies en plein cintre.

On remarquera combien cette construction, belle par sa masse et ses proportions, est sobrement ornée; les moulures y sont rares. Les chapiteaux, semblables dans les divers étages, sont le plus souvent de simples épannelages avec volutes aux angles et parfois une petite console sous le tailloir. Des rinceaux d'un assez faible relief, mais d'un bon dessin, décorent ceux dont le travail a été achevé. Le tailloir présente un bandeau et un cavet reliés parfois par un onglet et un mince filet.

Sur le bandeau qui court au-dessus des arcs du rez-de-chaussée, on a déposé vingt-sept petites figures représentant des rois et des saints; on voit, d'après la coupe des blocs de pierre, qu'elles servaient à décorer des voussures d'un portail de la fin du XIIIe siècle.

L'absidiole, dont le mur en hémicycle subsiste en partie, était la première au sud.

Elle n'était pas tangente au dernier collatéral, mais en restait séparée par un pan de mur percé d'une fenêtre semblable à celles qui éclairaient l'absidiole. Ces dernières, en plein cintre, comportaient une archivolte et deux colonnettes engagées; on y remarque un chapiteau d'acanthes et des bases variées; l'une d'elles offre trois tores inégaux.

Trésor. — L'abbaye de Charroux était très riche en objets d'orfèvrerie, plusieurs inventaires anciens en font foi. C'est assurément au nombre des belles pièces de ce trésor qu'il faut placer deux reliquaires trouvés, en 1856, dans une cachette établie sous l'ancien cloître et révélée par des travaux de jardinage exécutés sur cet emplacement. Ces reliquaires sont conservés dans la chapelle des Ursulines.

Le premier date du XIIIe siècle. Sur un pied circulaire, des feuilles régulières sont appliquées; elles se réunissent par leur extrémité autour d'une tige renforcée par un nœud garni de torsades. Cette tige porte un reliquaire en forme de tableau rectangulaire. La face principale est divisée en trois triangles par deux lignes partant des angles supérieurs du rectangle et aboutissant au milieu de la base. Ces trois triangles sont ornés de filigranes et d'émaux aux tours de Castille; ils s'ouvrent à charnières et leur développement forme un grand triangle équilatéral qui encadre une niche rectangulaire. Des gravures décorent le revers de ces trois volets. Dans celui du haut, on voit le Christ bénissant; dans les deux autres, deux moines à genoux.

Dans l'intérieur de la niche, deux statuettes d'anges portent un « phylactère » ou reliquaire, en forme de quatrefeuilles, qui contient une boîte dont chaque face présente une image du Christ. Sur la tranche de la boîte, on lit ces mots: HIC CARO ET SANGUIS CRISTI CONTINETUR. C'est sans doute une ancienne pyxide réemployée.

Enfin, cette boîte contient à son tour un petit reliquaire byzantin, un « encolpion », destiné à être suspendu au cou : il est décoré de nielles. Le Christ, sur l'une des faces, est accompagné de l'inscription suivante :

ΕΙΔΟΥ Ο ΥΙΟC COΥ

Deux saints, sur l'autre face, sont désignés par leurs noms.

Ο ΑΓΙΟC ΔΟΜΗΤΡΙC. Ο ΑΓΙΟC ΠΑΝΤΕΛΕΕΜΩΝ

Sur la tranche, on lit :

ΠΑΝΑΓΙΑ ΘΕΟΤΟΚΕ ΤΟΝ ΚΡΟΝΟΝ ΤΗC ΖΩΗC ΜΟΥ ΜΗ ΚΑΤΑΛΕΙΠΕΙC ΜΕ ΑΝΘΡΩΠΩΝ ✠ ΠΕΙΝΗ ΠΡΟC ΤΑCΙΑ ΜΗ ΚΑΤΑΠΙCΤΕΥΕΙC ΜΕ ΑΛΛΑΒΟΥ ΜΟΥ ΚΑΙ ΕΛΕΗCΟΝ ΜΕ ✠ ΑΜΗΝ

Indépendamment des âges variés qu'il convient d'attribuer à ces derniers petits reliquaires, Mgr Barbier de Montault pense que les deux statuettes d'anges ne datent que du XIVe siècle.

Le second reliquaire est plus jeune ; il paraît avoir été composé à la fin du XIIIe ou au XIVe siècle.

Le pied polylobé est orné de rinceaux ciselés, mêlés à des monstres et à des cabochons. La tige, très élevée, est interrompue par un gros nœud garni de motifs d'architecture : des petits gâbles, flanqués de contreforts et de pinacles fleuronnés, y servent d'encadrement à des peintures sur vélin.

De ce nœud sortent, en plus de la tige, quatre statuettes des évangélistes, disposées obliquement pour donner plus d'assiette à un vaste reliquaire en forme de boîte cylindrique.

Le cylindre est en cristal; il est serti de deux bordures métalliques réunies par quatre plaques rectangulaires que décorent des émaux champlevés. Le couvercle, qui se lève au moyen d'une charnière, est bordé de sept petits pignons fleuronnés, avec gâbles, pinacles et arcs trilobés : ils sont séparés les uns des autres par des parties plus étroites et abritent également des peintures sur vélin.

En arrière, se dressent sept tourelles rondes imitant l'appareil de la maçonnerie flanquant une tourelle centrale surmontée d'une croix. Toutes ces tourelles paraissent bien avoir été refaites à une date assez postérieure.

Il est à remarquer que des charnières et des goupilles réunissent les différents morceaux de ce beau reliquaire démontable. Le cylindre de cristal renferme un autre reliquaire en forme de gourde avec chaînettes de suspension. L'une des deux faces est plate; une matrice de sceau y est enchâssée; on y lit : AZO COMES IVSI; l'autre face est bombée. Deux petits flacons de cristal de roche se trouvent aussi dans le reliquaire, dont le pied porte un blason qu'il serait intéressant d'identifier.

Bâtiments de l'abbaye. — La porte d'entrée subsiste; elle remonte à la fin du XIIe siècle et au commencement du XIIIe siècle. Placée sous une tour, elle est voûtée d'une croisée d'ogives dont le profil est un tore en amande élégi de deux cavets. Des colonnes appliquées sur piédroits reçoivent les arcs d'entrée du passage et l'un des formerets. L'autre repose sur des colonnes plus minces et il gauchit pour suivre les irrégularités d'une paroi de date un peu plus ancienne, où se trouve percée une porte encadrée d'une archivolte en arc brisé et de quatre colonnettes.

Il y a lieu de noter, en passant, qu'une porte de même genre se voit dans la partie haute de la ville; elle appartenait à une enceinte presque entièrement disparue.

Église paroissiale. — L'édifice est presque entièrement moderne. Cependant, la porte en tiers-point date de la fin du XIVe siècle. L'archivolte présente trois séries de moulures avec filets. Les colonnettes possèdent des chapiteaux à double rang de feuilles, dont la suite forme frise sur les parois de l'ébrasement. A l'intérieur, on voit encore quelques piliers remontant à la fin du XIIe siècle ; les chapiteaux sont épannelés ; les deux tores inégaux des bases sont séparés par une scotie.

Maisons anciennes. — Charroux possède deux maisons en pan de bois assez intéressantes pour être mentionnées ici. Toutes deux datent du XVe siècle. L'une, située près de l'église, présente des encorbellements peu saillants. Le dernier étage est lui-même abrité sous l'auvent formé par les deux versants du comble. Les potelets sont décorés de moulures et de consoles ; l'étrésillonnement est assuré par des croix de Saint-André. L'autre maison, placée à l'angle d'une place et d'une rue, garde un pignon de pierre dont les fenêtres sont encadrées de moulures prismatiques. Le mur gouterot est en pan de bois avec remplissage de plâtre ; mais partout où le bois était apparent, il a été recouvert d'ardoises. De plus, par une disposition assez originale, la sablière du toit repose en encorbellement sur des arcs portés par des culs-de-lampe.

CIVRAY

ÉGLISE DE SAINT-NICOLAS

La ville de Civray, *Castellum Severiacum, Sivriacum*, possédait, en 1119, une église paroissiale mentionnée dans une bulle du pape Gélase II confirmant les possessions de l'abbaye de Nouaillé. L'église actuelle n'est pas antérieure au milieu du XIIe siècle. Elle a subi une restauration trop hâtive vers 1845.

Intérieur. — Le plan comprend une nef de quatre travées flanquée de deux collatéraux voûtés en berceau brisé, un transept dont le carré est surmonté d'une coupole sur lanterne; enfin, un chœur terminé par une abside. Un clocher très élevé surmonte le carré du transept. L'édifice présente une grande unité, il paraît avoir été bâti vers le troisième quart du XIIe siècle.

La nef et les collatéraux sont de hauteur à peu près égale; les berceaux, munis de doubleaux, sont franchement brisés. Les supports sont des piliers rectangulaires flanqués de quatre colonnes. Deux colonnes reçoivent les doubleaux des voûtes; les deux autres sont destinées au rouleau intérieur des grandes arcades; celles-ci sont en tiers-point et non moulurées. Les chapiteaux sont galbés; les bases offrent deux tores inégaux séparés par une scotie. Sur les murs latéraux, des colonnes flanquées de pilastres supportent de grands arcs de décharge qui encadrent des fenêtres en plein cintre avec colonnettes engagées.

Par un artifice de perspective et pour augmenter la profondeur apparente, les quatre travées de la nef sont de hauteur décroissante depuis la façade jusqu'au carré du transept. On peut se rendre compte de cette curieuse particularité en observant le bandeau qui marque la naissance du berceau de la grande nef. Ce bandeau, qui n'est pas sur une ligne continue, est divisé en quatre sections, chacune d'elles correspondant à une travée et au doubleau placé à l'occident de cette travée. A la fin de chacune de ces sections, le doubleau subit un décrochement, la partie suivante étant établie à un niveau un peu inférieur.

Le carré du transept présente quatre piles rectangulaires flanquées de colonnes sur dosseret et quatre arcs brisés qui encadrent les pendentifs placés sous le tambour de la coupole. Les arcs ne gauchissent pas ; les pendentifs, dont l'extrémité repose, entre les arcs, sur des culs-de-lampe sculptés, s'arrêtent bien au-dessous du niveau de l'extrados des arcs ; leur surface est si peu courbée qu'ils sont terminés par des lignes droites. A ce niveau, commencent les quatre côtés diagonaux de la lanterne octogone ; le sommet des quatre grands arcs empiète sur les quatre autres parois.

La lanterne est percée de huit fenêtres et couverte d'une coupole. Les fenêtres ont pour encadrement une archivolte en plein cintre et deux colonnes. Entre chaque baie, une colonne sur cul-de-lampe reçoit les arcs qui portent la coupole et qui forment pénétration dans le bas de la calotte. Cet agencement, assez particulier, présente quelque ressemblance avec celui que M. Fage a étudié dans l'église de La Graulière.

Les croisillons sont voûtés en berceau brisé avec pilastres et doubleaux plaqués contre les murs de fond. Cette absidiole s'ouvre entre de simples piédroits dont l'imposte chanfreinée règne avec la moulure du cul-de-four. Une petite fenêtre est percée dans l'axe. Entre les absidioles et le chœur, on remarque, d'un côté, un oculus ; de l'autre, une porte conduisant à l'escalier du clocher.

L'arc d'entrée du chœur a pour supports des colonnes géminées ; la partie droite, voûtée en berceau, est éclairée par deux fenêtres. L'abside, un peu plus étroite et plus basse, possède trois fenêtres.

L'église de Civray a été, au siècle dernier, entièrement recouverte de peintures dont le dessin ne vaut pas mieux que la couleur. Il n'y a pas un pouce carré de la surface de cet édifice qui n'ait subi ce prétendu embellissement. Toutefois, on a eu le scrupule de respecter une fresque ancienne peinte contre le mur de fond du croisillon sud. Elle date du XIVe siècle et comprend six panneaux relatifs à l'histoire de saint Gilles, comme le prouve la légende du cerf qui se réfugie sous la protection de l'ermite.

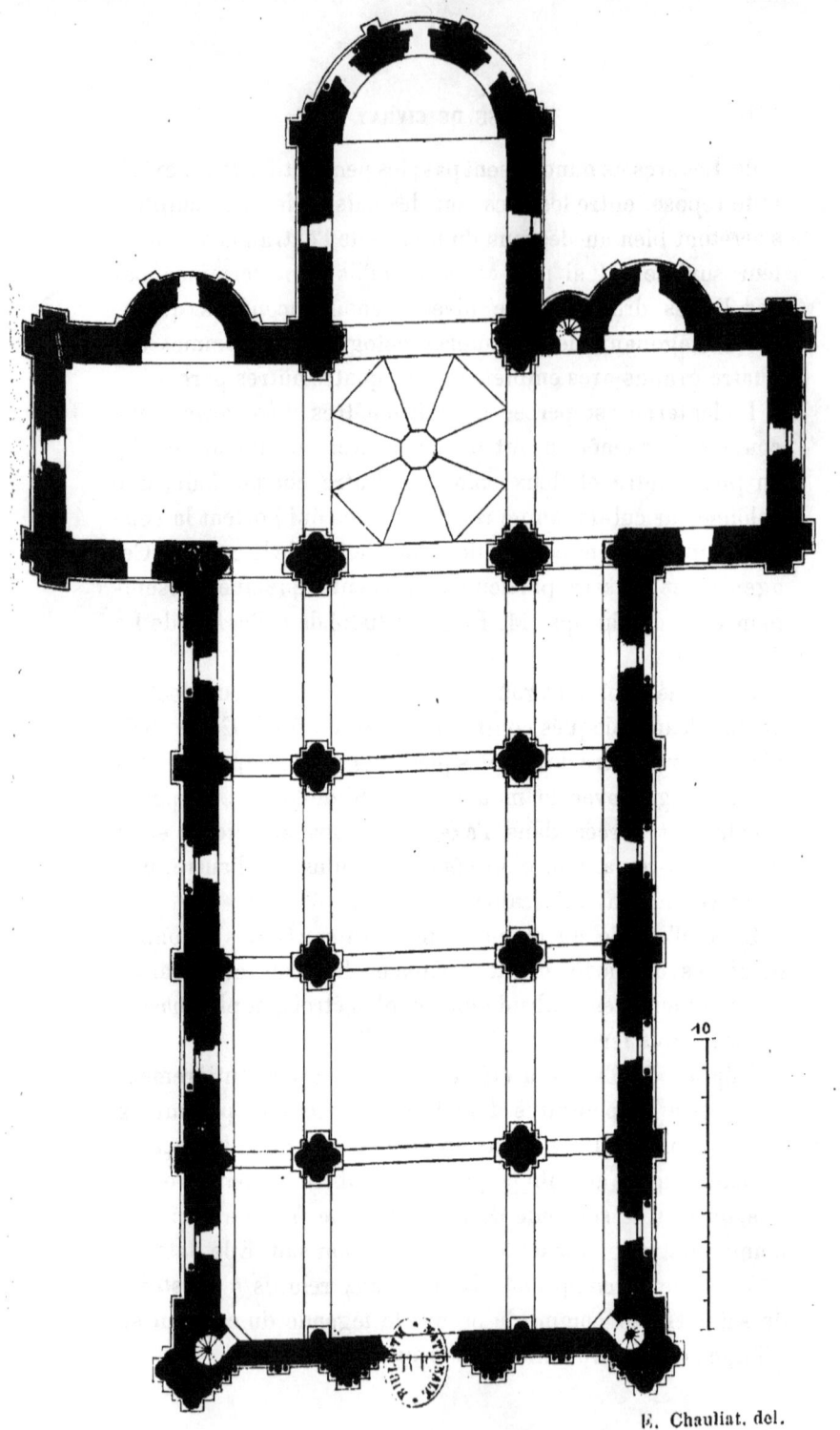

Plan de l'église de Civray.

Extérieur. — La façade est la partie la plus remarquable de l'église de Civray, mais avant de l'étudier, il est bon de rappeler qu'à l'époque où l'on commençait à s'occuper de la restauration des monuments du moyen âge, au moment même où Debret défigurait la façade de l'église de Saint-Denis, on faisait subir à celle de Civray une opération aussi dangereuse et qui suscita, même à cette époque, des protestations. Le second architecte chargé de la restauration dégagea sa responsabilité dans son rapport : « Ce travail, écrivait en 1846 M. Joly-Leterme, m'a été remis alors que toutes les pièces du portail étaient déposées dans un champ et avaient été démolies pour être remontées par M. Lion qui se proposait d'en faire autant pour Notre-Dame de Poitiers. J'ai trouvé, pour tous renseignements, les pièces, couchées depuis un an et plus par terre et en assez mauvais dessin, représentant à peu près le portail de Civray. Avec cela, je l'ai reconstitué de mon mieux ». Quoi qu'il en soit, les dispositions générales n'ont pas été modifiées et une grande quantité des pierres anciennes ont été remontées ; aussi, parmi les façades poitevines, celle de Civray peut-elle être encore considérée comme l'une des plus typiques et des plus riches.

La façade de l'église de Civray est un placage rectangulaire presque aussi haut que large, appliqué contre la nef et les bas-côtés de l'édifice qu'il dissimule complètement.

Les angles sont épaulés par des groupes de contreforts cylindriques traités comme des colonnes et montés sur des bases. Une ligne de pointes de diamant étoilées décore l'arête des angles eux-mêmes. Ces contreforts sont placés sans une parfaite symétrie ; vers l'angle nord-ouest de la façade, il a, en effet, été impossible de continuer l'une des colonnes jusqu'au niveau atteint par les colonnes du groupe correspondant à l'angle sud-ouest.

La façade comprend deux étages surmontés tous deux d'une corniche de petites arcatures demi-circulaires portées par des modillons variés. Le rez-de-chaussée ne présente aucune division verticale qui corresponde à la largeur de la nef et des collatéraux; il est entièrement occupé par la porte en plein cintre flanquée de deux arcs aussi larges que cette baie.

La porte, actuellement pourvue d'un tympan qui n'existait pas avant la restauration, possède une archivolte de quatre voussures reposant sur les deux colonnes appliquées contre les jambages de la baie et sur six autres colonnettes monolithes logées dans les retraits de l'ébrasement. La voussure externe est toute décorée de bas-reliefs consacrés aux travaux des douze mois de l'année et aux signes du zodiaque; c'est un de ces calendriers que l'on verra si souvent, par la suite, à la porte des cathédrales gothiques, mais dans un autre emplacement. La seconde voussure est occupée par des anges qui entourent la Vierge dans une gloire en amande : c'est la scène de l'Assomption. A la clef de la troisième, le buste du Christ se détache dans une auréole; il est entouré de dix figures de femmes disposées en deux groupes : ce sont les vierges sages et les vierges folles de la parabole. La voussure interne contient une autre figure du Christ, mais en « majesté », bénissant et tenant le livre des évangiles; il est accompagné d'anges.

Des trumeaux étroits et de sculpture méplate, où l'on voit soit des motifs réguliers, soit des animaux, des poissons figurés comme dans le signe du zodiaque, soit même un aigle à deux têtes, d'apparence héraldique, séparent les supports appartenant à la porte et ceux qui correspondent aux arcs latéraux. Ces arcs ne possèdent que deux voussures et quatre colonnettes, mais chacun d'eux abrite des arcs géminés et légèrement brisés, surtout dans l'arc nord-ouest. Les arcs secondaires reposent, d'une part, sur des colonnettes engagées faisant groupe avec celles des grands arcs et, d'autre part, sur deux autres colonnettes séparées par un trumeau que décorent des motifs semblables à ceux des autres trumeaux.

Au grand arc nord-ouest, la voussure externe consiste en palmettes dont les contours sont profondément évidés, mais dont la surface reste plate, comme celle du claveau aux dépens de qui elles sont prises. D'autres palmettes, d'un relief beaucoup plus arrondi, ornent la voussure interne. A l'arc sud-ouest, les palmettes des deux voussures sont traitées en méplat.

Les tympans ont reçu un appareil losangé; les arcs géminés présentent soit des palmettes ou des fleurs régulières, soit des claveaux plissés dont les pointes s'amortissent sur un boudin. Tous les tailloirs qui supportent les arcs sont ornés d'un rinceau; ils règnent ensemble et sont réunis par une moulure semblable qui court sous le tympan des arcs secondaires. Il en est de même des bases, dont le profil se continue sur une plinthe qui borde même les deux retours de la façade. Les angles des retraits des ébrasements étaient décorés de pointes de diamant ou de fleurs sphériques disposées en lignes verticales. Quelques chapiteaux encore intacts représentent un jongleur, des musiciens et des spectateurs qui regardent aux fenêtres; des barques conduites par des diables; des oiseaux becquetant des fruits.

Les trois grands arcs sont bordés d'une étroite moulure de rinceaux ou d'entrelacs qui retombe sur de grosses têtes logées dans la pointe des écoinçons, où l'on a encastré des bas-reliefs, dont l'un paraît représenter la Visitation.

L'arc de la porte semble un peu plus petit que les arcs qui le flanquent. Ces différences se retrouvent plus accentuées encore dans les trois arcs qui occupent la largeur du premier étage et qui sont séparés par deux grosses colonnes sans chapiteaux montant jusqu'à la corniche supérieure. L'arc central, bordé de rinceaux, porte sur sa voussure le combat des Vices et des Vertus figurés par des chevaliers, motif fréquent dans le Poitou. Il repose sur deux colonnes avec chapiteaux de monstres ou de feuillages. Sous cet arc s'ouvre une petite fenêtre en plein cintre flanquée de deux statues qui ne paraissent pas à leur place primitive. La voussure est décorée de palmettes et de pointes de diamant étoilées. Cette fenêtre est elle-même encadrée par une voussure à rinceaux et par deux colonnettes engagées, dont le tailloir va rejoindre celui des colonnettes du grand arc.

L'arc nord-ouest est garni de rinceaux qui relient des médaillons d'où se détachent des anges jouant de différents instruments de musique, représentations très précieuses pour la connaissance de ces instruments employés au moyen âge. La voussure repose sur des colonnettes accouplées l'une derrière l'autre; elle est, en effet, très profonde, car elle abritait un très grand bas-relief fort mutilé; d'après les restes d'un cheval, c'était un « Constantin ».

A l'arc sud-ouest, la voussure, toujours bordée d'un cordon de palmettes, est chargée de figures d'hommes tenant des livres et des couronnes : ce sont les vieillards de l'Apocalypse, ou plutôt quelques-uns d'entre eux, car les sculpteurs ne s'astreignaient point toujours à en représenter le nombre complet. Les chapiteaux qui supportent cet arc sont soutenus, non par des colonnes, mais par de petites statues qui ressemblent à des cariatides. Un bandeau établi dans l'intérieur de l'arc le divise en deux registres ; au bas, cinq statues montées sur des socles figurent un évêque, trois femmes et un homme, de formes allongées et de dimensions variées. On a pensé qu'elles se rapportaient à ce trait de la légende de saint Nicolas : le saint soustrait trois filles à la rapacité d'un père qui se proposait d'en tirer parti pour rétablir, même par des moyens peu honnêtes, sa fortune compromise. Dans le registre supérieur sont nichées quatre statues d'un faire plus grossier : elles ressemblent à celles qui flanquent deux par deux les grosses colonnes montant jusqu'à la corniche, identique à celle de l'étage inférieur, mais refaite au sud-ouest. Les modillons portent des linteaux décorés d'un petit arc trilobé.

Les murs latéraux sont flanqués de contreforts : les fenêtres en plein cintre reposent sur deux colonnes engagées ; leur archivolte est bordée de pointes de diamant étoilées ; le tailloir des colonnes se continue en bandeau jusqu'aux contreforts. Un gros contrefort épaule la jonction de la partie droite du chœur et de l'abside. Le chevet est décoré de colonnes qui partent d'un soubassement continu jusqu'à la corniche soutenue par des modillons variés. Cette corniche est composée de linteaux évidés en arcs surbaissés, tels que l'on en voit assez fréquemment en Berry. Les trois fenêtres de l'abside sont encadrées par une archivolte décorée de losanges creux ou de besants et de deux colonnettes engagées. Un cordon de pointes de diamant étoilées borde l'extrados de l'arc, se continue sur le parement de l'hémicycle, embrasse même les colonnes et les contreforts et court jusqu'aux fenêtres de la partie droite du chœur dont elle forme la seule décoration.

Les absidioles sont également flanquées de colonnes dont le fût est aminci par un glacis conique pour que le chapiteau ne soit pas de proportions démesurées par rapport aux modillons de la corniche semblable à celle de l'abside principale. Des contreforts d'angle épaulent les extrémités des croisillons ; la fenêtre percée dans le pignon est bordée d'une moulure chanfreinée qui se poursuit jusqu'aux contreforts.

Le clocher, très élevé, comprend deux étages, tous deux octogones. Au premier étage, les angles sont munis de faisceaux de trois colonnes de diamètre inégal. A la base de chacune des faces, s'ouvrent les fenêtres éclairant la coupole ; elles sont dépourvues de colonnettes ; leur cintre est simplement entouré d'une moulure.

Une corniche à modillons réguliers régnant avec le tailloir des colonnes marque la naissance du second étage dont chaque angle est épaulé par une colonne sur dosseret accostée de deux colonnes engagées. Dans chaque face, s'ouvre une haute baie en plein cintre dont les deux voussures reposent sur des pilastres. L'imposte est accusée par une moulure qui se continue sur les colonnes et les dosserets. Une corniche à modillons soutient une pyramide d'ardoise datant du XVIIe siècle, ainsi que le lanternon de charpente qui la couronne. La tourelle d'escalier, indépendante de la tour et de forme cylindrique, sans aucun ornement, s'applique contre la face sud-est du clocher; elle est amortie par une petite flèche conique couverte d'écailles.

Non loin de l'église, une maison ancienne présente une échauguette sur encorbellement. On peut signaler aussi deux autres maisons; la tourelle d'escalier de l'une, placée en encorbellement, sert d'auvent à la porte, suivant une disposition usitée un peu partout, mais surtout en Bourgogne. L'autre, plus importante, comprend un pignon fleuronné et une tourelle avec porte en accolade; elle date de la fin du XVe siècle.

ÉGLISE DE RUFFEC

L'église paroissiale de Ruffec appartenait à l'époque romane, comme l'indiquent certains vestiges qui subsistent dans les piliers et au bas du clocher. A la suite d'un incendie, tout le vaisseau fut reconstruit au XVe siècle; mais comme à Aubeterre et à Chalais, où cette partie de l'édifice était également très remarquable, la façade, encore intacte, date du milieu du XIIe siècle.

Ses deux parties latérales correspondent à des bas-côtés qui furent ajoutés lors de la reconstruction de l'église. De hautes colonnes partant du sol et montant jusqu'au sommet du pignon actuel accentuent ses trois divisions verticales.

L'entre-colonnement du milieu, beaucoup plus large, est entièrement occupé par une porte qui comprend trois voussures reposant sur six colonnes logées dans les retraits de l'ébrasement. La voussure externe, bordée d'un cordon de feuillages, est décorée de rinceaux où se jouent des animaux variés ; à la clef, on remarque une chouette. La voussure intermédiaire, plus étroite, présente surtout des rinceaux feuillagés. Enfin, la voussure interne, très large, est aussi garnie d'animaux et de rinceaux. Peut-être, comme dans les plus belles portes des églises de l'Angoumois, y avait-il autrefois une quatrième voussure et un arc soit simple, soit décoré de redents ; mais au XVIe siècle, des raisons de consolidation ont fait modifier les jambages de la porte ; actuellement, ses vantaux s'ouvrent dans un encadrement carré flanqué de pilastres avec chapiteaux Renaissance. Une fenêtre en tiers-point occupe l'emplacement du tympan qui, d'ailleurs, ne devait pas exister ici, comme dans la plupart des églises de la région.

En plus des six colonnes destinées aux voussures de la porte, on remarque, de chaque côté, une colonnette correspondant au cordon qui borde l'archivolte.

Les arcs compris dans les entre-colonnements latéraux sont beaucoup plus étroits ; ils sont constitués par une seule voussure entourée d'une moulure et par deux colonnes flanquées de colonnettes semblables à celles qui viennent d'être signalées. La voussure de l'arc nord-ouest ainsi que sa moulure extérieure sont garnies de rinceaux. Le tympan, comme à la façade de Chalais, est décoré d'un bas-relief ; le sujet en est resté longtemps incertain : un homme barbu est couché dans un lit ; sa tête est soutenue par un coussin ; un bras et une jambe sortent du lit tendu de draperies. Derrière ce personnage, une femme est debout, l'un de ses bras est brisé, mais l'autre soulève un rideau. L'abbé Michon y voyait le tombeau du fondateur de l'église. Cette explication était fort peu satisfaisante. M. Chauvet, à qui nous devons, sur Ruffec et son arrondissement, de nombreux renseignements dont nous le remercions bien vivement ici, proposa avec raison d'y voir Judith et Holopherne. Cette hypothèse séduisante s'est trouvée entièrement confirmée par les découvertes récentes de M. L. Bréhier qui, dans deux Bibles historiées du XIIIe siècle, a signalé des peintures se rapportant à ce même sujet; il n'y a donc rien de surprenant à ce que les sculpteurs l'aient également traité. Dans l'autre arc, la moulure externe est ornée également de petits feuillages; mais chacun des claveaux offre une décoration de rosaces ou de têtes inscrites dans un encadrement qui épouse la forme du claveau. Ce travail paraît de date très postérieure.

Les bases des colonnes ont été refaites; elles comprennent deux tores, des filets et une gorge. Les chapiteaux, d'un relief peu saillant, offrent des entrelacs, des animaux ou de petites feuilles régulières et superposées. Les tailloirs ont pour profil un petit bandeau, un onglet et un chanfrein; ils sont entièrement couverts de ces étoiles plates ou « cloisonnages », disposées de différentes façons; leur moulure souligne le tympan des arcs latéraux et embrasse le fût des grandes colonnes.

Le bandeau qui accuse le premier étage est interrompu en son milieu par l'extrados de l'archivolte de la porte. Au-dessus se trouvait une fenêtre en plein cintre dont seule la mouluration externe subsiste; tout le reste, ayant disparu, a été remplacé par une baie en lancette. La fenêtre est elle-même surmontée d'un grand bas-relief qui est logé au fond d'un arc en mitre très large; il représente le Christ de Majesté dans une auréole en amande et flanqué de deux anges thuriféraires aux ailes éployées.

De part et d'autre de la fenêtre s'étend sur toute la largeur de la façade ancienne une série de petites arcades aveugles, deux à droite et deux à gauche dans l'entre-colonnement central; quatre dans chacun des entre-colonnements latéraux. Elles sont en plein cintre, reposent généralement sur des colonnettes, mais les supports tangents aux grandes colonnes de la façade sont de simples pilastres. Les bases, à socles carrés, comprennent deux tores inégaux séparés par une gorge; les fûts sont monolithes; les chapiteaux présentent des palmettes et des feuillages; les tailloirs ont pour profil un bandeau et un large cavet entre deux filets. L'archivolte est couverte de grosses feuilles ou de monstres affrontés jouant au milieu de rinceaux. Ces douze arcades abritaient des statues aujourd'hui fort endommagées, comme à Notre-Dame-la-Grande, à Poitiers, et à Pérignac (Charente-Inférieure): c'étaient les apôtres; on reconnaît encore saint Pierre aux clefs qu'il tient à la main.

Au-dessus de cette galerie d'arcades règne une fort belle corniche; les linteaux, dont le chanfrein est orné de rinceaux, reposent sur des modillons variés. Des « métopes » intermédiaires offrent des animaux et surtout des entrelacs, du dessin le plus varié. D'après certains indices, il semblerait que toute cette partie ait pu être remontée après coup. Le cordon qui court sous les arcatures est d'un profil un peu extraordinaire pour le XIIe siècle; il vient buter maladroitement dans l'une des grandes colonnes, dont le fût dénote un appareil différent de celui des colonnes similaires; les arcatures de la partie sud-ouest ne sont pas de niveau avec les autres.

Les murs, élevés au XVe siècle sur l'alignement de la façade et fermant les collatéraux, sont percés de grandes portes en tiers-point dont le tympan est vitré; ils sont flanqués de gros contreforts établis de biais.

CHATEAU DE VERTEUIL

Le château de Verteuil, comme celui de La Rochefoucauld, est établi dans l'angle que forme l'extrémité d'un plateau, défendu, d'un côté, par la Charente, et, de l'autre, par un ravin escarpé. Mentionné pour la première fois en l'année 1080, il fut assiégé et pris, en 1135, par Wlgrin II. comte d'Angoulême. La forteresse était au nombre de celles que le traité de Brétigny céda à l'Angleterre, mais elle fut reconquise dès 1380. Toutefois, les constructions actuelles semblent plus jeunes que le XIVe siècle. Un auteur, qui n'a point cité ses références, les date de 1459; cette époque s'accorderait assez bien avec le style des tours.

L'enceinte était triangulaire; les courtines ont été soit supprimées, soit remplacées par des bâtiments reconstruits au dernier siècle, mais les tours subsistent.

Le front nord, tourné vers le parc et le plateau, comprend trois tours : deux aux extrémités, hautes, cylindriques, surmontées de mâchicoulis avec arc trilobés, hourds permanents et toitures coniques; une au milieu, rectangulaire et flanquée sur les angles de deux tourelles. Les mâchicoulis soutiennent également des hourds. La tour principale est couverte d'un comble à quatre pans, rattaché aux toitures coniques des deux tourelles, qui ont toujours encadré l'entrée du château. Comme cette grosse tour est placée en avant de l'alignement des deux autres, les deux corps de logis qui les réunissent décrivent un angle assez peu prononcé.

Une tour, large et basse, flanque le front est, son couronnement est identique à celui de la grande tour de l'entrée. Elle est coiffée d'une poivrière et percée de grandes baies refaites à l'époque moderne et qui, toutes, bien qu'elles soient disposées en deux étages, éclairent une vaste bibliothèque où l'on remarque la statue de l'auteur des « Maximes », écrites, en partie, à Verteuil même.

De part et d'autre, la courtine a été remplacée par des terrasses dominant le cours de la Charente. Une vaste chapelle, un corps de logis avec croisées de pierre, et, enfin, une tour cylindrique occupent l'angle sud. La toiture actuelle de cette tour repose directement sur les corbeaux des mâchicoulis.

Le front sud-ouest ne conserve plus rien des bâtiments qui ont dû y exister; ses terrasses surplombent le ravin où se cache une partie du bourg de Verteuil.

En plus de sa belle bibliothèque et de sa chapelle principalement, consacrée à la mémoire des prélats du nom de La Rochefoucauld, le château de Verteuil, « où douze rois et reines furent les hôtes de la maison de La Rochefoucauld », renferme quantité de portraits, de souvenirs et d'œuvres d'art relatifs à cette maison.

Il convient de citer tout spécialement ici les tapisseries de la licorne. Les six pièces, datant du XVe siècle, retracent les différents épisodes d'une chasse allégorique. En voici l'énumération :

1° Départ pour la chasse ;
2° La licorne est choisie ;
3° La licorne traverse une rivière ;
4° La licorne est forcée ;
5° La licorne est tuée et amenée devant les chasseurs ;
6° La licorne revit.

C'est d'après ce dernier tableau que M. Biais, auteur d'une étude sur ces magnifiques tapisseries, a pensé que le sujet était allégorique et représentait la lutte du bien et du mal, le bien finissant par triompher.

On sait combien sont rares les tapisseries à la licorne; on n'en voit guère qu'au musée de Cluny et dans l'une des villas des îles Borromées, sur le lac Majeur; mais celles de

Verteuil sont parmi les plus belles. La finesse du point, la perfection du dessin dans les visages, l'emploi de fils d'or et d'argent leur ont fait assigner parfois une origine flamande, mais, d'autre part, on constate de grandes ressemblances entre les premier et cinquième panneaux de Verteuil et ceux du musée de Cluny; or, ces derniers proviennent d'Aubusson, à ce que l'on croit.

Un autre salon renferme de charmantes tapisseries du temps de Louis XVI, c'est une allégorie de l'hymen.

La chapelle de Verteuil, pillée à la Révolution, ainsi que le château et l'église des Cordeliers où reposaient les corps des La Rochefoucauld, possédait autrefois un « sépulcre », dont les débris sont conservés aujourd'hui dans l'église paroissiale; ce sont de grandes statues de terre cuite remontant au XVI° siècle et d'un beau caractère.

ÉGLISE DE LICHÈRES

L'église de Lichères, aujourd'hui presque abandonnée, appartenait à un prieuré dépendant de l'abbaye de Charroux. Partiellement démolie au XVIII° siècle, elle perdit alors son clocher et son bas-côté nord, mais elle a été depuis peu l'objet d'une restauration exécutée avec sobriété et qui lui a rendu sa forme primitive.

Cet édifice comprend une nef, jadis couverte d'une voûte en berceau, flanquée de collatéraux; un transept dont le carré était surmonté d'une coupole incomplète aujourd'hui, la calotte ayant disparu; une abside voûtée en cul-de-four. Chacun des croisillons, voûté en berceau, possède une absidiole et une petite chapelle rectangulaire tangente au chœur. Le croisillon et le bas-côté nord ont été reconstruits sur les anciennes fondations. Le reste de l'édifice, qui est dans un bon état de conservation,

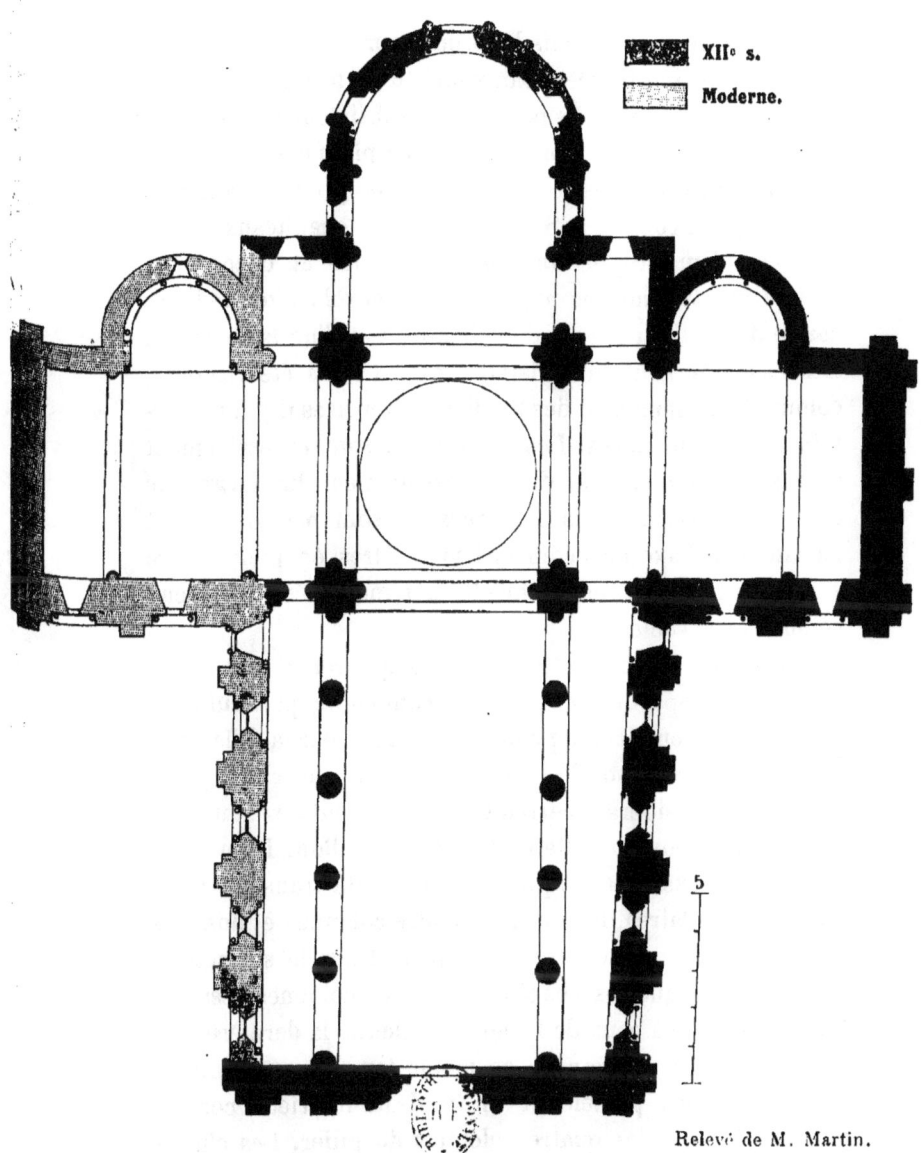

Plan de l'église de Lichères.

n'a pas été remanié depuis la première moitié du XIIe siècle.

La nef de cinq travées était voûtée d'un berceau sans doubleaux, dont les arrachements seuls subsistent aujourd'hui. Les arcades, étroites d'ouverture et en plein cintre, ne sont pas moulurées. Elles reposent sur de grosses colonnes cylindriques, comme à Saint-Savin. Les chapiteaux, assez bas pour leur proportion, sont épannelés et décorés de petites volutes sur les angles; une console intermédiaire soutient le tailloir profilé d'un bandeau et d'un large cavet. Les bases ne sont plus visibles, car le sol a été remonté, comme l'ont démontré des fouilles entreprises il y a un certain nombre d'années. Les collatéraux sont excessivement étroits; toutefois, celui du sud est un peu plus large que celui du nord; de plus, les murs ne sont pas tout à fait parallèles à l'axe de l'édifice. Les fenêtres en plein cintre sont encadrées par une archivolte non moulurée et par deux colonnes sur socles.

Comme on le voit, cette nef est d'apparence tout à fait poitevine. Appartient-elle à une campagne particulière? On pourrait peut-être le penser, à en juger par la différence de niveau entre le sol de la nef et celui du transept et, plus encore, en considérant certains décrochements existant sur l'angle extérieur du collatéral et du croisillon. D'un autre côté, si l'on examine les piliers du carré du transept, massifs, rectangulaires, flanqués de quatre colonnes et dont les bases, montées sur des socles, reposent sur le sol actuel, on remarque que les chapiteaux de ces colonnes ressemblent beaucoup à ceux de la nef. D'ailleurs, la dernière travée de la nef a été conçue en même temps que le pilier, car ses arcades présentent un rouleau intérieur correspondant à l'une des quatre colonnes du pilier. Les chapiteaux du transept et tous ceux de la nef, malgré leur apparence archaïque, ne doivent pas faire illusion sur leur âge réel; les bases, déjà fines, présentent deux tores et des filets séparés par une gorge. L'ensemble du pilier dénote une construction déjà avancée : nous en trouvons une autre preuve dans les arcs et les pendentifs qui s'appuient sur ces piliers.

Les arcs brisés sont à double rouleau ; leur extrados est bordé de cette moulure saillante qui n'apparaît que dans les plus jeunes coupoles de l'Angoumois. Les pendentifs se rejoignent au-dessus de l'extrados ; quelques assises les séparent du bandeau chanfreiné qui marquait la base de la calotte aujourd'hui disparue.

Les croisillons, voûtés en berceau brisé, sont divisés en deux parties inégales par un doubleau porté sur deux colonnes. L'une est placée entre l'absidiole et la chapelle tangente au chœur ; l'autre est tangente à l'arc d'entrée du collatéral. Deux autres colonnes supportant un dernier arc sont collées contre les murs de fond du croisillon. Dans ce mur, on remarque une petite fenêtre en plein cintre qui a conservé une fermeture ancienne des plus rares en France : c'est une dalle percée de disques ; elle rappelle les lames de marbre ajourées que l'on voit, en Italie, dans certains monuments assez anciens.

L'absidiole, voûtée en cul-de-four, reste absolument nue dans la plus grande hauteur de son pourtour. La partie supérieure seule est décorée de courtes colonnettes reposant sur un bandeau chanfreiné et supportant des linteaux, également chanfreinés, qui accusent la naissance du cul-de-four. Les colonnettes présentent des chapiteaux de feuillages ou d'acanthes et des bases à deux tores inégaux séparés par une gorge. Il y a lieu de faire observer que les deux premières, c'est-à-dire celles qui sont placées à l'entrée de l'absidiole, sont engagées ; elles sont suivies d'une sorte de large piédroit qui s'étend jusqu'à la colonne suivante. Ce piédroit a reçu une frise de rinceaux semblable à celle qui court sous la corniche dans chaque entre-colonnement. Il convient de comparer, ainsi qu'on l'a déjà fait, la décoration de cette absidiole avec celle que l'on remarque au chevet de Plassac, de Châteauneuf, de Cellefrouin et de Lesterps.

La chapelle tangente au chœur est très étroite : l'arc d'entrée repose sur deux colonnes dont l'une fait partie de l'un des piliers du carré du transept ; elles sont couronnées de chapiteaux de feuillages réguliers avec console sous le tailloir. La chapelle est voûtée par un berceau dont la naissance est soulignée d'un bandeau chanfreiné ; le mur de fond est éclairé d'un petit oculus. Elle communique avec le chœur par un arc en plein cintre ouvert sous l'une des arcades qui décorent le sanctuaire.

Les colonnes qui existent dans les croisillons ou dans les chapelles rectangulaires sont montées sur des socles assez élevés. Dans les deux piliers de l'entrée du chœur, les bases, semblables à celles qui ont déjà été décrites, présentent, en outre, des petits filets accompagnant les tores. De plus, les socles, qui suivent le plan de tout le massif, sont ornés, sur leur arête, de deux moulures toriques séparées par une gorge. Enfin, tout l'ensemble du pilier repose sur un empattement circulaire, suivant une disposition que l'on retrouve dans le sud-ouest de la France, à la cathédrale de Lescar et à Sainte-Croix d'Oloron.

L'abside, assez profonde, est ornée de sept arcades en plein cintre non moulurées et qui n'atteignent pas tout à fait le niveau du bandeau chanfreiné qui court à la naissance du cul-de-four. Des colonnes portent ces arcades ; leurs bases, semblables à celles du reste de l'église, reposent sur des socles dont l'arête a été taillée en biseau et règne avec une plinthe qui fait le tour de l'hémicycle. Les chapiteaux sont revêtus de feuillages réguliers, de palmettes et d'acanthes assez profondément évidées. Les cinq arcades du fond sont éclairées par des fenêtres très ébrasées. L'archivolte de ces baies repose sur deux colonnettes monolithes avec chapiteaux d'acanthes et bases à deux tores inégaux séparés par une gorge. Les colonnettes sont engagées dans l'angle de l'ébrasement et montées sur des socles constitués par les premières assises des jambages; leur tailloir se prolonge sur le parement de l'abside et règne avec celui des colonnes des grandes arcades. Les deux premières abritent, ainsi que nous l'avons dit, les arcs établissant, entre le chœur et ses petites chapelles, la communication destinée à permettre l'accès du sanctuaire sans traverser le carré du transept. Nous avons vu une disposition tout à fait identique dans le croisillon sud de l'église de Mouthiers. De simples passages contournant les piles orientales du carré du transept se voient aussi à Montbron, à Puypéroux, à Saint-Maurice de Gençay et à Saint-Ferme, dans la Gironde.

Extérieur. — La façade, extrêmement simple, est terminée par un pignon obtus, mais néanmoins plus élevé que les versants actuels de la toiture. Elle présente des traces de colonnes qui y constituaient des divisions verticales. La porte, d'une ornementation assez riche, offre un agencement rare dans la région, elle possède en effet un tympan. La baie proprement dite est en arc surbaissé; elle est encadrée d'un arc en plein cintre. Le tympan est formé par l'espace compris entre ces deux arcs.

L'arc surbaissé est orné de larges palmettes; il reposait sur deux courtes colonnettes engagées dans les piédroits et assises sur un socle très élevé. L'arc en plein cintre, entouré d'une moulure de petites feuilles régulières, est garni de magnifiques rinceaux qui encadrent des lions, des oiseaux et des monstres : il a pour support deux larges pilastres; dans l'angle de ceux-ci sont engagées deux colonnettes de mêmes proportions que les précédentes. Les colonnettes sont ainsi groupées deux par deux; leurs tailloirs règnent : ils présentent un bandeau et un large cavet compris entre deux onglets. Le tympan, en forme de croissant, est orné d'un *Agnus Dei* dans une auréole circulaire tenue par deux anges : à la suite, on distingue deux autres personnages en buste. Le portail de l'église voisine de Champagne-Mouton, beaucoup trop restauré, présente le même motif.

Deux colonnes, d'un assez grand diamètre, flanquent cette porte; d'après la coupe de deux claveaux qui les surmontent, on a cru qu'elles avaient appartenu à un porche aujourd'hui disparu. Quoi qu'il en soit, ces colonnes, dont le tailloir est de niveau avec ceux des supports de la porte, présentent, comme eux, des chapiteaux à rinceaux de feuillages et des bases de deux tores inégaux, séparés par une gorge peu profonde. Sur le fût de l'une des colonnettes, on remarque des traits circulaires imitant les joints, comme à la façade de Montmoreau. Le caractère de toute la sculpture indique que ce morceau ne peut être de beaucoup antérieur au milieu du XIIe siècle.

Les murs latéraux sont épaulés par de larges contreforts qui soutiennent des arcs reposant sur des pilastres. L'imposte règne avec un bandeau qui rejoint les tailloirs des colonnettes portant l'encadrement en plein cintre des fenêtres ouvertes sous chacun de ces arcs. Le mur occidental du croisillon sud présente également des contreforts et des arcs de décharge. Comme il a été dit plus haut, il décèle les traces d'un collage au point où il rejoint le mur de la nef. Les pignons des croisillons sont épaulés par de larges contreforts d'angle, et, dans leur partie centrale, par un contrefort moins élevé : au-dessus est pratiquée, au sud, cette petite fenêtre garnie de dalles ajourées et déjà mentionnée.

L'abside possède une décoration d'un genre assez particulier. Elle est entourée de onze arcades en plein cintre, dont les deux premières, ainsi que celle de l'axe, sont d'ouverture supérieure aux autres; elles sont formées de claveaux plats bordés d'une moulure et reposent sur de grosses et courtes colonnes dont les chapiteaux sont ornés de rinceaux et les bases profilées de tores inégaux. Ces colonnes sont elles-mêmes montées sur des socles très hauts et couronnés d'une imposte qui règne avec la moulure entourant le parement de l'abside. Il est à remarquer que sous les trois fenêtres correspondant à l'hémicycle de l'abside, ces socles, très saillants, comme les autres, mais beaucoup plus larges, deviennent des massifs rectangulaires communs aux deux colonnes qui supportent l'arcade d'encadrement. Au-dessus de ces petites arcatures, le mur assez élevé de l'abside reste absolument nu. Une corniche, soutenue par des modillons variés, porte la toiture faite d'éclats de pierre. Les chapelles tangentes au chœur et les absidioles montrent le même genre de couverture; leur parement demeure sans aucune décoration; toutefois, une petite corniche sur modillons court sous le toit de l'absidiole.

Du clocher abattu au XVIII° siècle, il ne reste que la souche sur laquelle on remarque les traces d'un ancien solin; elle est coiffée d'une toiture pyramidale.

L. SERBAT.

BIBLIOGRAPHIE. — Brouillet : *Note sur les reliquaires trouvés à Charroux*. — Faye : *Notes historiques sur la ville de Sivrai (sic)*. — Chergé (M. de) et Cahier (Le P.) : *Lettre au sujet de divers bas-reliefs de Notre-Dame de Poitiers et de Saint-Nicolas de Civray*. — Michon (Abbé) : *Statistique monumentale de la Charente*. — Chauvet (G.) : *Note sur un bas-relief de l'église de Ruffec*, dans le *Bulletin de la Soc. archéol. de la Charente*, 1910, p. CIII. — Berthelé : *De Niort à Ruffec et de Ruffec à Angoulême*. — Lièvre : *Exploration archéologique du canton de Mansle*. — Dangibeaud : *Verteuil et Bayers. Documents inédits*. — Biais : *Notice sur Verteuil;* Ruffec, s. d. — Biais (Émile) : *La tapisserie de la Licorne du château de Verteuil*, dans *Réunion des Soc. sav. des dép.*, 1908. — Roche (Denis) : *Un Saint-Sépulcre démembré*, dans la *Gazette des Beaux-Arts*, 1908.

HUITIÈME EXCURSION

Par M. André RHEIN.

CHATEAUNEUF-SUR-CHARENTE

Le bourg de Châteauneuf possède une belle église poitevine placée sous le vocable de saint Pierre-ès-liens et qui doit remonter à la première moitié du XIIe siècle. Le chœur et une partie du transept ont été refaits au XVe siècle.

La nef, remise à neuf d'une façon excessive lors de restaurations récentes, paraît avoir été construite de l'est à l'ouest, d'après les caractères de la sculpture et de la mouluration. Elle compte six travées reposant sur des piles carrées munies de quatre colonnes, dont les bases attiques ont un profil plus lourd aux piles les plus rapprochées du transept. Les chapiteaux, décorés d'animaux fantastiques, de figurines et de rinceaux, sont d'une facture vigoureuse mais assez fruste, surtout vers l'est.

Les arcades à double voussure présentent une brisure très peu accentuée, sauf dans les deux travées occidentales.

La voûte en berceau brisé est soutenue par des doubleaux sans moulures.

Les bas-côtés, assez élevés pour épauler la voûte principale, sont couverts d'un berceau de même tracé, dont les doubleaux retombent sur des colonnes engagées dans un dosseret, contre le mur garni d'arcs de décharge qui encadrent des baies en plein cintre. La fenêtre de la cinquième travée nord a été aveuglée au XVe siècle, lors de la construction de la tour. A la même époque, les arcs latéraux de la sixième travée furent bouchés et remplacés par des arcs en tiers-point.

Le carré du transept a été également repris au XVe siècle : il ne reste de la construction primitive que les piles de l'ouest, de plan cruciforme et cantonnées de quatre colonnes, dont la face orientale fut empâtée dans une demi-pile cylindrique. Les bases, formées, comme celles de la dernière pile nord de la nef, d'une gorge ornée de pointes de diamant entre deux tores recouverts de dents de scie, furent, par un fâcheux anachronisme, imitées, à l'époque moderne, sur la partie refaite au XVe siècle. Les supports situés à l'est de la croisée, entièrement reconstruits au XVe siècle, se composent d'un massif cylindrique entouré de huit colonnettes prismatiques qui correspondent aux nervures de la voûte et aux moulures des arcades, suivant le parti adopté à la même époque à la cathédrale de Saintes.

L'arc occidental, du XIIe siècle, formé, comme les arcades de la nef, de deux voussures légèrement brisées, fut seul conservé. Les trois autres retombent en pénétration contre les piles, à l'exception toutefois de la moulure de l'intrados qui, comme nous l'avons dit, part de fond. Au-dessus de ces arcs, un mur nu s'élève jusqu'aux formerets de la voûte d'ogives, à nervures prismatiques, couvrant la croisée qui constitue, ainsi remaniée, la première des trois travées dont se compose le chœur. Si l'on peut exprimer le regret, au point de vue archéologique, que l'abside primitive ait disparu, on ne doit pourtant pas méconnaître les mérites incontestables de l'œuvre du XVe siècle qui l'a remplacée.

Le chœur actuel est accompagné de bas-côtés seulement à ses deux premières travées ; les piles et les voûtes sont identiques à celles que nous venons de décrire ; la troisième travée, éclairée sur ses faces par des fenêtres à remplage flamboyant, est terminée par un chevet plat dont la grande baie est garnie d'un réseau de même style.

Au nord des deux premières travées s'étend un second

collatéral, moins élevé que le premier. Dans cette partie de l'église, il ne subsiste, de la construction du XIIe siècle, que le mur ouest de la première travée du croisillon primitif où une colonne ancienne a été surmontée, au XVe siècle, d'un chapiteau garni de rinceaux de feuillage frisé. L'arcade qui s'ouvre dans le bas-côté est aussi de l'époque romane.

Le croisillon sud a été mieux conservé. La première travée a pourtant été reprise et voûtée au XVe siècle ; une arcade de cette époque la fait communiquer avec une travée du bas-côté du chœur, dont le chevet plat, du XIIe siècle, est percé de deux baies superposées. Au XVe siècle, cette travée fut voûtée d'ogives et reliée au chœur par un arc. Un doubleau du XIIe siècle sépare la première travée de la seconde, qui n'a pas été remaniée : elle est couverte d'un berceau limité, contre le mur de fond, par un doubleau engagé qui repose sur des colonnes. Cette travée est flanquée, à l'est, d'une absidiole voûtée en cul-de-four. A l'imposte, une tablette forme une sorte d'architrave soutenue par six colonnes, disposition analogue à celle déjà signalée dans l'absidiole orientale de Saint-Michel d'Entraigues.

La façade, bien conservée, est un excellent type de la disposition spéciale à l'art roman poitevin. Elle est partagée en trois sections verticales correspondant aux divisions intérieures. Au rez-de-chaussée, épaulé par des contreforts rectangulaires, à double ressaut vers la partie centrale, s'ouvre un portail sans tympan, comptant trois voussures en plein cintre ornées de rinceaux, d'animaux fantastiques et de palmettes qui s'enroulent sur une baguette, comme les becs des têtes plates usitées dans la décoration normande. Les retombées sont supportées par des pilastres et des colonnes d'angle dont les chapiteaux et les tailloirs sculptés se continuent en frise jusqu'aux contreforts. Les parties latérales sont garnies chacune d'un arc aveugle, très légèrement brisé, à voussure nue, reposant sur des colonnettes et bordée d'un rang de palmettes; un cordon semblable, de même décoration que les tailloirs, limite le tympan.

A la base de l'étage supérieur, dont les contreforts sont formés de colonnes accouplées, passe une corniche sur modillons séparés par des rosaces. La partie centrale est ajourée par une baie soutenue par des colonnettes ; des palmettes encadrent l'archivolte et un cordon sculpté garnit les tailloirs et se prolonge sur le nu du mur. De chaque côté de la fenêtre, une statue est surmontée d'une section d'arc ornée de dents de scie. Au-dessus, une baie plus étroite coupe, au niveau de l'imposte, une tablette sur modillons qui supporte le cordon couronnant la voussure et qui est soutenue à ses extrémités par les chapiteaux des contreforts-colonnes. Enfin, de ces chapiteaux part un grand arc doublé qui termine la partie centrale en occupant la surface presque entière du pignon.

La tablette surmontant les arcs latéraux du rez-de-chaussée porte, au nord, un arc en plein cintre encadrant une de ces statues de cavalier si répandues dans la région. Au sud, on voit un arc plus étroit, dont les jambages sont ornés de statues semblables à celles de la fenêtre centrale. Un cordon continuant les tailloirs des contreforts-colonnes placés aux extrémités de la façade limite horizontalement les rampants des toits des collatéraux et forme bague sur les colonnes intermédiaires.

Les murs extérieurs des collatéraux, très restaurés, sont flanqués de contreforts à ressauts qui supportaient des arcs dont il ne reste plus que quelques sommiers. Les fenêtres sont entourées, à l'archivolte, de motifs variés; au nord, elles sont percées sous un arc décoré de palmettes et de rubans plissés. La partie supérieure des murs paraît avoir été entièrement refaite; elle est ajourée, sous les combles, par des petites baies rectangulaires encadrées d'une moulure décrivant une accolade dans les quatre sens. Contre la cinquième et la sixième travée du bas-côté nord s'élève une tour carrée du XVe siècle, sans décoration, percée de baies tréflées.

Le croisillon sud a conservé sa tablette du XIIe siècle portée sur des modillons à têtes. Le chevet plat du bas-côté du chœur, qui date de la même époque, est garni d'un arc abattu en cavet et surmonté d'une fenêtre à deux voussures ; la première, de même profil que l'arc inférieur, est ornée de rubans plissés ; la seconde, en saillie, est formée d'un rang de coussinets entre deux filets. Une autre fenêtre, percée au-dessus de celle que nous venons de décrire, est garnie de palmettes autour de l'archivolte.

Le chevet plat du chœur du XVe siècle est épaulé par des contreforts biais placés aux angles et surmonté d'un pignon dont les rampants sont garnis de crochets.

BIBLIOGRAPHIE. — Chancel (Charles de) : *Châteauneuf (Charente) et son église*, dans le *Bulletin de la Société archéologique et historique de la Charente*, t. I, 1845, p. 138-181. — Duplais des Touches : *Excursion à Châteauneuf-sur-Charente*, dans le *Bulletin des Archives historiques; Revue de la Saintonge et de l'Aunis*, t. XV, 1895, p. 364. — Raguenet (A.) : *Petits édifices historiques*, n° 59, janvier 1897. — Rivaud (Z.) : *Note sur la restauration de l'église de Châteauneuf*, dans le *Bull. de la Soc. de la Charente*, t. IV, 1850, p. 66-79. — Veillon (Pierre) : *Compte-rendu de l'excursion du 28 juillet 1891, Ibid.*, t. XXXV, 1890-1891, p. CLVI.

BASSAC

L'abbaye Saint-Étienne de Bassac *(Bassacum)* fut fondée en 1009 par Vardrade de Jarnac. D'après la Chronique d'Adhémar de Chabannes, l'église fut consacrée par Grimoard, évêque d'Angoulême (992-1012) et son frère Islon, évêque de Saintes (999-1028).

Bassac dépendit d'abord de Saint-Cybard, mais, à la fin du XIe siècle, ces deux abbayes furent soumises à Saint-Jean-d'Angely. En 1246, les moines de Bassac s'affranchirent de cette tutelle en vertu d'un décret de Pierre de Bar, abbé d'Igny et cardinal-légat sous le pontificat d'Innocent IV.

L'union de Bassac à la Congrégation de Saint-Maur eut lieu le 6 octobre 1664.

On y vénérait le « saint lien » avec lequel le Christ fut attaché pendant la Passion.

L'église, dans son état actuel, date, sauf la tour, du début du XIIIe siècle. C'est un des rares spécimens de l'architecture gothique dans la région, manifestement inspiré du style propre à l'école angevine.

Elle se compose d'une nef simple, divisée en quatre travées par des doubleaux en tiers-point, à trois voussures de profil rectangulaire et munies de baguettes d'angle.

Les voûtes surhaussées sont portées sur quatre branches d'ogives et quatre liernes moulurées d'un mince boudin sur claveaux plats et réunies, à la troisième travée, par un cercle ajouré formant clef. Les formerets, de même profil que les doubleaux, ne comptent que deux voussures. Des congés en demi-cercle, dont l'usage est très répandu dans la décoration angevine, amortissent les sommiers des nervures.

Les colonnettes, réunies en faisceaux ou bien engagées dans les ressauts des piles, sont surmontées de chapiteaux garnis de feuilles et de crochets fleuris ; des baguettes dégagées par des cavets se profilent sur les tailloirs.

Des fenêtres encadrées par des colonnettes ajourent les murs ; mais, dans la dernière travée, les faces latérales sont percées de baies plus petites, en plein cintre. Le chevet en possédait, à l'origine, trois de même forme qui furent remplacées, au XVe siècle, par une grande verrière à remplage flamboyant, encore surmontée par l'arc de la baie centrale, témoin de la disposition primitive.

A la suite d'un événement dont le souvenir n'a pas été conservé, les voûtes des deux travées occidentales auraient été reprises au XVIIe siècle, en conservant les mêmes profils que dans les travées subsistantes, comme l'indiquerait la date de 1688 gravée sur l'une des clefs.

Les piles nord et sud, situées à la moitié de la longueur de la nef, ont été réunies, probablement à la même époque, par un jubé de style classique; la partie est, formant chœur, a reçu une décoration semblable.

Si l'intérieur de l'église de Bassac présente des caractères purement gothiques, la façade, au contraire, est encore conçue suivant les traditions saintongeaises, bien que la décoration qui la couvre ne puisse dénoter aucune différence d'époque avec la nef. Elle rappelle, d'une façon frappante, la façade de Châtres, dont elle est, à quelques années près, contemporaine et qui paraît lui avoir servi de modèle.

Elle est percée d'un portail à quatre voussures dont les trois supérieures sont simplement moulurées, et l'inférieure est entaillée de redents dont les pointes se divisent en volutes. Ces festons, très spéciaux à la région où la recherche ornementale a été poussée si loin, se rencontrent dans un certain nombre d'églises de la région (1).

Deux arcs plus petits, également en plein cintre, encadrent le portail et sont traversés, au niveau de l'imposte, par une frise qui se relie aux chapiteaux à crochets des piédroits et des colonnettes. Une petite niche polylobée ajoutée au XVe siècle surmonte l'arc nord.

Sur le bandeau, décoré de crochets, de figures et de palmettes, reposent cinq arcatures occupant toute la paroi du premier étage et divisées en trois groupes par des colon-

---

(1) Châtres, Petit-Palais, Chalais, Montmoreau, Échebrune, Esnandes, Pérignac, Vandré, Vigeois, l'arc appliqué contre l'abside de l'église des Rosiers-d'Égletons (Corrèze).

nettes jumelles qui soutiennent le bandeau placé à la base du pignon. L'arc central, plus large et doublé, est ajouré d'une baie; les arcs géminés des groupes latéraux sont aveugles et reposent, comme le premier, sur de minces colonnettes dont les chapiteaux à crochets portent des tailloirs couverts de rinceaux qui forment cordon et limitent le tympan à l'intérieur des arcs.

Deux puissants contreforts à ressauts et colonnettes d'angle encadrent la façade; celui du nord est évidé en tourelle d'escalier. Ils portent à leur faîte des échauguettes rectangulaires percées d'archères et de créneaux, qui sont reliées l'une à l'autre par une galerie couverte passant au revers du pignon ajouré aussi d'archères et formant un ensemble défensif très intéressant.

Les faces latérales sont flanquées de larges contreforts, de même que le chevet ouvert par une baie du XV® siècle ; au-dessus et sur les côtés de cette fenêtre, on voit encore les vestiges du triplet primitif.

La sacristie, contiguë au mur nord, est éclairée par une fenêtre du XV® siècle et épaulée, à l'angle sud-est, par un contrefort biais de la même époque.

La tour située au nord de l'église est un des plus importants monuments de ce genre que possède la région. Elle présente, en élévation, une souche nue et quatre étages formant autant de retraits et qu'on peut attribuer à deux campagnes distinctes : la souche, le premier étage, garni sur chaque face de trois arcs aveugles sur colonnes, et le second, ajouré de deux baies subdivisées en deux arcades retombant sur une colonne commune et muni de colonnettes d'angle, peuvent être datés de la première moitié du XII® siècle. La partie haute, également partagée en deux étages, présente des formes élancées et de fines moulures qui paraissent indiquer la fin de ce même siècle.

Les deux baies légèrement brisées du troisième étage sont garnies de boudins et encadrées par des faisceaux de colonnettes qui soutiennent un second ordre de fûts encore plus minces : dans les angles sont engagées de hautes colonnettes à bague. Le quatrième étage est ajouré, sur chaque côté, par quatre petites baies et cantonné, aux angles, de trois colonnettes soutenant des clochetons triangulaires qui amortissent les écoinçons laissés libres par la flèche conique à imbrications, posée directement et sans intermédiaire sur la plate-forme carrée. Un parti semblable a été adopté pour la tour qui surmonte la façade de l'église de Ségonzac et qui offre avec celle de Bassac des points de rapprochement assez frappants.

Les bâtiments conventuels, situés au sud de l'église, ont été reconstruits au XVIIe siècle. A droite de la façade, une porte de la même époque donne accès dans une galerie du XVe siècle voûtée d'ogives.

BIBLIOGRAPHIE. — Denyse (Jul.) : *L'abbaye royale de Saint-Étienne de Bassac*, dans le *Bulletin de la Société historique et archéologique de la Charente*, t. III, 1880-1881, p. 3-97 ; Angoulême, 1882, in-8°. — Estiennot : *Saint-Étienne de Bassac*, éd. L. Audiat, dans les *Archives historiques de la Saintonge*, t. X, 1882, p. 246-255. — *Gallia christiana*, t. II, col. 1109-1112.

BOURG-CHARENTE

L'église Saint-Étienne de Bourg-Charente, construite dans la première moitié du XIIe siècle, n'a pas subi de reprises postérieures ni de restaurations modernes. Elle réunit les deux systèmes de voûtement en usage dans la région.

La nef, sans collatéraux, est couverte de deux coupoles sur pendentifs soutenues par des doubleaux brisés à deux voussures et des arcs latéraux simples. Un biseau indique la naissance des calottes. Les supports sont formés de piles à un ressaut vers la nef, moulurées, à l'imposte, d'un cavet que garnissent des palmettes et des entrelacs traités en méplat ou bien des chevrons et des denticules.

Les fenêtres, à voussure nue, percées au revers de la façade et dans les murs latéraux, sont encadrées de colonnettes à bases moulurées d'un gros tore. La corbeille des chapiteaux est garnie de plusieurs baguettes et terminée par un cube tenant lieu de tailloir.

La croisée présente le plan d'un rectangle barlong du nord au sud ; elle est surmontée d'une coupole irrégulière, d'un plus petit diamètre que celles de la nef ; le cordon qui la sépare des pendentifs est orné de damiers. Les arcs est et ouest sont semblables aux doubleaux ; ceux du nord et du sud comptent trois voussures.

Les croisillons, voûtés en berceau, sont garnis d'arcs, comme la nef ; l'arc occidental encadre une fenêtre, celui de l'est donne accès dans une absidiole voûtée en cul-de-four. L'absidiole du croisillon sud est encadrée par des colonnes dont les bases sont moulurées de deux tores sur le même plan, séparés par une gorge, et les chapiteaux munis de trois baguettes ; celle du nord est plus petite et n'a pas de colonnes.

Le chœur, en hémicycle allongé, est couvert d'un berceau qui se termine en cul-de-four ; un cordon orné de têtes de clous et de chevrons passe à la naissance de la voûte. Sept arcs, dont trois sont ajourés, reposent sur des colonnettes à chapiteaux garnis de feuilles repliées en boules, d'oiseaux ou de masques.

Sur le mur nord de la deuxième travée de la nef, on remarque une peinture du XVe siècle, représentant l'Adoration des Mages.

La façade offre un modèle bien caractéristique du style propre à la Saintonge et qu'on retrouve, avec des variantes peu appréciables, dans un certain nombre d'églises, telles

Église de Bourg-Charente.
Coupe en long.

que Bassac, Châtres, Gensac-la-Pallue, Jarnac. Elle est percée d'un portail sans tympan, dont les quatre voussures nues retombent sur des colonnes d'angle : les bases sont moulurées de deux tores, l'inférieur très épais. Les chapiteaux, garnis, comme ceux déjà signalés à l'intérieur, de plusieurs baguettes, sont surmontés d'un petit cube et les tailloirs, creusés de deux cavets, portent des demi-disques ou des dents de scie. Deux arcs plus petits, à simple voussure, encadrent le portail et un cordon de pointes de diamant évidées contourne les trois archivoltes.

Une tablette ornée de fleurs et portée sur des modillons soutient un rang de quinze étroites arcatures qui occupe tout le premier étage. Ces arcs, décorés de dents d'engrenage, de losanges, de chevrons, sont soutenus par des colonnettes communes ; l'arc central, plus large et sans décoration, encadre une fenêtre.

L'étage supérieur, limité par un cordon garni de deux rangs de chevrons, présente une série de six arcatures reposant sur des colonnettes appliquées sur les faces d'un mince pilastre. Les chapiteaux, ornés de feuilles d'eau, sont couronnés de tailloirs que couvre une décoration de chevrons et d'entrelacs limitant les tympans à l'intérieur des arcs. Les archivoltes sont encadrées par des losanges. La base du pignon, très surbaissé, est indiquée par un biseau.

Les faces latérales sont munies de contreforts plats, percées de baies sur colonnettes et surmontées d'une tablette dont les modillons n'ont pas été sculptés.

Sur le carré du transept s'élevait une tour dont l'écroulement, survenu au milieu du XIXe siècle, produisit une longue fissure visible dans la voûte du chœur. Une nouvelle tour sans caractère fut reconstruite depuis.

L'abside est, suivant l'usage, pourvue d'une décoration plus riche que les murs de la nef : elle est épaulée par des contreforts-colonnes dont les chapiteaux à volutes d'angle soutiennent la tablette supérieure, et les bases sont moulurées de deux tores garnis d'un listel, profil qu'on trouve à Châteauneuf-sur-Charente. Chacune des cinq travées comprises entre les contreforts est garnie, dans la partie basse, d'un arc simple que surmonte un arc à deux voussures, porté sur colonnettes, et percé ou non d'une étroite baie ; l'angle rentrant compris entre les voussures est, en outre, occupé par un quart de tore recouvert de petits chevrons.

Enfin, suivant une disposition déjà signalée dans quelques monuments de la région, mais plus fréquente en Berry, des arcatures sur colonnettes communes décorent la paroi supérieure surmontée d'une tablette à modillons divers.

CHATRES

L'abbaye Notre-Dame de Châtres *(de Castris),* de l'ordre de Saint-Augustin, fut fondée, en 1077, par un seigneur de Bourg-Charente. Elle tomba en décadence sous le régime de la commende et fut ruinée par les guerres de religion.

L'église actuelle doit être attribuée à une date assez rapprochée de l'an 1200, comme peuvent le faire justement supposer la perfection de son appareil, le style de sa décoration et le profil de ses moulures. Elle présente, à cet égard, un intérêt tout particulier, car elle doit être regardée comme le seul monument où se soit aussi tardivement conservée la tradition romane, par l'emploi d'un des systèmes de voûtement en usage dans la région, et c'est avec regret qu'on constate l'état de lamentable abandon où est laissé ce bel édifice.

La nef est couverte de trois coupoles sur pendentifs, suivant le parti adopté dans un certain nombre d'églises rurales de la Saintonge, comme Roullet, Gensac-la-Pallue et Bourg-Charente. La coupole de la première travée occidentale paraît un peu plus jeune que les suivantes.

Eglise abbatiale de Châtres.
Coupe en long.

Contre les murs sont appliqués des arcs en tiers-point, à bandeau simple, qui reposent sur des pilastres formant dosserets à des colonnes dont les bases sont moulurées de tores aplatis garnis de griffes. Les chapiteaux nus à arêtes d'angle supportent des doubleaux de même profil que les arcs latéraux, sauf à la dernière travée où le doubleau présente plusieurs voussures.

Des baies en plein cintre, sans décoration, ajourent la paroi des murs encadrée par les arcs.

Le carré du transept est voûté d'une coupole semblable à celles de la nef. Des deux croisillons qui l'accompagnaient primitivement, le croisillon sud a seul été conservé : il est voûté d'ogives et flanqué d'une absidiole orientée.

L'église se terminait, à l'est, par une abside en hémicycle qui a été remplacée, au XIV° siècle, par un chœur à chevet plat, divisé en deux travées couvertes de voûtes d'ogives.

La façade peut, à juste titre, être regardée comme l'une des plus gracieuses productions de l'art régional.

Encadrée par de hauts contreforts-colonnes dont les chapiteaux soutiennent un glacis appliqué à la base du pignon, elle est divisée en trois étages.

Au rez-de-chaussée s'ouvre un portail en plein cintre à quatre voussures, dont trois, moulurées de tores et portées sur des colonnettes en délit, encadrent une quatrième, reposant sur des colonnes appareillées, garnie de redents ornés chacun de motifs différents : demi-disques, rubans plissés, étoiles, losanges, dents de scie, damiers, fleurs à quatre pétales, et terminés par des pointes en volutes. De chaque côté du portail, un arc à simple voussure moulurée d'un tore est traversé par une frise de rinceaux traités avec une grande finesse, qui se relie aux chapiteaux et aux tailloirs des colonnes. Les angles des piédroits, abattus en cavets, sont amortis par des congés. Un cordon de rinceaux contourne également les trois archivoltes.

Cinq arcs garnissent le premier étage : l'arc central est formé de deux voussures en plein cintre sur colonnettes et

E. Sharpe, del.
Détail de la façade à Châtres.

ajouré d'une baie nue ; il est encadré par des faisceaux de colonnettes qui le séparent d'arcs géminés en cintre brisé, reposant sur de minces fûts communs ornés de spirales et d'imbrications. Les chapiteaux et les tailloirs se continuent en bandeau, comme à l'étage inférieur, au niveau de l'imposte des arcs limitant leurs tympans.

Des cordons couverts de feuillage passent à l'appui de ces arcs et en contournent les voussures.

La partie haute de la façade, limitée par un rang de palmettes, est occupée par neuf arcatures soutenues par des colonnettes communes et surmontée d'un pignon bas sans décoration.

BIBLIOGRAPHIE. — Cousin (L'abbé) : *Histoire de Cognac, Jarnac, Ségonzac...* Bordeaux, 1882, in-8°, p. 115-118. — *Gallia christiana*, t. II, col. 1133.

GENSAC-LA-PALLUE

L'église Saint-Martin de Gensac-la-Pallue, du milieu du XIIe siècle, possède une nef fort intéressante, car elle montre l'application, à peu près unique dans une église rurale, des caractères particuliers aux grands monuments de l'école périgourdine.

Les quatre travées dont cette nef se compose sont encadrées par des doubleaux et des arcs latéraux à double voussure en cintre brisé et couvertes, comme à Roullet et à Bourg-Charente, de coupoles sur pendentifs ; la naissance des calottes est indiquée par un cordon de damiers. Les pilastres rectangulaires reçoivent la retombée commune des voussures supérieures. La voussure inférieure du doubleau repose sur une colonne engagée que couronne un chapiteau nu à arêtes d'angle, et celle de l'arc latéral sur une assise au niveau du passage dont nous parlerons plus loin. Un astragale et un tailloir à deux cavets contournent le massif entier de la pile, comme à l'église paroissiale de La Couronne.

L'espace compris entre les supports est occupé par deux arcs légèrement brisés, sur piédroits, et couronnés d'une corniche à modillons concaves. La partie supérieure du mur, ajourée de baies qu'encadrent des colonnettes, est en retrait et laisse, au-dessus de la corniche, un étroit passage qui pénètre dans la paroi derrière les piles et fait retour au revers de la façade. L'élévation de cette modeste église est donc, comme nous le disions, en tout point conforme à celle de monuments tels que Saint-Front de Périgueux, les cathédrales de Cahors et d'Angoulême, l'abbatiale de Fontevrault : tradition dont on retrouve la survivance, à l'époque gothique, dans les grands édifices de l'école angevine.

Le chœur, reconstruit à la fin du XIIIe siècle, compte deux travées, terminées par un chevet plat. Les nervures de ses voûtes, moulurées d'un tore en amande entre deux filets, reposent sur des colonnes à chapiteaux ornés de feuilles et de têtes, couronnés de tailloirs octogones.

Le rez-de-chaussée de la façade est occupé par un portail dépourvu de tympan, dont les trois voussures, sans décoration, sont portées par des piédroits et des colonnes et deux arcs en plein cintre. Une frise continuant les chapiteaux passe à l'intérieur des arcs latéraux en limitant leur tympan et un cordon orné de pointes de diamant contourne les archivoltes. On remarque, au-dessus des arcs, deux bas-reliefs encastrés dans le mur et représentant l'Assomption de la Vierge et celle d'un évêque, sans doute le patron de l'église, revêtu de la chasuble.

Les colonnettes jumelles des cinq arcatures du premier étage encadrent une baie centrale. Au-dessus, un second rang de six arcatures semblables, reposant sur un cordon de dents de scie et de petites dents d'engrenage. Des pointes de diamant couronnent les voussures de tous ces arcs.

Une tablette sur modillons supporte le pignon, plus étroit que la façade et orné d'une croix en relief, dont chaque branche forme également une croix. Sur les rampants court un cordon de damiers. L'espace laissé libre de chaque côté

Église de Gensac-la-Pallue.

Perspective de la nef.

E. Sharpe, del.

du pignon est garni par un lanternon cylindrique, dont les colonnettes portent une flèche imbriquée.

Les faces latérales, ajourées de baies sur colonnettes, sont épaulées par des contreforts refaits en partie.

Au-dessus de la quatrième travée, s'élève une tour carrée gothique, flanquée de contreforts constitués par des faisceaux de colonnes et percée de baies subdivisées. Cette tour, couronnée d'une flèche octogone et de clochetons d'angle, paraît avoir été fortement restaurée.

A. RHEIN.

BIBLIOGRAPHIE. — Sharpe : *A visit to the domed churches of Charente*; Londres, 1876. — De Baudot : *Archives de la Commission des Monuments historiques*, t. IV, pl. LVII. — Mallat (W.-J^h) : *L'église de Gensac (Charente)*, dans la *Revue de l'Art chrétien*, 2ᵉ série, t. XV, 1881, p. 438-439.

TABLE DU GUIDE

	Pages.
ANGOULÊME	3
Cathédrale	4
Église de Saint-André	25
Église des Cordeliers	27
Enceinte et remparts	28
Château	29
Évêché	30
Maison Saint-Simon	31
Église de Plassac	34
Église de Blanzac	41
Église de Roulet	52
Saint-Amant-de-Boixe	58
MELLE	74
Église Saint-Hilaire	74
Église de Saint-Pierre	78
Église Saint-Savinien	82
AULNAY-DE-SAINTONGE	85
Église Saint-Pierre	85
RÉTAUD	96
RIOUX	98
SAINTES	101
Antiquités romaines	101
Cathédrale Saint-Pierre	103
Église Saint-Eutrope	112
Église Saint-Marie-des-Dames	121
Église Saint-Pallais	127
Chapelle des Jacobins	129
Maisons anciennes	130
Musées	130
Église de Mouthiers	134

MONTMOREAU	140
Église	140
Château	145
SAINT-ÉMILION	151
Église monolithe et ses dépendances	152
Charnier	157
Chapelle de la Trinité	158
Clocher	160
Église collégiale	162
Église de Saint-Martin-de-Mazerat	174
Chapelle de la Madeleine	177
Église et cloître des Cordeliers	178
Églises des Dominicains	180
Donjon, enceinte et maisons fortes	181
Donjon	182
Enceinte	184
Palais cardinal	185
Le Logis de Malet	186
Maison des Templiers	187
La Commanderie	187
Arceau de la Cadène	188
Saint-Michel-d'Entraigues	190
Trois-Palis	192
LA COURONNE	194
Abbaye	194
Église paroissiale	200
LA ROCHEFOUCAULD	203
Château	203
Église de Saint-Florent	215
Église Saint-Pierre	216
Cloître et église des Carmes	216
POITIERS	218
Baptistère Saint-Jean	221
Hypogée des Dunes	226
Cathédrale Saint-Pierre	228
Église Sainte-Radégonde	239
Notre-Dame-la-Grande	247
Saint-Jean de Montierneuf	254
Saint-Porchaire	259

Saint-Hilaire-le-Grand.	261
Saint-Hilaire-de-la-Celle.	274
Saint-Germain.	275
Palais des comtes.	277
Maisons anciennes	281
Lycée.	283
Remparts.	284
Collections publiques.	285
CHARROUX.	288
Abbaye.	288
CIVRAY	295
Église de Saint-Nicolas	295
Église de Ruffec.	303
Château de Verteuil.	307
Église de Lichères	309
CHATEAUNEUF-SUR-CHARENTE.	315
BASSAC	319
BOURG-CHARENTE.	323
CHATRES	326
GENSAC-LA-PALLUE	329

Caen.— Imp. H. Delesques, rue Demolombe, 34.

www.ingramcontent.com/pod-product-compliance
Lightning Source LLC
Chambersburg PA
CBHW050254170426
43202CB00011B/1687